親密暴力

多重身分與權力流動

潘淑滿●著

作者簡介

潘淑滿

學　　歷：美國德州大學奧斯汀校區社會工作博士

現　　職：國立台灣師範大學社會工作研究所副教授

曾　　任：國立台灣師範大學社會教育學系（社工組）

　　　　　私立高雄醫學大學醫學社會學系

研究領域：婦女研究

著　　作：《社會個案工作》、《質性研究：理論與實務》

自序

　　知識社會學是如此的認為，一個人對知識的追求與她／他的生活經驗息息相關。然而，我對親密暴力議題的關懷不那麼「直接」的與自己的生活經驗有關，也無關乎實務經驗，或許應該說親密暴力展現的權力關係及令我難以理解的錯綜複雜情感糾葛，才是讓我願意花費幾年的時間持續探索與釐清的關鍵。對於親密暴力議題的探討是為了疑惑找答案，或許比較適合詮釋自己對於研究議題選擇的動機，其餘則不是那麼直接的有關聯。

　　這樣說來似乎失去了做為一位社會工作者的正義感，也不符合女性主義者的行動論述。其實這些都無所謂了！說實在的，我已經習慣邊緣者的身分，冷眼旁觀各種權力遊戲與人性面貌不也是一種享受嗎？許多人問我日常生活中最喜歡做什麼？我習慣說：「坐在海邊觀看人來人往或發呆」。雖然這樣的答案很不學術、也不符合學者身分，但這也是事實。我的朋友，千萬不要說這是滄傷或悲涼，其實許多時候邊緣位置讓我比較容易拋棄角色束縛，生活中已經有太多角色不是可以自主選擇的，若還有些微機會為什麼不把握？但也千萬不要美化邊緣者的生活經驗，我畢竟還是擁有比較多資源的邊緣者，許多邊緣者是生活在困境中只為三餐或基本尊嚴掙扎。

　　要寫《親密暴力》這本書是有些猶豫，主要是因為在 2003 年年初寫完《質性研究》之後，就開始陷入漫長的復健歷程，花了不少時間學習和身體

痛楚爲伍，才逐漸學會從旁觀診所的社會關係經驗中獲得一些心得與樂趣，有些擔心長期反覆的讀書寫作身體能否承受得了。這回寫作經驗是痛楚一路伴隨，但是這些痛楚已經不太會影響寫作情緒（發現自己有很大進步也是一種快樂），我盡可能不讓它惡化而影響寫作進度，除非是劇痛無法入眠，否則也盡可能不去復健診所，淡水視障者經營的按摩院，就成爲我過去一年來經常光顧及旁觀的場所。

　　寫《親密暴力》這本書，一來是爲了對過去多年來所做的事做個交待，二來也是彙整好以提出升等申請。整個寫作過程非常感謝幾位助理（凱琦、思函、資穎、依潔與佩芳）的幫忙，她們彌補了我的沒耐性，幫我校對錯別字、格式及參考文獻（這些都是我沒有耐性的事）。特別是在第三章有關親密暴力服務方案部分，凱琦與資穎花費時間幫我尋找與整理資料，而思函則是幫我整理第四章多元文化與原住民親密暴力議題。這本書共有八章，第五章到第八章主要是以已完成或正在進行的研究議題爲主軸，包括第五章與第六章改寫自己已發表的論文，第七章則是改寫自內政部委託研究案的部分內容，第八章則是以國科會委託研究計畫書（95-96年度）之內容爲藍本；第二章與第三章是從歷史脈絡觀點，剖析台灣的親密暴力發展歷史及其內涵；第一章親密暴力及其性別之外做爲本書的緒言，說明在本書中我對於親密暴力現象的觀察與反思及對親密暴力的詮釋立場；第四章則是從後結構女性主義觀點反思在親密暴力現象與議題中，主流女性主義對性別身分與權力詮釋之局限。這本書寫作的出發點，不是爲了批判主流女性主義的性別權力論述，而是爲了提供給讀者對於身分與權力關係的另一種視界。

潘淑滿

于綿綿細雨的淡水

2007 年 1 月 21 日

目錄

CONTENTS

第七章

智能障礙者家庭暴力：現況與盛行率　185

第八章

家庭邊緣人：女同志、外籍家庭幫傭與家庭暴力　223

參考文獻

第 一 章

親密暴力：
性別及其之外

壹、緒言

　　近午時分，海鳥總是把握人群尚未湧入淡水小鎮的片刻，在紅樹林樹稍自由翻飛，鱗次櫛比的高樓靜靜依傍著淡水河旁，沐浴在灰濛濛天色中絲絲日陽。在這一片寧靜中，對窗人家聲嘶力竭的叫罵哭喊聲劃破寧靜：「告訴你這樣子畫，你為什麼不聽？你就給我這樣子畫……」「那樣子不好看……」「那裡不好看，那裡不好看，你為什麼不聽話？……」「全部擦掉，給我擦掉……按照我告訴你的方式畫……」，在一陣聲嘶力竭之後，緊隨而來的就是痛打與哭喊聲。或許我們會以為，這一幕緊張關係會持續幾個小時，當我還停留在這場母子衝突的情緒時，對窗卻已經出現母慈子孝的溫馨互動圖像；高漲情緒的母親代之以溫柔方式教導小孩功課，幾分鐘前還在奮力對抗的小男孩似乎也忘記了所有的衝突，滿足的享受著母親和煦的教導，而海鳥也一如往常的自由遨翔。或許有人認為是這位小男孩太頑皮了，才惹他母親生氣，也有人會認為小男孩可以打 113 的電話，讓警察先生制止他母親的暴力行為，或甚至有人會認為小男孩應該反擊他的母親。在日常生活中，當我們大都逐漸習慣各種暴力的場面時，總也會對暴力關係加入個人看法或判斷。在本書中，我並不打算討論親密暴力的形成因素或求助行為，而是彙整過去多年來，自己在親密暴力領域的研究與實務經驗，說明親密暴力本質跨越性別的多重流動事實。

　　無論是歐美或台灣社會，對於親密暴力現象的詮釋，大都建立在女性主義對性別政治（sexual politics）的邏輯，預設著父權社會中的男人是優勢階級，而女人是次等階級的兩性互動關係；暴力是滿足男人對女人控制需求與慾望的展現（Bograd, 1988; Carlson & Choi, 2001）。當然，並不是所有的女

性主義流派都是如此主張的，至少後現代女性主義不是如此，所以在本書中我將前面所說的性別權力的預設立場，稱之爲「主流女性主義」。換句話說，主流女性主義對親密暴力的詮釋主要是從生物性別「男尊女卑」的二元對立觀點，說明性別社會關係的主客位置，同時將男人化約爲施暴者，而女人等同於受暴者的單向思考親密暴力關係樣貌。當我們運用性別權力運作關係，詮釋所有的親密暴力形式時，很容易掉入忽略個體所占據的社會位置形塑的多重身分的社會事實，忽略了親密暴力本身的多重流動事實。

　　我自己約莫是在 1998 年左右才開始注意親密暴力的社會現象。當時我選擇以婚姻暴力現象爲觀察研究的主軸，自然而然的，女性主義對性別權力的論述就成爲剖析婚姻暴力現象的理論依據（潘淑滿，2003）。隨著外在社會環境變遷，在 2000 年左右，我開始關心新移民女性家庭暴力現象，注意到新移民親密暴力現象中性別之外的種族與階級因素。2005 年因接受內政部委託研究計畫，而有機會進一步將親密暴力的關懷視野，擴展到身心障礙者家庭暴力現象的探討，原以爲在身心障礙家庭暴力現象中，「性別」也會是關鍵因素，但是資料分析結果卻不是如此。我開始懷疑自己過去信奉的「性別權力」，到底可以解釋多少親密暴力的類型與事實？有一天，我不經意翻閱書架上的書籍，卻發現我的疑惑與美國女性主義者 L. G. Mills 的經驗是類似的。Mills 在美國從事親密暴力實務工作與研究約有三十年之久，可是她發現當自己在面對許多親密暴力受暴者時，常常無法引用她自己所熟悉女性主義的性別政治觀點，來詮釋這些親密暴力的動力關係。我如獲至寶的閱讀，也讓自己從質疑女性主義的性別權力之罪惡感中逐漸釋懷。本書可以說是回顧自己過去多年來，在親密暴力議題的實務經驗與研究心得的彙整與反思；同時也藉著對不同類型的親密暴力議題的論述，說明親密暴力現象中，身分的多重流動與權力關係。當然我也希望藉著這本書，進一步勾勒我國家庭暴力防治制度與實務工作的局限，重新反思在多元文化社會解構暴力的可能。

貳、親密暴力：多元流動的性別身分

在進一步討論親密暴力的多重流動身分前，讓我們先對「親密暴力」（intimate violence）一詞有較一致之看法。在本書中，我選擇以「親密暴力」取代社會大眾較為熟悉的「婚姻暴力」（domestic violence）或「家庭暴力」（family violence），主要是為了避免讓書中論述落入主流女性主義「性別權力」的論述思維，同時也盡量避免落入異性戀霸權文化中有關夫妻與家庭形式之爭。簡單的說，在本書中，對親密暴力關係的定義採取比較廣義的看法，將親密關係擴及到《家庭暴力防治法》（簡稱《家暴法》）第三條第一款與第二款對家庭成員的界定。根據《家暴法》第三條規定：「『家庭成員』包括：配偶或前配偶，現有或曾有事實上之夫妻關係、家長親屬或親屬間關係者，現有或曾為直系血親或直系姻親，及現為或曾為四親等以內之旁系血親或旁系姻親。」J. Mooney（2000）也認為應對家庭暴力（family vio-lence 或 domestic violence）採取較廣義的定義，凡是只要相對於「陌生人暴力」（stranger violence）就是家庭暴力。內政部的統計資料顯示，所有家庭成員間的暴力行為類型中，約有七成以上是屬於婚姻暴力（martial vi-olence），也是就說，婚姻暴力是所有家庭暴力關係類型中的一種而已；但是因為婚姻暴力在所有家庭暴力關係類型中占最高比例類型，所以家庭暴力經常被簡化為婚姻暴力（柯麗評、王珮玲、張錦麗，2005）。在本書中，我對於親密暴力的定義採取廣義定義，凡是配偶、同居伴侶或家庭成員（無論具有實質或形式家庭關係者）之間的肢體暴力、精神暴力或性虐待，都稱為親密暴力。

由於親密暴力通常是發生在私領域場所，具有相當高的隱私性，所以親

密暴力現象一直被視為是家務事；即便過去三十年來婦女運動團體與女性主
義學者已經累積相當豐富的研究與實務經驗，仍然很難打破根深蒂固普遍存
在社會大眾觀念中「家務事」的刻板印象，導致很難正確推估親密暴力的發
生率（prevalence）。在美國與加拿大全國調查研究資料顯示，高達 11%的
已婚婦女曾遭受婚姻暴力；而「美國疾病預防與管制中心」（Centers for Dis-
ease Control and Prevention, CDC）推估，高達 25%的美國人有遭受家庭暴力
的經驗；換句話說，每四位美國人中就有一位曾經遭受家庭暴力，由此可見
親密暴力的普遍性與嚴重性。我國對於親密暴力發生率的研究頗為缺乏，內
政部曾經委託王麗容、陳芬苓（2003）進行一項婚姻暴力全國調查研究，研
究結果顯示，有17.4%的婦女有遭受婚姻暴力的經驗。「內政部家庭暴力暨
性侵害防治委員會」（家防會）的統計數字也顯示，在 2006 年 1 至 9 月，
全國各地通報家庭暴力的人數共有 50,161 人，其中屬於婚姻關係、前配偶
關係與同居關係之親密暴力約占 60%（婚姻關係 50.97%，前配偶關係
3.69%，以及同居關係 5.27%），這些都說明了親密暴力普遍存在的社會事
實。

　　歐美國家對於親密暴力現象的關注，源於 1960 年代婦女權益運動的倡
導，在過去三十多年的研究與實務經驗累積，對親密暴力現象的詮釋逐漸發
展出不同的觀點與路徑。主流女性主義認為親密暴力是男人透過暴力與虐待
形式，滿足父權社會男性對女性的控制需求與慾望；但是家庭暴力觀點
（family violence perspective）認為男人或女人都可能會有暴力行為，暴力不
一定會經常出現或未必造成嚴重傷害，而且暴力也未必是出於權力控制的
動機（Carlson & Choi, 2001: 688）。容或女性主義者對於親密暴力的論述觀
點呈現多元差異，但是婦女權益運動對於親密暴力議題論述與實務經驗的貢
獻卻不容否定。在二十多年前婦女遭受親密暴力時，除了尋求零星的非正式
支持系統（informal supportive system）協助之外，幾乎沒有任何正式的支持

系統（formal supportive system）可以提供協助；當時社會大眾對被害人經常都投以責備眼光，歸咎導因於個人行為失當，讓這些被害婦女成為父權社會凝視下的犧牲者。M. Bograd（1988）觀察到 1970 年代初期的美國社會，討論親密暴力事件可說是社會禁忌，如今對於親密暴力現象與議題的討論卻成為日常生活的話題。G. Hague 與 C. Wilson（2000）看到三十年前的英國婦女遭受親密暴力時，幾乎是找不到任何資源可以協助擺脫暴力，但現在幾乎每個都市都有相關機構提供服務方案，不過仍有相當高比例的受暴婦女不會選擇離開親密暴力關係，相反的是選擇繼續留在親密暴力關係中。

　　無論是歐美國家或我國家庭暴力防治制度的設計，主要都是建立在主流女性主義性別權力控制的觀點，預設父權社會中的男性都是喜歡暴力且具有侵略性，而女性都是順從或缺乏抵抗力量，這種生物性別的論述觀點容易忽略每個人所占有的社會身分的多重性，陷入將親密暴力窄化為男對女的權力控制結果。一如我在緒言中所描繪的親子衝突關係，性別是具有多重身分，同時也影響權力關係的運作，這位嘶聲吶喊的母親因為是母親的身分而擁有權力，社會也賦予這位母親合法的管教責任，進而讓這位母親對小男孩的施暴行為合理化，除此之外，這位母親的外表體型也比小男孩略占優勢，讓這位小男孩不敢反擊打罵他的母親，這些事實條件都顛覆了性別權力的論述基礎。

　　我列舉三種普遍存在我國社會脈絡中的親密暴力現象，突顯性別身分多元流動的社會事實，同時也說明在親密暴力現象中身分的權力運作複雜關係。首先，先談一談近年來台灣跨國婚姻移民親密暴力現象。國外學者（Menjivar & Salcido, 2002; Narayan, 1995）指出，婚姻移民婦女遭受親密暴力的普遍性，主要導因於婚姻移民婦女在移居國的身分位置，由於尚未取得永久居留權，所以在遭受親密暴力時，因為擔心若選擇離開配偶就會面臨被驅逐出境的命運，加上語言與文化適應困難的雙重壓迫下，使得婚姻婦女必

須忍受親密暴力的循環；而施暴者也看準了婚姻移民婦女在移居國的多重邊緣身分，更加肆無忌憚的對婚姻移民婦女施加暴力。我國婚姻移民婦女親密暴力現象中除了性別、種族與階級的動力關係外，東方社會的家族主義也成了親密暴力的關鍵。在〈婚姻移民婦女、公民權與婚姻暴力〉（潘淑滿，2004a）的研究中發現，我國婚姻移民婦女遭受親密暴力的類型迴然不同於歐美國家或本國婦女的經驗，由於婚姻移民大都來自經濟弱勢國家（文化、種族與階級的位置），許多婚姻移民家庭依舊維持傳統三代同堂家庭形式（家庭中的位置），婚姻移民婦女在家庭中的多重邊緣身分，使得婆媳妯娌都成為參與親密暴力的行動者。換句話說，婚姻移民婦女的親密暴力現象，顛覆主流女性主義強調生物性別權力控制的邏輯論述，形塑內外、階級、種族與文化多重流動身分共同建構的權力複雜關係。

　　其次，與婚姻移民頗為類似，而幾乎被忽略的外籍家庭幫傭（或稱家事服務員）的親密暴力現象。根據我國《家暴法》第三條或《民法》相關規定，外籍家庭幫傭是被排除在家庭成員以外，但就實質關係而言，外籍家庭幫傭與雇主家庭成員同住一個屋簷下，不僅提供社會功能不良的家庭成員二十四小時密切的照護，同時也為所有家庭成員準備日常生活所需的各項家事服務，這種親密程度幾乎非外人所能為。就外籍家庭幫傭遭受雇主家庭成員施暴本質而言，暴力發生場所是在雇主家中，而暴力發生的時間點幾乎是隨時，而暴力形式包括：對身體踢、捏、打、鞭、禁止自由出入或限制飲食等，更是符合「家庭暴力」的本質。從媒體報導有關外籍家庭幫傭遭受雇主家庭成員的暴力事件中，可以看到參與家庭暴力行動的家庭成員不僅是男性而已，許多女性家庭成員也參與暴力行動過程。丁乃非（2002）認為外籍家庭幫傭遭受家庭暴力的嚴重性普遍被忽視，主要是受到「內／外」與「上／下」階序的價值意識操控。由於外籍家庭幫傭大都來自經濟相對弱勢的東南亞國家，在排外的國族意識作祟下被視為是外人，而外籍家庭幫傭是雇主以

金錢雇用提供家事勞動服務者，而家務勞動又一直被視為是下人的工作，所以在「外人」與「下人」的邏輯交互運作下，外籍家庭幫傭經常被非人對待。

最後，是在異性戀社會關係脈絡中被邊緣化的同志親密暴力議題。根據我國《家暴法》第三條第二款規定，凡是現有或曾有事實上之夫妻關係都稱之為家庭成員。那麼具有同居伴侶事實的同志關係，當然是異性戀體制所謂的夫妻關係，所以同志間的親密暴力當然就是本文討論的親密暴力範疇。國外研究資料顯示，同性戀親密暴力發生率約在17%～52%之間，明顯高出異性戀親密暴力的發生率（11%～25%）（Balsam & Szymanski, 2005; Ristock, 2003），同時也有許多研究與媒體報導指出，同志遭受原生家庭成員施暴現象的普遍性。但是，因為在異性戀霸權文化中，同性戀一直被視為是社會禁忌，所以很難推估同志親密暴力的發生率。在一項訪問中，趙彥寧（2003）對女同志親密暴力的普遍性有清楚說明：「在女同志的感情世界中，扮演T和婆的一方之所以成為施暴者，主要是因為同志情感反體制，T婆必須比男人更男人，又要強調自己的性魅力，而一生經常處於被歧視與抵抗，本身情緒就不是很穩定，很容易從弱勢女友身上宣洩……在主流異性戀社會中，同志關係往往被視為是一種黑暗關係，所以許多具有跨性別傾向者的感情發展，打從一開始到結束都是相當孤立，當一方不願意分手時就很容易出現暴力行為。」（中國時報，2003）同志關係可以說是邊緣對抗主流異性戀霸權文化的主體展現，但是因為同志所占有的邊緣位置，又難免掉入複製異性戀霸權文化權力運作關係的邏輯思維與互動模式。無論是同志之間的親密暴力，或是同志遭受原生家庭成員的暴力現象中，在異性戀體制下性取向（sexuality）成為施暴者對同志施暴行動的合理基礎。

參、失效的制度：親密暴力關係的抉擇

　　我個人並未否定主流女性主義在親密暴力議題與實務工作的努力與貢獻，而是質疑主流女性主義對於親密暴力過度局限於性別二元的線性邏輯思維，很容易忽略了性別多重身分的社會事實，導致在論述親密暴力議題時，很容易忽略親密暴力現象中的權力複雜關係。當前對於親密暴力防治制度與實務工作模式的建構，大都建立在性別權力控制的論述基礎，假定親密暴力現象都是男人對女人施暴的結果，所有親密暴力關係中的受暴者都需要國家公權力介入，才得以擺脫暴力關係（Mills, 2003）。這種一廂情願式的邏輯假設下，親密暴力關係中的施暴者被視為罪犯，國家必須透過司法單位介入並透過強制逮捕行動，才能有效遏止親密暴力再度發生，同時也相信只有國家介入才能讓許多受暴婦女離開暴力關係。當然在歐美國家婦女權益運動倡導者的努力下，讓代表國家公權力的司法與警政系統介入親密暴力的強制起訴（mandatory prosecution）與強制逮捕（mandatory arrest）行動（這些理念也呈現在我國《家暴法》與家暴防治制度中）。這種由國家介入親密暴力事件採取單一強制逮捕行動的做法，在歐美國家引起兩極化爭論；有些學者認為單一逮捕行動完全抹煞親密暴力關係中受暴者的主體性，事實上也無法有效遏止親密暴力的繼續發生（林昀嫻，2005；Bohmer, et al., 2002; Lutze & Symons, 2003; Mills, 2003）。

　　如果以為文明社會中任何暴力形式都會被唾棄，或是親密暴力的被害人都會選擇對施暴者反擊或離開，這是過度天真的想法，因為國內外研究與實務經驗都顯示，約有半數以上（我國則約為七成左右）遭受親密暴力的受暴婦女，仍舊選擇留在親密暴力關係中，或是在接受協助後重回原有的親密關

係（柯麗評等，2005；趙文宗，2003；Faver & Strand, 2003; Gelles, 1976; Hague & Wilson, 2000; Herbert, et al., 1991; Mills, 2003; Strube, 1988）。這些事實讓第一線實務工作者有很強烈的無力感，努力找出合理解釋的理由，包括：受暴婦女缺乏社會支持、缺乏經濟獨立、擔憂施暴者恐嚇威脅親朋好友、擔憂小孩成為下一個受暴者，或甚至歸因於受暴婦女缺乏獨立自主精神，導致容易與父權體制妥協……等，都成為解釋受暴者選擇留在或回到親密暴力關係的理由（Dobash & Dobash, Eds., 1998; Goodyear-Smith & Laidlaw, 1999; Herbert, et al., 1991）。上述的解釋理由似乎忽略了，留在親密暴力關係的選擇也是受暴婦女的主體表現；或是忽略選擇留在親密暴力關係中的受暴婦女，可能具有某種復原力（resilience），懂得在親密暴力關係中找到妥協的平衡點，以維繫原有親密關係的運作。在緒言中的親子暴力現象中，有人可能會認為因為這位小男孩年紀還小所以無法反擊他的母親，也無法逃離家庭而獨立生活，只好隱忍母親無厘頭的暴力循環；這樣的論述即完全忽略受暴男孩的主體性，或許因為日常生活中母親有許多好的特質，讓這位小男孩願意繼續留在母親身邊，也或許小男孩已經摸索出如何在親子互動過程中，降低母親施暴行為次數的妥協位置。

我國家庭暴力防治制度的設計，主要是依循主流女性主義性別論述的觀點，同時也參考美國家庭暴力防治制度強制逮捕與起訴的模式，假定透過國家公權力介入私領域的親密暴力事件是制止親密暴力的有效途徑。這種假設存在著某種程度的弔詭，因為有相當高比例的受暴者選擇留在親密暴力關係。或許我們必須進一步釐清，到底第一線實務工作者的無力感是導因於受暴者拒絕遵從家暴防治制度的規範，包括：選擇離開親密暴力關係、進入庇護中心接受安置、申請保護令和接受相關福利服務措施補助與協助，讓社會工作者在面對受暴者的選擇時，不知如何實踐專業角色？還是導因於家暴防治網絡人力資源與制度限制，讓社會工作人員無法提供符合被害者需求的多

元服務所產生的無力感？如果社會工作者無法釐清這些動力關係，只是急忙對這些留在親密關係受暴者貼上缺乏主體聲音弱勢者的標籤，試問又如何實踐弱勢正義的理念與目標？

　　根據 F. E. Lutze 與 M. L. Symons（2003）的觀察，當國家藉著警政與司法力量介入親密暴力關係，通常只有那些接受強制逮捕規定的受暴婦女才比較有機會接受後續服務，而那些選擇不接受強制逮捕規定的受暴婦女，卻無法接受完整的後續服務或甚至任其自生自滅。我國家庭暴力防治制度對於強制通報、強制逮捕與強制起訴等強制政策的運作，雖不若英美國家具有高度強制性，但是目前家庭暴力防治制度的設計，很明顯的傾向於鼓勵受暴婦女離開親密暴力關係；對於選擇留在親密暴力關係中的受暴者，除了告知日常生活的安全計畫準備之外，大多是被動式的提供服務。試問：當親密暴力事件發生時，受暴者拿起電話撥打 110 或 113，很快的警察人員進入暴力現場，而社會工作人員也開始介入處理，或許社會工作人員會希望受暴者能暫時離開住所到庇護中心或其他親友住處，同時也會朝向鼓勵受暴者提出保護令聲請；但是受暴婦女可能會不解的說：「我只是希望他不要再打我，我並沒有要讓你們逮捕他⋯⋯。」這樣的對話聽來並不陌生，因為第一線實務工作者經常會發現，自己與受暴者對介入的行動目標的認知是多麼不一樣，當事人或許只是希望藉由公權力對施暴者產生一些嚇阻作用，可是助人者卻是希望透過懲罰隔離政策讓受暴者與施暴者分離，同時也透過司法制度對施暴者給予適當的懲罰與教訓。家庭暴力防治制度與實務工作模式的設計並不鼓勵親密暴力關係中的當事人，透過對話處理或面對他們親密關係的問題，受暴者的聲音與需求也完全淹沒在公權力強制介入的行動中。在這套家庭暴力防治制度中雖然隔離了原來的權力控制關係，卻沒有改變受暴婦女被支配的命運，因為在新的權力控制關係中，國家成為新的支配階級，而受暴婦女仍是處於被支配的地位。強制政策的設計其實是建立在受暴婦女是缺乏主體的

弱勢者，根本無法知道自己要什麼，也無法保護自己的假設，因此透過國家介入親密暴力關係，是有效解決親密暴力困境的有效策略。 Mills（2003）認為這種忽視受暴者聲音與需求的強制逮捕制度是一種「消音的共謀」（Conspiracy of silence），讓專業權力凌駕於個人主體之上，透過制度合理化施行剝奪受暴婦女主體性的事實。

　　當然，婦女團體與實務工作者對於強制政策的評價是趨於兩極，贊成者視強制政策為提高通報率的手段，同時也將親密暴力明確定位為非家務事，透過公權力介入對施暴者給予立即懲罰，並鼓勵受暴者與國家合作（包括：聲請保護令、申請《特殊境遇婦女家庭扶助條例》的補助及相關社會福利資源的使用），達到擺脫親密暴力的目標（林昀嫺，2005：204）。但是反對者則認為醫療、教育與相關單位的強制通報規定，可能使受暴者人身安全遭受莫大威脅，如：若在通報後受暴婦女未立即聲請保護令，或聲請保護令尚未核發下來的空檔，可能無法充分保障受暴婦女的人身安全（林昀嫺，2005：207）；同時也認為強制政策剝奪了受暴婦女的自主權，複製親密暴力現象中的權力支配關係，讓國家與專業助人工作者成為新的支配者（Mills, 2003）。當我們在家庭暴力防治制度實施多年之後，重新思考我們在實務工作過程所面對的困境時，我們必須思考：到底目前強制政策的設計，是強化亦或弱化受暴婦女與專業工作者的自主性？當然，我不認為目前親密暴力防治的成效是可以單純歸因於強制政策的失效，可是過度依賴以強制制度解決親密暴力議題，則可能讓受暴婦女陷入另一種支配與控制的權力運作機制。我們必須思考：在親密暴力事件中，誰是服務對象？目標為何？如果制度設計只有回應選擇離開暴力關係的受暴者之需求，缺乏回應選擇留在暴力關係中的受暴者之需求，那麼家庭暴力防治制度的設計與工作模式，豈不成為懲罰與規訓受暴婦女的機制，讓受暴婦女從性別支配關係中轉化為國家對個人的支配關係？那麼這套制度又實踐了多少主流女性主義倡導的解構性別權力

的初衷？

　　做為一位女性主義者，又長期關心親密暴力的現象與議題，我並不否認女性在親密暴力關係中遭受的權力支配經驗，也不否認社會仍舊存在著許多性別不平等的事實。但是，我認為女性主義在論述親密暴力現象時，對於權力支配的關係應該要有更細緻的覺察力，同時對於性別處於不同社會位置具有的權力應以更開放、彈性的態度面對，而非僅是局限於生物性別二元對立的論述。同時，我也認為目前家庭暴力防治工作所面臨的困境，不能過度依賴強制性政策做為有效的解決策略，我們必須重新思考如何才能有效因應親密暴力事件中，受暴者與施暴者雙方的多元需求與不同選擇。如果歐美與我國的婦女權益運動倡導者，推動親密（家庭）暴力防治制度的目標，是為瞭解父權社會建立在生物性別邏輯思維的支配關係，那麼親密暴力防治工作模式的設計，就應該回歸重視受暴婦女主體聲音與多元需求的事實，而不是透過單一制度的設計，讓受暴婦女掉入另一種權力支配關係中。

肆、章節安排

　　這本書連結了我自己過去八年來在親密暴力領域的研究經驗，同時也是對自己過去多年來參與實務督導或討論過程的學習，當然這本書也是對自己所信奉的女性主義在日常生活實踐的反思。書中不再重述目前國內出版界已經討論的理論概念、暴力本質與現象或實務工作模式，而是從多元文化立場切入邊緣族群的親密暴力議題。本書的章節安排，在第一章中主要是說明女性主義性別權力的觀點與親密暴力議題的矛盾關係；第二章主要是回顧我國反親密暴力運動歷史脈絡的弔詭；第三章則介紹目前我國親密暴力防治制度

中的各項實施方案與措施；第四章從社會建構的觀點反思親密暴力現象呈現
的多重身分與權力流動事實；第五章藉由實證研究過程探討婚姻暴力現象議
題突顯的性別政治意涵；第六章從後結構女性主義立場探討新移民婦女婚姻
暴力現象中公民身分與權力的主動關係；第七章探討智能障礙者遭受家庭暴
力的概況；第八章則是剖析家庭邊緣成員，如女同志及外籍家庭幫傭親密暴
力現象突顯的多重身分與權力流動之事實。

第二章

歷史弔詭：
反親密暴力的發展脈絡

壹、緒言

自古以來，對女性身體的暴力行為就普遍存在人類社會，在這些暴行中，以婚姻暴力現象存在最久，卻最難獲得社會大眾一致看法，因為「毆妻」（the battered women）一直被視為是丈夫管教太太的特權，是個人家務事，而不是社會問題（Elworthy, 1996; Westlund, 1999）。正因為管教太太被視為是家務事，所以婚姻暴力（domestic violence）事件一直不如公眾侵害，例如性侵害或強暴等社會事件，受到社會大眾的關注（Bacchi, 1999）。所以無論是歐美國家或台灣，對於婚姻暴力防治工作的推動及相關制度的建構，都歷經相當漫長的時間與艱辛的歷程，然而這些成就經常都被簡化為一夕達成的感覺，忽略整個經驗的歷程與意涵。

許多人都認為在過去十年來，台灣社會福利發展經驗中最大的成就就是婦女福利。不可否認的，我國婦女權益在婦女團體與性別研究學者合力努力下，的確有相當大的進步，其中尤以婚姻暴力防治政策與制度的建構。然而婚姻暴力防治制度的建構，是否代表性別在婚姻關係中的平等目標已達成，還是如 M. Faucault 所言，掉入了另一種弔詭式制度壓迫？頗值得深入反思。許多女性主義社會福利學者都對婚姻暴力防治制度是否可解構性別權力不平等（power inequality）抱著高度懷疑。L. Gordon（1988）認為婚姻暴力問題之所以成為政府關心的焦點，同時也發展出家庭或婚姻暴力防治的相關律法，主要是因為政府擔憂社會問題若持續發展，可能會對傳統家庭價值觀（values）與規範（norm）造成衝擊（引自 Bacchi, 1999: 166-167）。因此政府政策的發展、立法制訂及婦運工作理念，三者之間可能存在著某種弔詭關係，這種關係可能會進一步影響整個婚姻暴力防治政策與制度的實踐。

　　台灣婚姻暴力防治法規與實務模式，大都是在 1990 年代中期以後陸續建構完成，不過婚姻暴力防治理念卻可以追溯到 1970 年代初期，呂秀蓮倡導的新女性運動，對台灣社會形成的性別意識啓蒙工作。台灣婚姻暴力防治工作的推動與發展，大約比歐美國家晚了二十年左右，但是受到社會文化因素及政治與經濟發展條件的影響，卻發展出迥然不同於西方國家婚姻暴力防治工作的理念與模式。本章主要是就婚姻暴力防治制度建構的發展歷史脈絡，說明哪些力量影響我國婚姻暴力防治制度的發展經驗與制度建構，並剖析我國婚姻暴力防治制度發展經驗中隱含的性別社會關係。

貳、婚姻暴力防治的發展經驗

　　對於我國婚姻暴力防治制度的建構經驗的理解，必須扎根在現有的政治、經濟與社會文化脈絡中，才能對我國婚姻暴力防治工作發展經驗的社會意義有較清楚的瞭解。許多人談到我國婚姻暴力防治工作的發展經驗，大都會聯想到 1993 年鄧如雯殺夫及 1996 年彭婉如遇害事件，這兩件事（特別是後者）的確可說是婦女人身安全制度建構的觸媒，但是若過度突顯社會事件張力，反而容易忽略扎根在日常生活中的社會影響力。我國婚姻暴力防治工作相關理念的醞釀與推動，間接可以追溯到 1970 年代呂秀蓮所倡導的新女性運動對婦女權益意識的啓蒙，新女性運動播下的種子，日後也逐漸在各婦女團體中萌芽，最後形成推動各項性別平權理念與制度的種子。因此，我將台灣婚姻暴力防治工作的發展經驗，追溯到二次戰後時期，並延伸到當前持續與主流父權價值意識的抗戰，大致將婚姻暴力防治與婦女人身安全保障的發展歷史、理念、制度與內涵分爲四個階段，說明如下：

一、醞釀期（1990 年以前）

　　台灣婚姻暴力防治與婦女人身安全保障工作的推動，大致可以追溯到二次世界大戰之後。當時國民政府遷台之後，對於婦女福利的關懷主要是透過國民黨「婦聯會」主導各項婦女議題，當時「婦聯會」的成員主要是由官夫人組成，關心議題也大都與婦女權益倡導無關（唐文慧，1999）。到了 1970 年代初期，由於台灣經濟發展已經逐漸由農業轉型到輕工業時代，而九年國教實施也讓女性有更多接受教育的機會，加上國人教育水平不斷提升的結果，在 1973 年呂秀蓮由美返台，開始倡導「先做人，再做男人或女人」的新女性理念，同時也集結了少數學者與實務工作者共同創辦了「拓荒雜誌社」，透過雜誌社型態激盪出對婦女生活處境的共鳴，與對婦女權益倡導的行動。在 1979 年呂秀蓮因美麗島事件被捕入獄，使得台灣婦女權益運動沉寂了一陣子。1982 年李元貞與一群女性朋友共同成立「婦女新知雜誌社」（簡稱「新知」，是「婦女新知基金會」的前身），以辦雜誌的方式做為延續呂秀蓮新女性運動的理念，透過到各地辦理讀書會的方式，將性別平權理念向下扎根到各個社會角落（王雅各，1999）。

　　在台灣的婦女權益倡導運動發展史中，「新知」不僅是台灣第一個婦女運動組織，同時也與解嚴之後陸續成立的婦女團體有著密不可分的關連，例如：1987 年由曹愛蘭與沈美貞等人推動成立的「婦女救援基金會」（簡稱「婦援」），及施寄青於 1988 年成立的「晚晴婦女協會」（簡稱「晚晴」），都直接或間接與「婦女新知雜誌社」有關連，所以就有學者將台灣在1980 年代的婦女權益倡導運動定位為「新知」的運動（王雅各，1999）。在 1987 年解嚴之前，「新知」成員主要都是藉著小團體方式探討與性別有關的議題，包括：女工、性騷擾、雛妓與色情等，同時也透過舉行記者會方式突顯議題的嚴重性與重要性，進一步做為立法倡導或修法的依據。並在

1984 年發表「婦女性騷擾問題」，同時結合其他婦女團體促使立法院通過《優生保健法》，1987 年結合其他婦女團體發動「抗議販賣人口——關懷雛妓」活動，清楚表達婦女團體對弱勢婦女關懷與抗議人口販賣的立場。解嚴後，「新知」正式成立為民間團體並更名為「婦女新知基金會」（簡稱亦為「新知」），進一步將關懷觸角延伸到女性工作權與健康議題，陸續完成《男女工作平等法》草案，展開一系列婦女健康講座活動，同時出版了《愛要怎麼做——女人愛滋手冊》，發起有關《民法》親屬篇的修訂（張靜倫，2000）。在 1990 年代以前活躍在台灣婦女權益運動場域的婦女團體，主要以「婦女新知基金會」、「晚晴婦女協會」、「現代婦女基金會」（簡稱「現代」）及「婦女救援基金會」等四個婦女團體為主。這四個婦女團體主要是透過草根組織動員方式，針對婦女權益相關議題，提出立法或修訂既有存在不合理的法規，如：提出《民法》親屬篇修正草案、《男女工作平等法》草案、《家庭暴力防治法》、《性侵害犯罪防治法》、《刑法》妨害風化罪章修正草案等，並透過各種行動策略交互運用，遊說立法與行政部門為婦女爭取應有的權益保障。

　　二次戰後解嚴前，我國婚姻暴力防治工作的推動，始於 1949 年基隆市政府提供受虐婦女服務（周月清，1994）。之後到了 1980 年代初期，我國婦女人身安全與婚姻暴力防治工作，主要是由各縣市「婦女會」及「生命線」等十一個機構提供婦女諮詢與支持服務。當時除了基隆市之外，屏東縣政府社會福利科也開始提供受虐婦女相關服務，而台北市是到了 1978 年，才有「華明心理輔導中心」開始提供受虐婦女相關服務（林佩瑾，1995）。解嚴後，劉可屏在 1987 年發表了國內第一篇有關「虐妻」的論文之後，開始引發學術圈對婚姻暴力現象與議題廣泛討論，之後婦女團體才陸續加入提供受虐婦女相關服務的行列（彭淑華，1999）。婦女團體對於婚姻暴力防治及提供受虐婦女相關服務的現況，也逐漸由被動消極轉為主動積極。在 1988

年台北市政府成立「北區婦女福利服務中心」（簡稱「北婦」），開始提供
台北市受虐婦女相關服務；在摸索一段時間之後，「北婦」開始提供較為周
延的受虐婦女服務，這些服務項目包括：諮商、經濟協助、緊急庇護、法律
諮詢與就業轉介（周月清，1994；柯麗評等，2005）。1989 年更進一步成
立了「康乃馨專線」，同時也出版「防暴手冊」，提供受暴婦女的諮詢與相
關服務（林佩瑾，1995）。整體而言，解嚴前除了國民黨婦女會之外，大都
是由民間婦女團體針對婦女人身安全議題，進行倡導與服務提供；解嚴後，
才逐漸發展出由政府籌辦而民間團體承接的工作模式，但是民間婦女團體草
根自主精神仍舊是相當活絡。

二、建制期（1990 年到 2000 年）

　　1990 年代台灣婦女權益運動不斷向下札根，呈現多元議題與多邊組織
樣貌。在 1990 年代中期，台灣婦女權益倡導運動的發展更是進入高峰期，
無論是對於婦女權益議題、組織型態或行動策略，都進入了另一個發展階
段，許多學者將此一時期稱之為婦女權益倡導運動的成熟期（王雅各，
1999；唐文慧，1999；張靜倫，2000；黃淑玲、林方晧、吳佩玲，2001）。
婦女團體在 1990 年代後期陸續推動並通過的《性侵害犯罪防治法》（簡稱
《性侵法》）與《家庭暴力防治法》（簡稱《家暴法》），並非是特定少數
婦女團體努力的結果，而是自 1980 年代初期以來「新知」播下種子，逐漸
扎根、發芽到開花結果的必然過程。

　　1990 年代初期，有關婚姻暴力現象與議題才受到較多的關注，「北婦」
開始委託民間團體「善牧基金會」（簡稱「善牧」）成立台灣第一所受暴婦
女庇護中心，同時「現代」也開始提供受虐婦女諮詢與支持性服務（黃淑玲
等，2001；潘淑滿，2001）。當 1993 年鄧如雯殺夫事件發生之後，引起社
會軒然大波及婦女團體的關注，「新知」開始透過組織間結盟與運動策略，

促使社會大眾對婚姻暴力議題廣泛討論。1994 年內政部委託「新知」進行「婚姻暴力防治之研究」，在研究中除了對醫療、心理、社工、警政提出檢討與建議之外，同時也強調制訂《婚姻暴力防治法》是台灣婚姻暴力防治工作應努力的方向（沈慶鴻，2001；柯麗評等，2005）。1994 年，「勵馨」與「現代」等十一個民間團體，也結盟成立了「防暴三法推動聯盟」（簡稱「防暴聯盟」），開始針對日常生活中女性在公私領域經常遭遇的人身安全威脅議題，包括：婚姻暴力、性侵害與性騷擾等，進行討論、草擬法案與立法遊說工作。1995 年，「新知」透過小團體討論方式，開始系統性的探討與性別有關議題，發表「婦女性騷擾問題」，而「婦援」也開始由雛妓與人口販賣議題，延伸到慰安婦與受虐婦女議題的關懷。這些描述千萬別以為，社會主流的脈動是如此線性的跟隨著婦女團體的腳步，或權力結構有做出任何具體的政策，回應這些婦女團體的訴求，事實上無論是《性侵法》或《家暴法》的通過與實施，其實都充滿著弔詭氛圍。

　　1993 年，長期生活在婚姻暴力關係的鄧如雯，因為在暴力威脅的陰影下，導致心神喪失而殺了施暴者（丈夫），當時許多婦女團體曾參與救援工作，同時「現代」也草擬了《性侵法》草案提出在立法院討論，可惜當時並沒有引起太多立法委員的討論與迴響，法案經過兩次審查會議之後就被冰凍起來了。直到 1996 年年底彭婉如在高雄遇害事件發生之後，引起全面性的反婦暴運動，在「新知」倡導之下共同連結婦女團體、民間團體與學術單位，在 1996 年 12 月 21 日發起「女權火、照夜路」遊行之後，才迫使立法院正視社會輿論與婦女人身安全的議題，快速修訂通過《民法》親屬篇修正案及《性侵法》（1997 年）。1995 年，高鳳仙參考了美國的《模範家庭暴力法》（Model Code on Domestic and Family Violence）及其他國家的相關法規與文獻後，完成「《家暴法》第一次草案」，隔年「現代」也正式成立「《家暴法》制訂委員會」進行立法倡導工作（高鳳仙，1995）。從 1996

年 7 月到 1997 年 1 月之間共舉行了 25 次會議，終於完成了「《家暴法》第二次草案」。之後，又舉行了 5 次公聽會才完成第三次草案修訂工作，由潘維剛立委送入立法院並獲得多位女性立委支持，立法院面對外在社會情境變遷及婦女團體需求與壓力之下，終於在 1998 年通過了《家暴法》，並通令地方政府必須在 1999 年 6 月 24 日前成立「家庭暴力暨性侵害防治中心」（簡稱「家暴中心」）（柯麗評等，2005）。從 1990 年代中期以後陸續通過的《性侵法》與《家暴法》，以及各縣市依規定成立「家暴中心」，推動性侵害與家庭暴力防治工作的宣導、緊急救援、後續等各項服務，的確讓台灣婦女身體權益的保障進入了另一個階段，但這並不表示婦女從此可以免於人身安全的威脅（張靜倫，2000；潘淑滿，2001）。

　　在過去幾年來，學術界或實務界對於婚姻暴力現象的關注，無論是在理念、議題論述或工作模式的建構，都逐漸走出西方國家理論思維的架構，逐步發展出本土理論觀點及實務模式。當《家暴法》通過之初，的確對整個台灣婚姻暴力防治工作造成相當大的衝擊，法制化的結果賦予內政部「家庭暴力及性侵害防治委員會」（簡稱「家防會」）以合法地位積極推動婚姻暴力防治工作，讓婚姻暴力防治工作逐漸從私領域的個人問題朝向公領域的社會議題。我國婚姻暴力防治工作的發展模式，卻與歐美國家的發展經驗迥然不同，美國婚姻暴力防治工作的發展，主要是由民間婦女團體逐步到公部門的由下往上的工作模式，民間團體始終扮演婚姻暴力防治理念與工作模式的推動主力；反觀我國對婚姻暴力防治工作的推動，卻是因為立法通過單一法規《家暴法》的關係，使得婚姻暴力防治工作的推動逐漸轉由政府規劃，再交由民間團體承接的工作（黃淑玲等，2001；潘淑滿，2003）。

　　台灣婦女身體權益保障的工作，在婦運團體合縱連橫之下，由理念倡導、政策制訂到制度建立的過程，可說是十分成功卻充滿弔軌的發展經驗。事實上，在 1999 年各縣市「家暴中心」成立之前，全國各縣市都有民間團

體、委外方案及公部門少數單位，針對老人、兒童、婦女或性侵害防治工作提供教育宣導緊急救援或後續協助的服務輸送。舉例來說，我國第一個受虐婦女庇護中心是在 1992 年由台北市政府委託「善牧」成立「安心家園」，開始提供受虐婦女緊急庇護與支持相關服務，讓庇護所的抽象概念得以具體落實（林佩瑾，1995）。1996 年彭婉如遇害事件發生後，台北市政府更進一步成立「婉如專線」，提供 24 小時緊急通報與諮詢服務，為婦女人身安全熱線奠定基礎，同時台北市也進一步委託「善牧」成立「溫心家園」，提供受虐婦女中長期庇護服務。當時對於是否要同時提供目睹兒童相關服務，也引發了實務工作者的爭論。1997 年，台北市進一步將兒少保護、老人保護及康乃馨三專線整合，稱之為「24 小時保護中心」，成為台北市「家暴中心」的前身。在實務工作過程中，有關婚姻暴力合併兒童保護的議題也不斷浮現，於是在 1998 年，婦女團體開始在庇護中心及機構中，提供目睹兒童個別諮商與團體輔導等相關服務（洪素珍，2003）。

當《家暴法》通過且明令各縣市政府必須成立「家暴中心」之後，正式宣告結束了過去由下往上扎根的家庭暴力防治模式，轉型走向政府主導由上往下推動的模式。由於各地方政府的「家暴中心」都是倉促成軍，定位不明的情況下只好邊走邊學，對既有存在提供暴力防治的網絡體系都缺乏足夠的溝通，到底未來地方政府與民間團體合作關係為何，都處於渾沌不明情況，所以在《家暴法》實施之初，整個防治網絡尚未建立完善，而既存體系又不知何去何從，經常在實務運作過程呈現多頭馬車的混亂局面。此外，許多縣市「家暴中心」成立之初都是在沒人沒錢的情況下運作，所謂「沒人」是指沒有專職人員負責家庭暴力防治工作的業務，而是採用兼職方式；而「沒錢」則是指中心經費使用並非專款專用。中心成立之初是在這種缺乏子彈卻要立即上戰場的混亂局面下開始運作，而當時有許多剛上任的社會工作人員，在之前並沒有任何從事保護性工作的經驗，可諮詢對象實在是少之又

少。加上當時地方政府各局處，充斥著對附屬於「社會局」之下的「家暴中心」採取觀望而非合作態度，使得「家暴中心」初期的運作相當困難與坎坷。在匍匐前進之際，社會工作人員嘗試找出在家庭暴力防治工作中的角色定位，摸索著學習如何在家庭暴力防治工作中實踐助人角色。

家庭暴力防治工作的成效主要是建構在網絡合作專業整合的概念，並非靠社會工作人員一方力量就可以實踐家庭暴力防治目標。在整個網絡中，警政單位必須在第一線扮演緊急救援的功能，衛政單位則是在驗傷採證及後續心理與生理治療上扮演功能，而司法單位則是在正義審判前提做出對被害人有利及有效處罰加害人的責任。然而，這些單位在各自為政的心態下，加上仍未擺脫傳統父權意識型態的箝制，導致整個家庭暴力防治工作的成效大打折扣。最明顯的例子就是《民法》親屬篇中對於離婚規定，婦女必須長期被丈夫毆打，且有三張驗傷單才能訴請離婚；部分醫療單位醫事人員擔心加害人找麻煩或到法院作證，所以對前往驗傷的受虐婦女採取拒絕態度；警政人員在婚姻暴力是「家務事」的前提下，只做消極調節不做積極處理。在家庭暴力防治制度建立之初，普遍存在社會的性別迷思及維護「男主女客」的社會制度，在面對婚姻暴力現象與議題時的局限與困境卻一一浮現。

三、成熟期（2000 年至今）

在《性侵法》與《家暴法》通過之後，有關婦女人身安全與婚姻暴力防治工作相關議題及修法工作的倡導大都由「防暴聯盟」主導，聯盟透過組織成員定期參與討論形成修法與立法草案共識。在 2002 年「防暴聯盟」曾針對《性侵法》進行小幅度修訂工作，主要修訂條文在第三條主管單位界定及第六條 24 小時專線服務及緊急救援的制訂。相較之下，《家暴法》的修法工作面臨了較多的阻力與困難，除了受到《家暴法》本身撼動傳統父權意識因素之外，外在惡質的政治環境與密集式的選舉文化操作都是阻礙《家暴

法》修法的主因。

在 2003 年「防暴聯盟」針對現行立法條文缺失檢討，共花費了兩年多的時間才完成修法草案，並獲得一百八十多位立法委員提案連署送進立法院審議，可惜受到立法院屆期不連續原則影響，導致《家暴法》始終未能完成修法工作。2003 年「防暴聯盟」修法重點有下列幾項：

1.修正立法目的。
2.擴大保護令保護動向。
3.明訂保護令種類。
4.加強對於被害人出庭應訊時之保護。
5.增訂第三人監護。
6.被害人舉證責任減輕。
7.明訂撤回通常保護令之效力。
8.落實保護令之執行。
9.加強對於被害人人身安全之維護。
10.明訂各級中小學家庭暴力防治課程最低時數。

在 2005 年「防暴聯盟」的「《家暴法》草案」主要的修法重點，除了上述幾項重點之外，加入了明訂緊急及暫時保護令不得抗告、增訂防治認知教育令、明訂地方政府應訂定被害人相關補助規定等條文，共修正了二十條，增訂六項條文。

在 2000 年以後，婦女團體除了在《家暴法》與《性侵法》修法的努力之外，也有許多攸關婦女權益與性別平權重要法案陸續通過。2000 年通過《特殊境遇婦女家庭扶助條例》，針對特殊境遇弱勢婦女家庭扶助提供短期的協助與補助辦法，2004 年通過《性別平等教育法》，做為建構性別平權的校園互動關係與無性別歧視的校園學習環境的依據，及 2005 年通過《性

騷擾防治法》，做為保障女性在公共場域不受身體與性騷擾威脅，而攸關兩性在公領域權益保障的《兩性工作平等法》（簡稱《兩平法》），也在「新知」歷經十四年的努力下通過立法。

各縣市「家暴中心」草創初期，幾乎所有家庭暴力防治工作（包括：兒保、成保與性侵害等）都回歸到「家暴中心」。面對龐大的個案量，第一線社會工作人員消化不了，只能在摸索中前進，所以「家暴中心」的定位、社會工作人員的角色與功能都是在實務過程逐步學習與釐清。在人力資源與組織結構限制下，具有緊急、危機或法規強制規定的個案類型（如：兒虐）就成為優先服務對象；相反的，不具有緊急或強制規定者，就視社會工作人員是否有餘力進行後續追蹤服務而定。在 2000 年左右，所謂後續追蹤服務其實是相當粗糙的，大多數縣市社會工作人員並沒有清楚的個案管理知能，同時也受到外部資源豐富性與成熟度的限制，所以除了盡到告知義務之外，並沒有太多積極作為。我國家庭暴力防治工作運作模式，主要是由中央規劃主導、而地方政府負起執行責任，這種由上往下推動的模式難免會忽略地方條件差異及問題特性，所以家庭暴力防治工作推動成效一直是呈現一國多制面貌。近幾年各縣市家庭暴力防治工作推動的經驗，很明顯的受到內外部資源多寡影響甚深，但是一、二級主管支不支持及主政者本身的福利意識型態，卻是直接影響家庭暴力防治工作發展與成效的關鍵。第一線社會工作人員的壓力與無奈，讓我們看到其實主政者與主管才是真正需要教育的對象。

第一線社會工作人員在提供家庭暴力防治工作緊急救援與相關服務過程，發現家庭暴力事件大多是發生在夜晚期間，但是各縣市政府社政人力資源是相當窘迫的，根本無法承擔 24 小時全年無休的緊急通報的服務。內政部「家防會」在 2001 年開始著手規劃與建制 24 小時專線諮詢與通報服務（113 通報專線），除了北、高兩市因人力較為充裕能擔負 24 小時接線工作之外，其餘各縣市在下班後與假日期間及大哥大通報的專線服務，都轉由

委託民間社會福利機構提供（受委託單位是「世界展望會」，簡稱「世展會」）。同時行政院「原住民族委員會」（簡稱「原民會」）也正式成立「原住民婦女權益專案小組」，並拍攝「100公分的世界」及「我的願望」等有關目睹兒童等宣導錄影帶，分送到全國各小學從事宣導教育工作。2001年，台北市政府也正式委託「善牧」成立以提供目睹兒童相關服務為主軸的機構──「小羊之家」。當2003年《兒童與少年福利法》正式立法通過之後，更進一步將「目睹家庭暴力之兒童及少年」納入服務對象。

　　在各縣市「家暴中心」成立之初，受限於有限人力資源必須分配到最需要的個案，所以在考量人力資源條件限制因素，許多學者與實務工作者都主張助人者不宜同時服務被害人與加害人雙方，所以制度建立初期主要服務對象以被害人為主，各項服務方案設計與內涵也是著重於提供被害人緊急庇護及協助獨立生活的支持服務。然而，許多第一線實務工作者從實務經驗中發現，婚姻暴力防治工作若只是從被害人著手，忽略加害人或其他家庭成員的諮商輔導與相關服務，可能會降低婚姻暴力防治的成效；所以在2001年也開始著手規劃與實施加害人審前鑑定制度（稱之為「CARE模式」），做為加害人是否需要進一步接受認知輔導或心理治療的依據，並陸續推動家庭暴力加害人的處遇團體方案。

　　在2002年之後，婚姻暴力防治工作除了由被害人服務逐漸擴展到目睹兒童及加害人服務提供之外，同時也開始積極與婚姻暴力防治網絡中其他專業有進一步的互動與合作。舉例來說，2002年，台北市委託「現代」在士林地方法院成立「家庭暴力事件服務處」，開始針對因婚姻暴力而前往地方法院聲請保護令或訴請離婚婦女，提供保護令聲請、訴狀填寫、陪同出庭、提供支持會談與轉介等各項服務。台北市也委託「財團法人關懷長青文教基金會」辦理「台北市內湖婦女服務中心」，以服務原住民受虐婦女為主（王增勇，2003）。

2002 年，「家防會」邀集學者與資深實務工作者，參與中央政府對地方政府社會福利評鑑工作，在評鑑過程中，對於各縣市組織概況與防治網絡運作情形有了較清楚瞭解。各縣市家庭暴力防治工作模式、成效與品質相當參差不一，除了上述主管支持與福利意識影響之外，各局處之間資源網絡合作關係及在地民間非營利組織資源的豐富性與多元化也是影響服務成效與品質的關鍵。台灣大多數非營利組織都集中在台北市及高雄市，都會地區也比偏遠或農漁業地區有較多民間資源；換句話說，家庭暴力防治工作成效除了受到內部主觀因素影響，外部結構因素也是影響關鍵。「家防會」開始針對發展成效不彰的縣市推動輔導計畫，瞭解第一線社會工作人員的實務經驗與困境，做為推動輔導重點的參考依據，所以初期輔導重點有三：1.加強第一線社會工作人員對個案管理的認知與運用；2.強化平行網絡之間的互動關係；3.開發與培育在地資源及外部資源引進。

除了上述提升社會工作人員知能的努力之外，家庭暴力防治工作的推動方向有幾項特色：

（一）納入加害人服務

「家防會」認知到家庭暴力防治工作若缺乏對加害人的關懷與服務，那麼將無法完全達到家庭暴力防治工作成效，所以著手研擬、規劃及推動加害人處置計畫與鑑定工作。

（二）擴大目睹兒童服務

從實務經驗累積也發現，當一個家庭發生婚姻暴力，是經常合併兒童虐待事件，或婚姻暴力本身對未成年子女所造成創傷經驗的普遍性與嚴重性，所以「家防會」開始研擬、規劃與推動系列性的實務工作研習、教育宣導與服務方案。

（三）強化多元文化敏感度與相關知能訓練

　　受到新移民人口不斷增加影響，第一線實務工作者發現新移民婚姻暴力求助人口也不斷增加，但是由於第一線提供直接服務的社會工作人員，受到語言限制而無法提供適當服務，加上各縣市庇護中心資料也顯示接受庇護服務的新移民婦女人數遠比本國婦女多，且接受庇護安置期間也遠比本國婦女久；所以「家防會」開始研擬、規劃，並於 2003 年委託「賽珍珠基金會」（簡稱「賽珍珠」）設置東南亞籍受暴婦女通報專線（0800-088-885）。除此之外也開始結合民政局「中文學習班」，建立通譯人力資料庫基礎，並規劃與多元文化有關的理論與實務方案研習會，及探討移民法規與實務工作的關係。同時，內政部也提出了「外籍與大陸配偶照顧輔導措施專案報告」，成為全面推動新移民婦女與家庭生活適應的依據。無論是中央或地方政府，在推動新移民婦女及家庭照顧服務方案時，經常受限於預算編列困境，所以在 2006 年，內政部設置了「外籍配偶照顧輔導基金」，專款專用並鼓勵地方政府與民間團體能合力提出相關服務方案經費申請。

（四）加強弱勢族群服務知能

　　在家庭暴力防治工作中，除了婦女、兒童及新移民女性之外，還有許多人口群也是家庭暴力的弱勢人口，同時其受暴虐的普遍性與嚴重性也值得關注，卻備受忽視；這些人口群包括身心障礙者與原住民。所以在 2004 年之後，也開始著手研擬與規劃智障者與原住民族家庭暴力議題探討與服務模式建構的討論。

（五）納入男性服務觀點

　　不可否認的，在家庭暴力事件中，有七成左右是屬於親密暴力類型，包

括：配偶、前配偶、同居人、男女朋友與同志的親密暴力行為，而在所有通報的親密暴力案件中，高達八成左右是男性對女性施加暴力行為，有兩成左右是女性對男性施加暴力行為，所以男性被害人是存在的。實務工作者也體認到許多男性是父權社會的受害者，在面子文化作祟下缺乏抒發情緒的管道，也沒有機會再學習（再社會化）重新理解性別關係，因此「家防會」在2004年設置了「男性關懷專線」（0800-013-999），並委託民間團體提供專線諮詢服務（受委託單位是「中華溝通分析協會」，簡稱「TA」），提供男性諮詢與支持服務。

（六）規劃初階與進階訓練課程

從家庭暴力防治工作推動以來，各縣市「家暴中心」的人力流動性相當大，許多約聘社會工作人員因無法承受高壓力、高負荷量的工作而選擇離職，部分社會工作人員考上社工師證照即轉任其他社政職缺，少數社會工作人員因為主管單位政策改變而遭到解聘，導致「人力不穩定」及「大多是新手從事保護性工作」的印象深植。保護性工作由於業務本身特性及其具有時間急迫性，所以在第一線提供服務的社會工作人員，對於性別文化的敏感度及其專業知能，對於服務品質及被害人權益之保障都有影響，所以現階段「家防會」的工作重點著重，針對不同年資的第一線社會工作人員、督導及行政主管，加強階段性知能內涵研擬、規劃與訓練。

（七）加強第一線社會工作人員個案管理知能

在婚姻暴力防治工作中，第一線社會工作人員往往扮演關鍵角色，許多時候社會工作人員被定位為個案管理者，然而受到內外在主客觀因素影響，導致個案管理角色定位不明及服務成效不彰。加上許多受虐婦女在長期暴力陰影下習得無助，導致經常有負面思考及自我貶抑行為，因此「家防會」在

2004 年也進一步引進 Kansus Model 的「優點個案管理模式」，並陸續在各縣市進行實驗性計畫。

、制度反思及其性別社會意義

　　我自己開始關心婚姻暴力的議題約莫是在彭婉如事件之後。1996 年我剛拿到博士學位立即返回高雄醫學大學任教，當年年底就發生了彭婉如遇害事件；這對於日常生活中，以走路及計程車代步的我而言，的確造成不小震驚，因此我開始注意到生活中有關女性人身安全的社會事件與議題。在過去，性侵害或婚姻暴力事件大都被定位為家務事，然而彭婉如這類事件之後，所謂的「家務事」開始逐漸成為公共議題。當我還在忙著適應學校生活的遊戲規則及每天備課與教書工作，尚且來不及停下來環顧周遭時刻，《性侵法》與《家暴法》已經陸續在 1997 年與 1998 年通過立法。換句話說，我自己開始參與婚姻暴力防治工作相關實務或政策的討論及研究經驗，都是在 1998 年以後的事了。

　　台灣婚姻暴力防治工作的建制，翻轉過去在婚姻暴力防治工作中的公私部門的角色，過去民間婦女團體扮演受虐婦女理念建構與服務提供的主要角色，相關法規通過與實施之後，公部門卻成了理念建構與實務模式的推動主力，反而民間婦女團體為了組織永續生存的需要成為配角。這種主從關係的翻轉，不僅影響民間婦女團體與公部門的互動關係，更衝擊到婦女團體的主體性。我國婚姻暴力防治工作的推動經驗，突顯著什麼樣的性別社會意涵呢？雖然 1998 年陸續通過《性侵法》與《家暴法》，且在 1999 年內政部通令全國二十五個縣市政府需成立「家庭暴力防治中心」，開始比較系統性的

提供婦女人身安全的保障工作，讓台灣婦女人身安全保障進入另一個新的發展階段。可是《家暴法》理念與制度實施是否已經達成了婦女運動追求的女性身體自主與性別平權的使命？還是一如Foucault（1977）所言，是透過國家機器對婦女身體進行另一種合法性操控呢？

某種程度而言，立法與社會福利制度的設計都反映出主流社會的價值意識（Dolgoff, Feldstein, & Skolnik, 1997: 19），當政策制訂所持價值信念不同，對於婦女保護立法內涵與制度設計就會有明顯差異。如果婦女身體保護政策的制訂是建立在家庭動力觀點，那麼對於婦女身體的保護將會著重於如何降低家庭與社會可能誘導暴力學習的因素，這些策略運用包括：減少媒體暴力鏡頭的暴露、管制槍枝、禁止學生體罰、廢除死刑與加強家庭連帶關係等。如果婦女身體保護政策的制訂是建立在女性主義觀點，那麼政策立法制訂過程就會偏重於如何協助女性經濟獨立、減少家庭對婦女的制約與控制，並透過大眾教育提升對整體制度改革的支持度（Kurz, 1993: 261）。R. Wileman 與 B. Wileman（1995）曾以 1980 年澳洲通過《家庭暴力防治法》之後，政府開始為受虐婦女所提供的緊急庇護與相關支持性服務進行回顧性研究，發現大多數研究者都是運用政治社會分析觀點，而非家庭性別權力運作觀點來瞭解婦女受虐現象。

近年來，女性主義社會福利學家對婦女身體政策的探討，都著重於父權家庭制度與婦女受暴虐問題之互動關係（Woodward, 1997: 83）。對女性主義社會政策分析者而言，無論是《性侵法》或《家暴法》，都只是通往解構性別權力不平等的途徑之一而已，事實上在政策制訂、立法與實施過程，對婚姻暴力問題界定與成因解釋，才是評估性別權力運作重要的指標。因此，需要仔細檢驗婦女受虐現象是如何發展及被定義為社會問題，同時也進一步釐清婚姻暴力問題是如何吸引社會大眾關注形成社會議題，成為政策立法制訂與制度實施的依據（Dobash & Dobash, Eds., 1998）。G. Pascall（1997）

清楚的指出，女性主義者對社會政策的分析不可能不去探討女性在福利國家的經驗，因為不探討社會政策背後所隱藏的性別角色和性別意識型態，就不可能瞭解社會制度所依持之原則與結構對女性日常生活的影響。

D. M. Bush（1992）曾針對美國與印度兩個國家，在家庭暴力緊急庇護中心與婦女團體工作人員，進行訪談、觀察等資料交叉分析。研究結果發現，社會對家庭的定義往往限制了婦女運動的視野，兩個國家的《家暴法》仍舊是建立在性別差異的意識型態之下，逮捕令與其執行過程仍舊很少去挑戰家庭權力結構，所以政策立法絕不可以被視為是婦女運動成功與否的評估準則之一。除此之外，制度實施過程，各層級專業人員對婦女受虐問題的看法，也是評估政策立法與兩性權力互動關係之關鍵。Foucault指出，在現代社會中受虐婦女的經驗是經由社會制度的設計，合理化女性身體與社會制度的互動關聯，所以當受虐婦女遭受暴力決定逃離家庭時，唯有接受政府相關機構所提供保障，才得以保護身體不繼續受到侵犯，當受虐婦女在接受政府所提供的服務時，就必須服從一些所謂強制性的原則（a compulsory principle of visibility），那麼身體自主其實已經為另一種非人性、完善的社會制度所取代了（引自Westlund, 1999: 1049）。表面看來，立法制訂與制度執行似乎是為了提供婦女身體自主保障的不二法門，實質上在對受虐婦女問題共識不夠的情況下，這些法令與制度恐怕會形成另一種對婦女身體自主控制的合法機制。

過去三十年來，我國婚姻暴力防治工作的推動與制度建構，所勾勒出的性別社會意義，大致可以歸納如下：

一、婚姻暴力詮釋權回歸女性

B. Hindess（1996）認為，「權力」包括行動力（capacity to act）與行動權利（the rights of act）。所謂「行動力」是指：權力是一種簡單概念可

以透過量化加以測量，並根據測量結果做為推斷行動力準據，而政治行動是指比較複雜概念，涉及權利本身的主客體關係。當然詮釋本身就是一種權力（power）展現，在父權社會男性總是被賦予較高的詮釋權，同時也合法化為詮釋主體（subject），而女性往往被制約為依附順從權力的客體（object），這種對權利詮釋的主客關係，已經清楚的點明了日常生活中兩性互動的遊戲規則。許多女性主義者（刁筱華譯，1996；Tong, 1997; Wincup, 1998）指出，在父權社會中男性是如何透過社會制度運作，合法化自己的權力與社會地位；舉例來說，去陰蒂、貞操帶、月經禁忌、纏足、束腰、約束女性避孕、性騷擾、強暴與毆妻等行為，都是男性透過社會制度的機制，合理化男性對女性身體的操控權力（Elworthy, 1996）。在父權社會中妻子被視為是丈夫的財產，婚姻暴力也被詮釋為家務事，管教太太是丈夫的權利，這也就是為什麼婚姻暴力問題長期存在卻經常被忽視的原因。婦女運動最主要的訴求就是藉由群體力量，尋求婦女在社會中的處境與地位的改善，制度建構經常被視為是解構兩性權力不平衡的手段之一，所以以台灣婦女權益倡導運動從早期以議題喚起社會大眾開始關注婚姻暴力的普遍性，到形成共識集結力量推動立法與制度建構，最後檢視政策與實施方案背後的性別意識，都充分展現出將婚姻暴力的詮釋權回歸女性主體的立場。

二、解構性別權力本質

要理解婚姻暴力就必須瞭解性別身體在不同文化中的社會意義。身體真的只是一種符號（symbols）嗎？還是隱含著更複雜的權力價值意涵？Foucault（1977）認為，在前現代社會（pre-modern society）中往往會透過公開暴力及處罰形式，以剝奪身體自主權來實行馴化身體的工作；到了現代社會（modern society）則是透過國家機器的運作及行政體制的制訂，藉著民主社會的法制規範合法化對身體操控（Dean, 2000; Westlund, 1999）。如果

將身體權力論述展延到福利國家論述，那麼婚姻暴力防治制度及立法也是一種父權社會透過國家機器運作，合法化對女性身體的操控。B. Turner（1996）在〈福利的身體論述〉（The Corporeal Discourses of Welfare）中指出，一個社會次序是否能建立，完全有賴於政府是否能夠成功地達成四個任務而定，這四個任務包括：生殖能力（reproduction）、身體的限制（restraint of bodies）、規範（regulation）和身體的空間表徵（representation in space），其中對身體與生殖能力的控制就是一個社會系統穩定的最根本基礎。換句話說，現代資本工業社會中「男主外、女主內」、「男主、女客」的思考模式，其實都是男性為鞏固自己利益所設計的遊戲規則。婦女運動最根本訴求就是挑戰父權社會性別不平等的事實，策略運用上則是以強暴、婚姻暴力、塑身美容、生殖科技與母職等攸關女性生命經驗議題為運動訴求，並做為解構性別權力不平等的基點。

三、將個人問題轉化為社會議題

　　傳統文化對於婚姻暴力存在許多迷思，社會大眾對婚姻暴力總是抱持著家務事與個人問題的立場，對婦女遭受婚姻暴力經驗不僅缺乏同理心與支持，甚至讓受虐婦女在求助過程中遭受二度傷害。婦女運動透過議題倡導及多元策略運用過程，讓婚姻暴力問題擺脫個人問題歸因，逐漸成為公共領域論述的社會議題，同時也刺激了社會大眾習以為常的價值思維，省思婚姻暴力現象中呈現的兩性互動問題與性別權力不平等的社會事實。

四、制度化婦女身體保障工作

　　女性主義者對於婚姻暴力防治工作制度化，到底能達到多少解構性別權力不平等的目標，抱持著相當高的質疑，同時也對制度化的建構是否會讓女性掉進另一種馴化歷程有很多擔憂。不可否認的，婚姻暴力防治工作制度化

的建構過程，對婦女人身安全仍舊提供了某種程度的保障，受虐婦女也可以依據相關法規要求政府提供協助與落實人身安全的保障工作。藉著實務工作經驗的累積，婦女團體可以進一步對現有制度與服務方案的適切性進行系統性的檢討，以做爲推動修法與制度改變的動力基礎。

肆、結論

　　這一章主要是透過檢視過去三十餘年來婦女權益倡導團體，對婚姻暴力防治議題推動經驗歷史發展脈絡的檢視，說明性別在歷史發展脈絡中的弔詭。同時也透過實務經驗累積與制度建構的反思，剖析婦女權益倡導運動與國家權力兩者間的矛盾詭譎關係。就婦女權益倡導者而言，婚姻暴力本身就是一種性別權力不平等的事實，需要透過對性別權力重新詮釋過程，才能理解婚姻暴力的眞實面貌；但是婦女權益運動最終目標還是強調將理念落實在日常生活經驗中，藉著國家機器介入日常生活關係，並透過制度化的落實對女性身體達到保障，就成爲保障婦女身體權益的基礎。不過Foucault在身體權力的論述中也提醒我們，對法制化的婚姻暴力防治制度必須抱持著高度懷疑，質疑國家公權力站在受虐婦女一方的誠意，才能避免落入對國家機器過度樂觀的假象中。

第 三 章

制度之後：
親密暴力的服務方案

壹、緒言

　　歐美國家對於親密暴力議題的探討大都緣起於對婚姻暴力現象的關注，加上婚姻暴力事件中約有八成左右是女性被男性毆打，所以對於親密暴力現象的關注、被害人權益倡導與服務輸送，大都是建立在以女性被害人為主軸的邏輯思維。我國家庭暴力防治制度的建構與服務輸送也延續歐美國家以婚姻暴力中女性被害人為主體的架構，所以在家庭暴力防治制度建立之初，幾乎所有的服務輸送理念都是以女性被害人為服務對象的主軸，第一線提供服務的實務工作者無論是以個人或以團體方式提供服務，對於婚姻暴力的詮釋大都是建立在權力控制的觀點。近年來，隨著家庭暴力防治工作經驗的累積與資源網絡的拓展，才進一步將服務對象擴及到目睹兒童、多元類型的被害人與加害人，同時也逐漸納入不同的詮釋觀點。

　　基本上，我國家庭暴力防治工作的運作是採取緊急通報、危機處置與後續服務的三級預防模式（如圖3.1）。在緊急通報階段主要責任通報來源有二：1.責任通報單位：依據《家暴法》、《性侵法》及《兒福法》規定，醫事、社工、臨床心理、教育、保育、警察、司法、勞政，及其他執行家庭暴力、性侵害與兒童保護防治人員依法必須在24小時內完成書面通報；2.其他非責任通報單位：本人、親友、一般民眾與鄰居等，則可運用24小時免付費電話「113」通報或諮詢；當各縣市「家暴中心」接獲通報之後，必須視個案危急程度決定是否進一步結合警察人員進行緊急救援工作。除了緊急救援之外，在危機處遇階段提供的服務包括：驗傷診療、庇護安置與代為聲請保護令，對於性侵害個案尚包括陪同偵訊。若被害人受暴情況並非處於緊急危機狀態，卻需要後續服務，那麼各縣市「家暴中心」社會工作人員則連

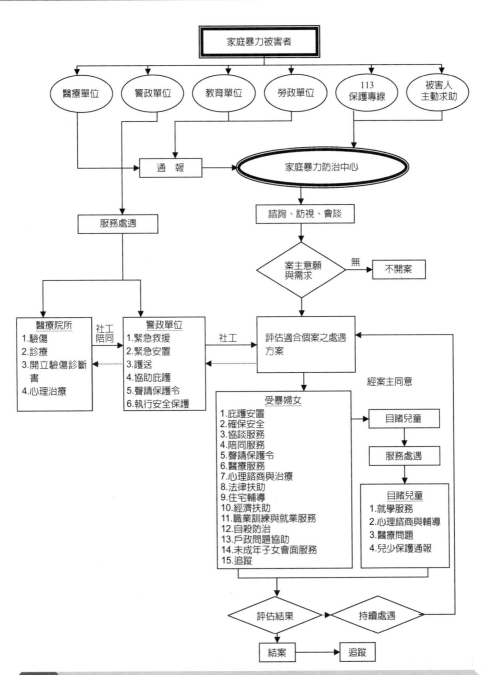

圖 3.1 家庭暴力被害人保護服務方案流程

資料來源：引自張錦麗、顏玉如（2003）。

結相關資源，提供經濟補助、法律扶助庇護、心理諮商與輔導、職業訓練與就業輔導等服務。

雖然《家暴法》明確界定家庭暴力防治是跨專業資源整合的工作，但由於「家暴中心」的社會工作人員被定位為個案管理人員，導致社會工作人員成為整個家庭暴力防治網絡中的關鍵人員。在本章中，並非以社會工作人員扮演的角色與功能為主，但是無論是在被害人服務方案、目睹兒童或加害人認知治療服務方案中，社會工作人員一直扮演關鍵角色。下面我將系統性介紹我國家庭暴力防治制度成立以後，家庭暴力防治網絡中以不同對象為主體的服務方案，包括：被害人、新移民（外籍與大陸）、原住民、目睹兒童及加害人之發展與內涵（這些方案依據方案發展時間彙整如表 3.1）。

表 3.1　親密暴力防治工作服務方案

年代	服務方案
1988 年	》台北市政府社會局北區婦女福利中心成立。
1989 年	》設立康乃馨專線。
1992 年	》台北市委託「善牧」成立第一個受虐婦女庇護中心——「安心家園」。
1996 年	》台北市政府婦女保護中心成立「婉如專線」，提供 24 小時熱線服務。 》台北市委託「善牧」經營婦幼中長期中途之家——「溫心家園」。 》是否提供目睹兒童服務引發爭論。
1997 年	》台北市兒少保、老人保護與康乃馨專線合併，改稱為 24 小時保護中心，此乃「家庭暴力防治中心」的前身。 》通過《性侵害犯罪防治法》立法。 》各地性侵害防治中心成立，並設置性侵害防治專線。
1998 年	》通過《家庭暴力防治法》。 》婚暴併兒保的議題浮現，婦保機構開始在庇護所及機構中提供目睹兒童個別諮商與團體諮商。

表 3.1 親密暴力防治工作服務方案（續）

年代	服務方案
1999 年	》 各縣市「家庭暴力暨性侵害防治中心」成立並開始運作。 》 推動民刑事保護令制度。 》 推動加害人處遇計畫（但核發比率甚低）。
2001 年	》 內政部統籌設置全國「婦幼保護專線：113」。 》 行政院原住民族委員會成立「原住民婦女權益專案小組」。 》 內政部拍攝「100 公分的世界」及「我的願望」宣導錄影帶函送各國小，從預防觀點協助目睹暴力兒童。 》 委託「善牧」提供目睹婚姻暴力兒童服務——善牧小羊之家。 》 實施加害人審前鑑定制度——「CARE」模式。 》 推動家庭暴力加害人處遇團體方案。
2002 年	》 「現代」在士林地方法院設立「家庭暴力事件服務處」。 》 家暴案例統計開始要求呈現原住民的比例，台北市原民會所進行的非營利人員訓練也將原住民家庭暴力議題安排進入課程。 》 「財團法人關懷長青文教基金會」接受台北市政府社會局委託辦理「台北市內湖婦女服務中心」，服務對象特別以原住民（受暴）婦女為主。 》 婦保機構舉辦目睹婚姻暴力兒童處遇工作研討會，協助目睹暴力兒童的婦保機構逐漸增多。
2003 年	》 內政部委託賽珍珠基金會開設外籍配偶保護諮詢專線「0800-088-885」。 》 台北市原民會編列預算進行都市原住民家庭暴力研究，但僅限財務能力良好的台北市，無法擴及其他縣市。 》 內政部提出外籍與大陸配偶照顧輔導措施專案報告。 》 內政部完成「目睹家庭暴力兒童少年——辨識篇」進行宣導。 》 《兒童及少年福利法》正式將「目睹家庭暴力之兒童及少年」納入服務對象。 》 內政部試行「優點個案管理模式」。
2004 年	》 內政部成立男性關懷專線「0800-013-999」。 》 內政部試行「無酒害教育團體」。
2006 年	》 內政部成立「外籍配偶照顧輔導基金」。

貳、被害人服務方案

　　自 1999 年各縣市「家暴中心」成立之後，「家暴中心」成為受理家庭暴力事件通報、危機處遇與後續服務的單一窗口。但是大多數縣市受到內外部資源條件限制與主客觀因素影響，導致大多數縣市「家暴中心」的功能都局限在通報與危機處遇階段，對於家庭暴力教育宣導與後續追蹤服務工作大都委託民間團體提供。在危機處遇階段，除了緒言中提到的通報與偕同警察人員進行緊急救援工作之外，對於被害人服務方案主要是以社會工作人員為服務提供者的方案，主要包括：113 婦幼保護專線、庇護中心、家庭暴力事件法院服務處與後續追蹤服務等四項（表 3.2 說明被害人服務方案的發展歷程與內涵）。下列逐一介紹這四項服務方案內涵：

表 3.2　被害人服務方案

年代	服務方案
1988 年	》台北市政府社會局北區婦女福利中心成立。
1989 年	》設置康乃馨專線。
1992 年	》台北市委託「善牧」成立第一個受虐婦女庇護中心──「安心家園」。
1996 年	》台北市政府婦女保護中心（婉如專線）7062495，為 24 小時熱線工作模式奠定基礎。
	》台北市委託「善牧」經營婦幼中長期中途之家──「溫心家園」。
1997 年	》台北市兒少保、老人保護、康乃馨專線合併，改稱為 24 小時保護中心 0800-024-995，為「家庭暴力防治中心」的前身。
	》台灣世界展望會擴大原本的「台灣省兒童少年保護熱線中心」080-422-110 服務對象，開始提供遭受婚姻暴力的不幸婦女緊急電話服務，將專線合併為「台灣省兒童少年暨婦女保護熱線中心」。
	》各地性侵害防治中心成立，設置性侵害防治專線 080-000-600。

表 3.2	被害人服務方案（續）

年代	服務方案
1999 年	》各地「家庭暴力暨性侵害防治中心」成立，性侵害防治專線與家庭暴力防治專線合併（保護您專線）080-000-600，大部分於非上班時間委由「世展」接線；但台北市則是撥打 080-024-995，24 小時皆由家防中心社工員接線。
2001 年	》內政部統籌設置全國「婦幼保護專線 113」，台北市民也可撥打 0800-224-995。
2002 年	》「現代」首先在士林地方法院設立家庭暴力事件服務處。
2003 年	》內政部試行「優點個案管理模式」。

一、婦幼保護專線 113

自 2001 年「婦幼保護專線 113」成立以來，中央與地方政府藉著各種管道進行宣導工作，但是仍有許多民眾對「婦幼保護專線 113」的功能與服務不清楚。事實上各縣市婦幼保護專線發展經驗差異頗大，特別是台北市與高雄市的發展經驗明顯不同於其他縣市。台北市是在 1988 年成立「北婦」，隨後在 1989 年設立「康乃馨專線」，開始提供受暴婦女緊急救援與諮詢服務。「康乃馨專線」是國內第一支專門提供受暴婦女諮詢服務的專線，但是在 1993 年《兒童福利法》修訂之後，規定主管機關必須提供 24 小時內受理兒童保護案件通報與調查，所以台灣省政府社會處在 1995 年委託「台灣世界展望會」（簡稱「世展會」）成立「台灣省兒童少年保護熱線中心」（「080-422-110」），正式提供全國民眾 24 小時保護的通報管道，在 1997 年進一步擴大提供受暴婦女緊急通報與諮詢服務。台北市政府自行籌劃並進一步將原有「兒少保護專線」（「0800-024-995」）緊急通報與救援服務時間延長為 24 小時；但是在 1996 年彭婉如事件發生之後，台北市政府進一步

成立了「台北市政府24小時婉如專線」（「706-2495」）。在「婉如專線」設置半年後，台北市政府整併所有專線，如：婉如專線、康乃馨專線、兒少保護專線及老人保護專線，將各項付費專線統一改為「0800-024-995」（取諧音0800-24小時救救我）的免付費專線。

1997年《性侵法》通過之後，設置了「性侵害防治專線」（保護您專線「0800-000-600」），但是在1999年「家暴中心」成立之後，各縣市「家暴中心」將「家暴防治專線」與原本「性侵害防治專線」整併，開始提供24小時緊急危機與諮詢服務。許多縣市如：台中市、苗栗縣、台中縣、彰化縣、雲林縣及桃園縣等，陸續以委外方式委託「世展會」提供非上班時間「保護您」專線（「080-000-600」）的通報與諮詢服務；但是台北市選擇將「性侵害防治專線」「0800-000-600」併入「080-024-995」，提供遭受家庭暴力或性侵害的被害人24小時緊急通報與諮詢服務。為了讓民眾方便記憶及求助時使用，內政部於2001年開始籌設全國性的「婦幼保護專線」（通稱「113」），「113」的設置取其意涵：一支電話、一個單一窗口，但是提供三種不同受暴對象；這三種服務對象包括：家庭暴力、兒童保護與性侵害。「婦幼保護專線113」一直被定位為緊急通報與諮詢服務，提供的服務內容包括：提供家庭暴力問題協談、討論安全計畫、情緒支持、法律諮詢、提供緊急救援、安排隱密臨時的住所與結合相關資源等。

在「婦幼保護專線113」成立之初，原本內政部規劃在上班時間由各縣市政府「家暴中心」社會工作人員自己接聽，但是在下班、例假日或以大哥大撥打113者，則是委由「世展會」接聽。但是因為各縣市「家暴中心」人力資源不等或外部資源不同，導致「婦幼保護專線113」實際運作概況呈現相當不同，少數縣市設有專線組負責113專線接線工作，大多數縣市並未設有專線組負責接線工作，而是由社會工作人員、志工或替代役輪流接聽，有些縣市則是委託民間團體負責專線服務工作。目前「婦幼保護專線113」的

運作模式大致可以歸納爲幾種：1.24 小時均由「家暴中心」專線組社會工作人員接線（如：早期的台北市與高雄市）；2.上班時間由「家暴中心」社會工作人員輪流接線，下班與例假日則是由「世展會」接線；3.上班時間委由民間團體接線，但是下班時間則是由「世展會」接線；4.上班時間由志工或替代役接線，但是下班時間則是由「世展會」接線。由於「婦幼保護專線 113」運作模式呈現多元差異，導致專線的服務品質也令人質疑與擔憂，而內政部委託「世展會」負責夜間與例假日接線工作，雖然負責接線的社會工作人員都能有充分的職前訓練，但是缺乏接線實務實習及足夠的在職督導與訓練，加上負責接線的社會工作人員對於各縣市家庭暴力防治網絡的運作模式及資源瞭解不甚清楚，對於專線接線服務的品質與成效多少有影響。

　　在「婦幼保護專線 113」成立之初，約有九成以上是屬於無效電話，但是最近幾年無效電話所占的比例已經逐漸下降到七成左右。舉例來說：在 2005 年，「婦幼保護專線 113」共有 447,949 通電話，其中有 306,786 通是屬於無效電話（約占七成左右），過多無效電話往往會排擠到實際需要者的求助，造成專線實際運作的困擾。除此之外，「婦幼保護專線 113」雖然能顯示未隱藏的電話號碼，卻未具有 110 或 119 的強迫顯示功能，導致對於危機個案的通報與緊急救援功能相當有限，這些問題都亟待進一步討論與解決。內政部也在 2006 年委託學術單位針對「婦幼保護專線 113」運作成效進行評估研究，做爲未來「婦幼保護專線 113」重新整併或未來重新規劃的參考依據。到底「婦幼保護專線 113」未來走向應如何？到底是透過職前教育訓練與在職督導進一步強化各縣市「家暴中心」與「世展會」的接線品質與功能？或是統籌規劃由中央委託民間單位負責全國「婦幼保護專線 113」的接線工作？實有待進一步完整評估與規劃。若未來發展是由中央統籌委託單一民間團體負責全國「婦幼保護專線 113」接線工作，那麼需要進一步思考，我國家庭暴力防治工作中，有關家庭暴力類型與本質都相當多元，包

括：兒童虐待、親密暴力、老人虐待或性侵害（分為成年人的性侵害與未成年性侵害，未成年性侵害再分為家庭外與家庭內性侵害事件），是否專線服務人員都能具備足夠專業知能可以提供適切服務？未來是否需要進一步規劃接線分流服務？另外，專線工作人員是否能對分散於各縣市資源概況與各縣市家庭暴力防治網絡都能清楚掌握，讓求助者能在最短時間內獲得準確訊息與適度服務以使被害人擺脫暴力威脅？這些都有待未來「113 婦幼保護專線」規劃時參考。

二、短期庇護服務

我國提供受暴婦女短期庇護服務的機構成立於 1992 年，當時台北市政府開始委託「善牧」成立第一個受暴婦女緊急庇護中心——「安心家園」。在此之前，「庇護中心」是個抽象名詞，實質上是勵馨、善牧、婦女會與其他民間團體構成的集合名詞（林佩瑾，1995）。台北市政府在 1996 年又進一步委託「善牧」經營婦幼中長期中途之家——「溫心家園」。在 1999 年《家暴法》通過之後，規定各縣市政府必須提供被害人緊急安置服務，以保障被害人人身安全權益，防止家庭暴力再度發生，因而各縣市政府紛紛設立婦女庇護中心。根據葛書倫（2003a）的調查研究資料顯示，目前我國庇護中心約有二十多家左右，但是城鄉分布差異相當大，且各縣市庇護服務模式也相當多元。舉例來說：台北市與高雄市均設有受暴婦女獨立庇護安置的機構，但是許多縣市仍是將受暴婦女、兒少保護與性交易混合庇護安置，甚至有少數縣市是將受暴婦女與老人安養混合庇護安置，或少數縣市根本沒有任何庇護安置機構的設置，若受暴婦女需要庇護服務時，則往往必須轉送其他縣市提供庇護服務。

針對受暴婦女提供的庇護服務，可進一步區分為「短期庇護」與「中長期庇護」兩種類型。前者主要是提供受暴婦女緊急危機的短期庇護服務，庇

護期間大約是從數日到兩週為限，大多數庇護中心會視受暴婦女實際情況與需求，進一步延長到二到三個月左右；後者主要是提供受暴婦女危機處置後的中長期庇護服務，全國各縣市中目前只有台北市政府委託「善牧」經營「溫心家園」，主要是提供受暴婦女中長期庇護服務，服務期間大約從三個月左右到兩年期間為限。無論是短期或中長期庇護服務的主要功能，都是提供受暴婦女安全與設備齊全的住所，但是庇護中心畢竟是屬於團體生活形態，加上庇護中心的人力與設備資源限制，所以患有傳染性、重大疾病、藥酒毒癮、有自傷或傷人傾向、精神狀況不穩定或生活無法自理的受暴婦女都無法進入庇護中心（財團法人天主教善牧社會福利基金會，2001）。除此之外，許多受暴婦女擔憂子女照顧或可能受暴事實，所以也一併攜同子女離家住進庇護中心，但子女年齡若是在12至18歲間，屬於青春期階段，則因為生理發展等因素較不方便住進庇護中心。

庇護中心基於對受暴婦女人身安全維護，嚴格限制中心地址與聯絡方式被暴露，通常除了極少數業務直接往來的單位之外，中心對外聯絡採取完全保密方式。通常受暴婦女如果表達有庇護服務的需要，必須透過「家暴中心」社工員進一步聯繫庇護中心社會工作人員，當庇護中心社會工作人員接獲「家暴中心」社工員通知之後，會先要求社會工作人員向受暴婦女釐清庇護中心功能與服務內涵是否符合受暴婦女期待，同時也要求受暴婦女遵守保密原則及團體生活規則。在確定受暴婦女有入住意願之後，庇護中心社會工作人員會與「家暴中心」社會工作人員或警察人員約好特定地點，然後再由庇護中心前往約定地點將受暴婦女帶回庇護中心，同時也謹慎防範跟蹤（財團法人天主教善牧社會福利基金會，2001）。當受暴婦女入住庇護中心之後，由生活輔導員向受暴婦女介紹庇護中心的環境、相關規定，並提供所需物品之後，再由接案社工員與受暴婦女進行初步會談。整體而言，庇護中心提供的服務包括：一般危機處理、心理諮商、法律服務、陪同服務、就業協

助、經濟補助與資源連結等,同時庇護中心也會辦理文康活動與團體工作等,讓進住的受暴婦女彼此之間能相互支持。若受暴婦女協同子女住進庇護中心,那麼庇護中心社工員也會視進住的兒童狀況,提供就學協助、心理輔導與親職教育等,讓目睹暴力兒童所受的傷害能降到最低。若受暴婦女身心狀況已趨於穩定,且無迫切危機存在,同時也具有獨立生活能力時,或是受暴婦女問題未完全解決,但問題已非庇護中心服務範疇,那麼社會工作人員可以建議受暴婦女準備遷出,同時進一步轉介給後續個案管理主責單位提供後續追蹤服務(財團法人天主教善牧社會福利基金會,2001)。

目前我國庇護中心服務模式引起最大爭議在於資源分布城鄉不一,庇護資源過度集中於都會地區,而偏遠地區受暴婦女庇護服務的需求與權益卻備受忽視(葛書倫,2003b)。除此之外,庇護中心所提供的服務內涵,也過度集中於緊急救援與短期人身安全的維護,比較少考量如何幫助受暴婦女邁向獨立生活,或是協助受暴婦女擺脫暴力威脅的中長期服務目標(葛書倫,2003a)。在多元文化社會中,婦女受暴原因與選擇也愈來愈多元,但是庇護中心的服務內涵是否能夠有效的回應受暴婦女的需求也值得進一步檢討。

三、家庭暴力事件服務處

我國第一個「家庭暴力事件服務處」是在2002年於士林地方法院成立,當時台北市政府透過跨單位的協調成立了「婦幼聯合服務處」,後來經過司法院決議之後,統一更名為「家庭暴力事件服務處」。台北市士林「家庭暴力事件服務處」成立之初,是由社會工作人員輪流派駐士林地方法院,半年之後才委由「現代」經營,隨後才陸續在其他縣市地方法院設置「家庭暴力事件服務處」。到目前為止,全國十六個地方法院、兩個法院簡易庭都已設立了「家庭暴力事件服務處」。幾乎每個縣市「家庭暴力事件服務處」,都是由社會局或「家暴中心」規劃並委由民間團體經營,由地方法院提供空間

與設備（謝懷嫻，2006）。

「家庭暴力事件服務處」的設置，主要是考量當婚姻暴力被害人選擇透過司法訴訟方式解決婚姻暴力問題的比例逐漸增多，由於一般人對於司法權威的刻板印象，加上大多數人對於法律知識較為缺乏，導致許多遭受婚姻暴力的受暴婦女對司法訴訟存在著誤解與不信任；加上受暴婦女的創傷經驗，使得受暴婦女在進入司法程序後，經常無法在短時間內清楚陳述自己受暴經驗、完整說明自己的主張與訴求，導致喪失為自己爭取權益的最佳時機。「家庭暴力事件服務處」的設置是透過社政單位社會工作人員的專業，連結受暴婦女與司法體系的互動關係，使得被害人在尋求司法協助之際，都能就近接受社會工作人員服務，避免因獨自面對權威與陌生的司法程序而造成二度傷害。「家庭暴力事件服務處」服務對象除了被害人之外，同時也擴及加害人，針對加害人的服務主要是協助澄清法律規定與程序，並說明加害人的權益及書狀撰寫，減少加害人對法律規定與司法體系的不滿，讓整個訴訟過程更加順利。整體而言，「家庭暴力事件服務處」所提供的服務項目，包括：協助填寫保護令聲請狀、告知訴訟程序、陪同被害人出庭、心理支持會談、相關法律諮詢、連結資源與轉介服務等。

依據「家庭暴力事件服務處」所提供的服務項目，大致可以進一步區分為出庭前、出庭時與出庭後等三階段式服務：1.出庭前：社會工作人員主要是透過支持性會談幫助被害人穩定情緒，同時也會在會談過程中透過角色扮演，幫助被害人評估出庭時之安全，及幫助被害人瞭解在開庭期間如何回答調查問題；2.出庭時：若被害人表達需要社會工作人員陪同出庭，那麼社會工作人員大都會陪同被害人出庭，如此一來不僅鼓勵受暴婦女面對法庭壓力，及幫助受暴婦女舒緩情緒壓力，同時也進一步幫助受暴婦女在法庭中清楚陳述創傷經歷及解釋法庭專業術語功能，幫助受暴婦女能與法官、檢察官及律師之間達到有效溝通；3.出庭後：通常社會工作人員會視情況透過會談

幫助被害人釐清法庭中使用的專業術語，或進一步釐清法官或檢察官對調查過程要求補強的證據；除此之外，也會視被害人實際生活情境與需要，決定是否進一步連結相關資源，如：庇護服務、諮商與輔導、經濟補助或就業服務，協助被害人逐步擺脫暴力威脅 （杜瑛秋，2003）。

簡言之，「家庭暴力事件服務處」主要服務內容包括下列幾項：

（一）諮詢協談

「家庭暴力事件服務處」主要是透過電話諮詢或面對面會談方式，提供遭受家庭暴力或性侵害的被害人情緒支持及相關法律之諮詢，幫助受暴婦女增強適應能力。

（二）法律服務

「家庭暴力事件服務處」提供的法律諮詢與協助，主要是幫助受暴婦女聲請保護令或相關訴狀的填寫，同時也提供相關法律的諮詢服務，並進一步說明法院審理過程的程序與步驟。

（三）陪同服務

「家庭暴力事件服務處」社會工作人員在法院審理過程會視被害人的需要決定是否陪同被害人出庭，在陪同出庭過程主要提供的服務是協助被害人瞭解法官調查程序及法庭使用的專業術語之內涵，同時透過角色演練過程幫助被害人適應法庭情境，若必要時也會陪同被害人驗傷、診療與偵訊。

（四）轉介服務

「家庭暴力事件服務處」社會工作人員會視被害人的狀況與需要，決定是否將被害人轉介到社政、警政、衛生或民間團體提供適當協助。

（五）教育宣導

事實上無論是被害人或加害人，對於家庭或婚姻暴力總是存在著許多迷思，所以「家庭暴力事件服務處」社會工作人員在提供服務過程，也會幫助服務對象澄清家庭或婚姻暴力迷思；除此之外，社會工作人員也會透過法院內部的網絡聯繫會報或行政協調會議及陪同出庭過程，爭取機會進行倡導工作，例如：向法院相關人員（主要是法官）說明受暴婦女出庭時的困境及日常生活的需求。

目前各縣市「家庭暴力事件服務處」運作時最大問題與困境，在於各地法院設立之「家庭暴力事件服務處」並沒有任何法源依據，若各縣市政府社會局因財務困窘，或司法院及地方法院收回成命時，那麼各地方法院的「家庭暴力事件服務處」將面臨關閉命運，而家庭／婚姻暴力被害人也將會面臨進入司法系統之後求助無門的困境。雖然「家庭暴力事件服務處」的設置打破了過去司法體系在「獨立審判」的口號下，導致長期以來司法與社政體系不互動溝通的困境，但是從過去三、四年來「家庭暴力事件服務處」實施成效，明顯看到「家庭暴力事件服務處」的定位仍舊是相當不清楚，且到底「家庭暴力事件服務處」是隸屬於司法體系或隸屬於社政體系，在行政權責方面也仍舊是沒有明確區分。目前「家庭暴力事件服務處」的社會工作人力資源的配置與設備費用，主要是來自縣市政府社會局或家暴中心，大多數法院只是提供空間場地及少數如電話、傳真與電腦等設備，但是法官又總是將「家庭暴力事件服務處」社會工作人員視為是下屬單位般的運作，導致委託單位、受委單位與地方法院三者經常在行政上出現協調或管理困難的問題，實在是有必要進一步訂定相關法律，才能有清楚法源依據就三方權利義務清楚協調。針對「家庭暴力事件服務處」定位不明問題，「防暴聯盟」曾於2006 年提出幾點建議：鼓勵司法院能制訂「家庭暴力事件服務處」設置的

相關規定與辦法，同時也提供「家庭暴力事件服務處」相關配備與資源，才能進一步發揮「家庭暴力事件服務處」的功能；同時也期待未來《家暴法》修法過程能增加「法院應與直轄市、縣市政府機關共同設立家庭暴力事件聯合服務處所」相關條文，讓「家庭暴力事件服務處」的定位更明確，以及司法與社政體系各單位之間的合作更順暢（台灣防暴聯盟，2006）。

四、後續服務

由於婚姻暴力問題牽涉甚廣，受暴婦女無論是否選擇離開受暴者，都需要面對人身安全、經濟、居住、子女就學、法律、社會壓力、缺乏社會支持、就業及創傷等問題。由於這些問題及其衍生相關服務，往往涉及跨專業部門，包括：司法、警政、醫療、社政、教育等之合作，才能提供受暴者適當服務，所以大多會透過個案管理運作方式進行緊急危機與後續追蹤服務。當在「家暴中心」社會工作人員在危機處理後（大多數會把緊急庇護與保護令聲請核發視為是緊急處遇階段告一段落），若受暴婦女仍有其他問題與需求亟待協助，同時受暴婦女也表達有接受服務意願，那麼「家暴中心」社會工作人員會進一步轉介給後續服務的個案管理人員，連結相關資源提供適當服務以幫助受暴婦女獨立生活。目前幾乎所有縣市的後續追蹤服務都是委由民間團體提供服務，這些後續服務項目包括：電話諮詢、安全計畫、陪同服務（包括：陪同報案、偵訊、驗傷診療與出庭）、心理諮商與治療、經濟扶助、法律諮詢、職訓與就服、住宅輔導、轉學與寄讀、支持性團體與外展關懷服務等。

第二章中論及我國家庭暴力防治工作與制度的建構是匆促成軍之下開始運作，當時拼湊式的人力組成與組織運作，無論是「家暴中心」個案管理的角色或服務成效都受到相當大的質疑。許多社會工作人員並非運用個案管理模式提供服務，反而是以傳統的個案工作方式提供服務，對於受暴婦女的需

求評估與處遇計畫，也幾乎是建立在社會工作人員的個人判斷而非理論的架構思維。加上受到內外部資源條件限制，導致許多後續服務計畫幾乎清一色都是全面性口頭徵詢，而不是依據需求評估提出的建議，無法針對受暴婦女需求提出符合個別差異原則的適切服務，使得家庭暴力防治工作的實施根本沒有落實跨專業整合的目標（潘淑滿，2003）。

有鑑於此，內政部「家防會」在 2003 年委託「台灣社會政策學會」推動「優點個案管理模式」的實驗計畫。「優點個案管理模式」是美國精神醫療領域發展出來的個案管理模式之一，之後美國 Kansas 將之進一步運用於家庭暴力防治工作，而宋麗玉進一步將這一套模式引進在此項實驗計畫中實施。「優點個案管理模式」主要是強調運用正向觀點來幫助案主面對生活情境，基本上優點個案管理在服務過程強調六項原則：

1.人是具有學習、成長與改變的內在能力。
2.強調案主的優點而非病態或問題。
3.案主是助人接觸過程的指導者。
4.案主與個案管理者的關係是助人過程的關鍵。
5.重視案主本身的自我肯定。
6.社區是資源綠洲而非阻礙。

簡言之，優點個案管理強調發掘、激發與運用案主的優點，及著重案主非正式支持體系的運用，在服務過程著重於案主自我導向與非正式支持體系運用與建構，期待能協助婦女重建未來之生活。但是在人力、經費、管理因素及意願等因素的考量下，在第一階段中僅有台北市（善牧基金會、勵馨基金會、現代婦女基金會）、新竹市（家暴中心、新竹社服中心、新竹善牧）、苗栗縣、彰化縣（家暴中心、彰化生命線）及高雄市等五個家庭暴力及性侵害防治中心參與此項實驗計畫；加上各縣市「家暴中心」社會工作人

員的個案負荷量過高，及普遍對優點個案管理的理念也不熟悉，所以參與優點個案管理實驗計畫的縣市社會工作人員只邀請兩位左右的受暴婦女進入優點個案管理模式的實驗計畫（宋麗玉、施教裕、張錦麗，2005）。「優點個案管理」實施過程主要包括三個階段：開始階段強調與受暴婦女建立關係，並採用「全人量表／希望花田」對婦女進行整體評估；在發展個別服務計畫階段，則是強調如何將受暴婦女的希望轉化為具體行動，建立可行的個別計畫，並協助婦女獲取完成目標所需的資源；在追蹤與結案階段，則是強調目標完成後持續追蹤受暴婦女的生活情況一段期間之後的結案準備工作。由於受到城鄉資源差異大的限制，除了少數幾個大縣市之外，大多數縣市根本沒有婦女團體可承接後續個案管理服務，所以大多數縣市家庭暴力防治工作目前仍舊是停留在緊急救援的階段。即便是資源較豐富的少數縣市，也面臨因為個案量過大，加上人力資源不足的困境下，必須要退出優點個案管理實驗方案的事實。

 參、新移民受暴婦女服務方案

　　有關新移民受暴婦女的服務方案，主要是因為新移民身分的特殊性與社會福利資源的使用有著密切關聯，同時新移民受暴婦女的服務網絡與本籍受暴婦女的服務網絡的發展時程與內容也有些微不同。自 1995 年之後，新移民女性移居台灣的人數與比例明顯增加，所衍生的相關議題也逐漸引起政府單位的關注。近兩年來行政院開始重視新移民在台灣的生活適應情況，因而在 2003 年提出「外籍與大陸配偶照顧輔導措施專案報告」，進而在 2004 年設立了「外籍配偶照顧輔導基金」，幫助新移民婦女與家庭的生活適應。在專案報告中特別提及遭受家庭暴力的外籍與大陸配偶的扶助措施，包括：

1.依《家暴法》規定，對於受家庭暴力之外籍或大陸配偶，有緊急安置需求者，由地方政府提供短期庇護或安置。

2.內政部家庭暴力及性侵害防治委員會編印中、英、泰、印、越等五國文字之防治宣導資料，並送各地方政府戶政單位提供外籍與大陸配偶參考。

3.各地方政府依《特殊境遇婦女家庭扶助條例》規定，可提供緊急生活扶助、子女生活津貼、傷病醫療補助、兒童托育津貼及法律訴訟補助等五大措施，以協助自立及改善生活。

內政部「家防會」在 2003 年開始委託「財團法人賽珍珠基金會」設立「外籍配偶保護諮詢專線 0800-088-885」，希望透過通曉新移民母語人士的協助，提供家庭暴力、性侵害防治及兒童少年保護等相關資訊，並針對受暴新移民女性的需求，轉介警政系統進行緊急救援，或轉介至各縣市「家暴中心」提供相關保護扶助措施。「外籍配偶保護諮詢專線」依據實際運作經驗分不同時段提供英文、越南、印尼、泰國、柬埔寨等五種語言諮詢服務，其中越南語的服務時間是上班時間的九時至十七時，其他如：英語、印尼、泰國與柬埔寨等四種語言服務時間，則是上班時間的十三時至十七時。

在家庭暴力實務工作經驗中發現，新移民女性的公民身分往往影響社會福利資源的使用。通常新移民婦女是在取得身分證後才遭受家庭暴力，那麼社會工作人員協助過程可以運用的社會福利資源會有較多選擇，因為此時新移民女性享有的社會福利權與本籍人士是沒有兩樣的。然而，若是新移民受暴婦女在遭受婚姻或家庭暴力時尚未取得身分證，則在使用社會福利資源的條件限制會比較多，且實證研究經驗也發現，許多受暴新移民婦女會考量居留權的取得而選擇隱忍家庭暴力（潘淑滿，2004a）。目前家庭暴力防治工作運作過程對於未取得身分證的受暴新移民婦女，在緊急庇護服務部分幾乎

沒有任何資格限制，同時也可以根據受暴新移民女性的需要提供醫療、法律
諮詢與情緒支持服務，但是無論是《特殊境遇婦女家庭扶助條例》或《社會
救助法》均受到落籍規定影響，導致未取得身分證的受暴新移民婦女的經濟
補助權受到很大的限制與影響。從庇護中心的統計數字來看，由於身分因素
及缺乏社會支持系統，導致受暴新移民婦女居住在庇護中心的時間明顯比本
籍婦女來得久，當新移民女性成為庇護中心的主要服務對象時，也挑戰社會
工作人員的文化敏感度與工作模式（葛書倫，2003a，2003b）。

目前勞委會已修改《就業服務法》，只要是外籍配偶合法取得居留權，
並不需要經過申請就可以有工作權，而大陸配偶則依其居留身分狀態而有不
同，大陸配偶從團聚到定居的四個階段說明如下：

1. 團聚：不可工作，也不能申請工作許可。
2. 依親居留：符合申請資格者，須持有行政院勞委會核發的工作許可證，
   方可受僱在台工作。
3. 長期居留：可立即工作，不須申請工作許可。
4. 定居：可立即工作，不須申請工作許可。

大陸地區配偶為依親居留者，具備下列七項資格之一者，始可向勞委會
申請核發工作許可：

1. 台灣地區配偶符合低收入戶資格。
2. 全戶扣除大陸地區配偶收入符合當地最低生活費標準。
3. 全戶扣除大陸地區配偶收入符合中央主管機關公告之每人每月所得標準
   （2005 年為新台幣 14,734 元）。
4. 台灣地區配偶年齡在 65 歲以上。
5. 台灣地區配偶為中度以上身心障礙者。

6.台灣地區配偶罹患重大傷病。

7.遭受家庭暴力並經法院核發通常保護令之裁定書者。

從國內外研究資料都顯示，新移民女性是否取得永久居留身分，將是影響遭受家庭或婚姻暴力時是否選擇向外尋求協助的關鍵；而許多加害人也瞭解到新移民女性的擔憂，所以施暴時更是肆無忌憚。因此如何尋找受暴新移民女性在身分與經濟保障部分合理的解套策略，可說是當前移民政策與社會福利制度亟待努力方向。有關經濟補助部分，內政部 2006 年成立的「外籍配偶照顧輔導基金」，有部分是針對未設籍新移民女性在遭遇家庭或婚姻暴力之際，可以提出經濟補助申請，做為彈性變通辦法。至於居留部分，依據現行移民相關法規的規定，新移民未必需要放棄自己的國籍申請歸化，在取得永久居留之後可以每隔一段期間提出申請延期居留；但是新移民若未歸化並取得定居權，那麼就不能擁有我國身分證也無法入戶籍，所以一旦離婚之後又未取得孩子監護權，那麼可能面臨被限令出境的命運。

肆、原住民家庭暴力服務方案

我國家庭暴力防治制度建立之初，並未考量到原住民族的文化與地理環境特殊性，而在工作模式與服務資源網絡有所區隔。在 2000 年行政院婦女權益促進委員會第九次委員會中，王如玄特別提案建議行政院「原住民族委員會」（簡稱「原委會」）組成「原住民家庭暴力防治小組」，專案處理原住民族的家庭暴力問題。於是在 2001 年，「原民會」依據會議決議成立了「原住民婦女權益專案小組」，隔年內政部「家防會」才在家庭暴力資料庫

中加入「原住民」身分類別 （王增勇，2003）。基本上，當原住民婦女在遭受到家庭或婚姻暴力時，享有的社會福利權與求助管道與其他受暴婦女是相同的，但是在文化價值意識與地理環境偏遠因素限制下，導致很少受暴原住民婦女向家庭暴力防治網絡求助。加上以漢人為主體（無論是助人者或受助者）的家庭暴力防治工作模式，無法融入原住民族的文化與價值思維，更忽略了部落文化的特性，根本無助於解決受暴原住民婦女問題，反而增加了許多問題 （王增勇，2003，2005）。

　　目前全國二十五縣市中，由於台北市財務狀況較佳，加上台北市「原民會」又積極投入家暴議題，所以在 2002 年開始，提供民間團體社會工作人員認識原住民家庭與婚姻暴力議題相關訓練，同時在 2003 年編列預算，進行都市原住民的家庭暴力研究 （王增勇，2003；黃淑玲等，2001）。台北市政府社會局於 2002 年委託「財團法人關懷長青文教基金會」成立「台北市內湖婦女服務中心」，針對原住民受暴婦女提供服務，讓台北市原住民婦女因為原住民身分而額外獲得雙重保障，除了可依社會局的「台北市女性權益保障辦法」尋求協助之外，同時也可依「原民會」的「台北市原住民婦女扶助自治條例」及「台北市原住民婦女補助及優先扶助辦法」獲得經濟補助。基本上「原民會」提供的各項福利對原住民婦女較為優厚有利，所以原住民婦女可以選擇從優補助。整體而言，台北市「原民會」對於受暴原住民婦女提供的服務與協助，較偏重於宣導層次及培養服務人員對原住民家庭暴力問題的敏感度，及從長期面協助原住民婦女改善經濟生活，但是台北市「家暴中心」仍是提供受暴原住民婦女直接服務的主責單位 （王增勇，2003）。

　　根據王增勇的觀察與研究 （王增勇，2003，2005），家庭暴力防治網絡與服務體系的設計及工作模式，在資源有限的條件限制下並未特別關注原住民家庭暴力的特殊性與需求。一般而言，原住民婦女有著很強烈的宿命

觀，加上宗教信仰的壓力及過去原漢衝突的歷史，導致對公部門普遍懷抱著恐懼心態；加上部落地區處於偏遠地帶，社區居民容易形成緊密連帶的社會關係，再加上部落長老制度的壓力，使得大多數原住民婦女在遭受家庭或婚姻暴力時，大都只能在既有的部落資源網絡中尋求協助，而不敢向正式的家庭暴力防治網絡尋求協助（王增勇，2003，2005；黃淑玲等，2001）。王增勇（2005）的研究顯示，當原住民婦女遭受家庭或婚姻暴力而尋求協助過程，大多數會面臨性別與族群雙層因素的考量，所以許多受暴原住民婦女大多寧願選擇對原住民友善的「原民局」，而不會選擇對婦女友善的「家暴中心」，這種存在心理與文化因素的阻力，往往成爲實務工作難以跨越的族群鴻溝，也是導致原住民受暴婦女在家庭暴力防治網絡中較少出現的主因。舉例來說，主流家庭暴力防治網絡中庇護中心所提供的服務，意味著原住民受暴婦女在接受庇護服務之後，必須遠離她所熟悉的部落生活環境，必須面對更複雜的適應過程；而原住民受暴婦女在遭受家庭或婚姻暴力之後若申請保護令，在保護令執行過程警察人員將會面臨部落中複雜人際關係，使得保護令窒礙難行，反而對原住民受暴婦女造成更多的傷害（王增勇，2003）。

伍、目睹兒童服務方案

目睹兒童議題受到關注可以溯及家庭暴力防治制度建立之前。約莫是在1993 年左右，許多第一線提供受暴婦女服務的社會工作人員，在提供受暴婦女相關服務過程發現，隨同離家的未成年子女在目睹婚姻暴力過程也產生許多創傷經驗。是否在提供受暴婦女相關服務過程也需要提供目睹兒童相關服務，曾在公部門兒少保聯繫會報中引起激烈辯論，主要爭議環繞在「目睹

兒童是否該被定義為兒童保護範圍」及「目睹兒童的評估與服務應由誰來提供」。1997 年，台北市家暴專線組社會工作人員出現提供服務過程的內在衝突、專業倫理與責任通報的爭議，繼之在 1998 年，到底婚姻暴力處遇是否需合併兒童保護問題再度引起爭論，24 小時保護中心在婚暴併兒保案的後續派案上出現婦保機構與兒保機構分工的討論，包括：受虐婦女有兒童虐待之虞，專線社工是否要進行兒保通報？如何安排見面？兒保社會工作人員是否對庇護中心應該被保密具有同樣共識？往往在實務工作過程引發婦保與兒保社會工作人員相互不信任與衝突；不過此時民間團體「善牧」已經開始提供目睹兒童與團體諮商服務。

　　在社會關注下，2000 年舉行了「婚暴併兒保案家庭處遇模式研討會」，結合台北市、台北縣與高雄縣三個地區的家暴防治人員，針對婚暴併兒保議題進行詳細討論，分享各地實務工作經驗、相互瞭解、期待建立對話的機制，並瞭解本土經驗與美國經驗的異同之處。內政部「家防會」也在 2001年拍攝了「100 公分的世界」及「我的願望」宣導錄影帶，透過教育單位預防宣導過程，協助教育工作人員瞭解婚姻暴力目睹兒童。2002 年，「善牧」與「婦援」共同舉辦目睹婚姻暴力兒童處遇工作研討會及諮商人員的訓練，之後協助婚姻暴力目睹兒童的團體逐漸增多，2003 年內政部也進一步規劃完成了「目睹家庭暴力兒童少年——辨識篇」。

　　有關目睹兒童的相關服務大致可以針對對象加以區分為二：1.目睹兒童專業服務，如「婦援」提供的遊戲治療與目睹兒音樂治療團體，及「善牧小羊的家」提供諮商中心等；2.透過專業人員訓練研討會、工作坊等活動加強專業人員的服務知能。內政部製作「九十三年度家庭暴力目睹兒童非治療性教師手冊」，培訓學校教育工作者之計畫，期望各中小學教師能夠真正扮演協助目睹兒童的關鍵，同時也倡導國內跨專業領域建立目睹暴力兒童保護資源網，加強社福、心理、醫療、教育及警政等專業間的合作關係。另外，

「行政院婦權會」也研擬本土家庭暴力目睹兒童輔導處遇模式，透過研習與訓練過程幫助目睹兒童釋放壓力與創傷經驗，阻斷暴力世代循環的可能。整體而言，目睹兒童服務理念是從社政單位處遇服務過程逐漸擴展到教育體系預防的概念，逐漸從公部門服務走向與私部門合作經驗，試圖擴展與結合原有婦保與兒保體系的資源網絡，共同提供目睹兒童相關服務。由於我國目睹兒童服務方案仍舊屬於萌芽階段，所以服務方案的發展特性有幾項限制，包括：缺乏整合性的目睹兒童處遇與服務。目前各項服務方案與資源分散於各類型機構中，有部分機構視目睹兒童為服務對象，但卻缺乏單一主責機構或社會工作人員針對目睹兒童需求進行完整評估與處遇（陳怡如，2001）。

陸、加害人服務方案

　　自 1999 年《家暴法》正式實施之後，在實務執行方面明顯偏重於被害人保護服務，相較之下對於加害人提供的服務卻是少之又少。根據《家暴法》中對於加害人接受處遇部分，包括民事與刑事兩部分。依「家庭暴力加害人處遇計畫規範」第四條規定，加害人有「酗酒或濫用藥物之行為」、「罹患精神疾病或疑似罹患精神疾病」、「對被害人慣行施於暴力」或「加害人對被害人施於暴力行為，情節嚴重」時，應視實際情況接受適合的加害人處遇計畫。2002 年 7 月，內政部「家防會」頒布了「家庭暴力相對人審前鑑定制度」，開始提供加害人審前鑑定服務。在每年地方政府家暴業務評鑑與督導計畫中，有關加害人的服務量與服務成效也列入評鑑指標。內政部在中程 90 至 93 年度施政計畫中，針對加害人方面也辦理「性侵害加害人的鑑定、評估與治療方案研討會」，為發展與建立本土性侵害加害人治療工作模式而努力。

在我國家庭暴力與性侵害防治網絡中，有關加害人治療與處遇部分，衛生署及各縣市衛生局是扮演主責單位。衛生署為了提升防治網絡中相關人員在處理家庭暴力及性侵害被害人、加害人處遇治療的專業知能，於是在2006年持續委請醫療院所及醫學會辦理相關教育訓練課程，並在各縣市衛生局精神衛生行政經費中，特別將家庭暴力及性侵害防治網絡人員教育訓練納入年度重點工作。警政署也於2006年3月13日函發各警察機關「執行『加害人處遇計畫』應行注意事項」，共同為落實行政院衛生署推動「家庭暴力加害人處遇計畫規範」，協助改善家庭暴力加害人偏差性格與行為而努力。

根據《家暴法》對加害人處遇服務的定義，所謂「處遇計畫」包括（家庭暴力加害人處遇計畫研習會，2002）：

（一）民事程序

《家暴法》第十三條第十款規定：「法院得依聲請或依職權命加害人完成家暴處遇內容包含：戒癮、精神、心理或其他治療。」

（二）刑事程序

《家暴法》第三十條規定：「因犯家暴罪或違反保護令罪而受緩刑之宣告時，得命令被告於緩刑保護管束期內接受處遇計畫。」

若是家庭暴力加害人未完成處遇計畫，那麼其法律效力包括民事與刑事程序：

（一）民事程序

《家暴法》第五十條：「加害人未依法院規定完成「加害人處遇計畫」之相關治療，處三年以下有期徒刑、拘役或十萬罰金。」

（二）刑事程序

依《家暴法》第三十與三十一條規定：「受保護管束人不接受或接受時數不足而情節重大者，得撤銷緩刑之宣告或撤銷假釋。」

負責家暴加害人處遇計畫的規劃責任，在中央層級主責單位是內政部「家防會」，在地方政府則是由「家暴中心」辦理「加害人追蹤輔導之轉介」及「被害人與加害人身心治療」的轉介服務。對於家庭暴力加害人的處遇計畫部分，主要著重於協助加害人改善其偏差性格與行為，減少家暴重複發生與重建家庭和諧，所以對於加害人處遇計畫包括鑑定與處遇執行兩部分服務。

（一）鑑定服務部分

「家暴法處遇計畫之規範」第八條規定：「各直轄市或縣市家暴中心應成立「相對人鑑定小組」，接受法院委託對加害人（法律上稱之為相對人）實施鑑定，評估加害人是否需要接受處遇計畫的必要。」鑑定小組工作事項主要包括：

1. 與法院協商安排鑑定日期與相關工作內容。
2. 相關調查與紀錄完成、驗傷單證明書備妥、前科紀錄等於鑑定前兩日送達（密件）鑑定小組。
3. 鑑定小組透過電話訪問加害人，執行危險評估量表DA量表，並於鑑定完成日七天內以密件形式送達法院。

（二）處遇計畫

內政部「家防會」參酌美國處理加害人治療經驗，並依據實際參與加害

人鑑定工作的專家成員意見，考量加害人施暴原因可能來自心理或社會因素影響，所以發展出非精神醫療的處遇模式，在 2001 年之後已建構出兩種家庭暴力加害人處遇模式：

1.TA 治療模式

許多專家學者主張家庭暴力發生的原因是多元的，無論個人人格特質、家庭互動經驗或社會文化因素都是建構家庭暴力發生的主要原因。TA 治療模式主要是整合女性主義觀點、認知行為取向的溝通分析與精神分析的動力取向，形成溝通分析學派的社會控制並兼具精神動力的回溯治療，探討如何減少加害人的孤立感與增加情感發展、探討童年時期性別角色期待及羞愧的行為及如何學習直接且適當的情緒表達方式以終止家庭暴力行為。整體而言，TA 治療模式將治療階段區分為接觸與契約形成、社會控制與個人治療等三個階段。

2.認知教育輔導模式

許多學者專家指出，許多加害人的暴力原因主要是來自心理與社會因素，例如：對關係認知由權力控制觀點出發、對性別角色認知充滿性別刻板偏見、對暴力行為充滿著不安全依附的迷思，因此主張對加害人應進行認知教育輔導。所謂「認知教育輔導」融合了兩性平權觀念、依附理論、認知行為治療與現實治療等理念及技巧，並採取團體治療方式讓加害人在團體互動過程中覺察，並經由團體營造氣氛感受到被關心與被尊重，進而影響加害人的認知與情緒反應，重塑改變內在認知與外在行為的可能。目前提供加害人處遇方案的機構包括：高雄市凱旋醫院結合戒癮治療的處遇方案、嘉南療養院以戒癮治療結合再犯預防技術的處遇團體、國軍北投醫院以精神醫療模式的處遇團體、高雄市家庭暴力加害人認知教育團體、台北縣家庭安全認知教

育團體、高雄縣慈惠醫院認知教育輔導、溝通分析學派取向的團體治療模式
等（請參考表 3.3）。

表 3.3　我國家庭暴力加害人處遇模式

2001 迄今	溝通分析學派取向的團體治療模式
2001 迄今	高雄市認知教育團體
2001 迄今	國軍北投醫院認知輔導教育團體
2001 迄今	嘉南療養院認知教育與情緒支持團體
2001 迄今	新竹縣市認知教育團體
2001 迄今	高雄縣慈惠醫院認知輔導教育團體
2001	施行「CARE」模式成立相對人鑑定小組
2002 迄今	台北縣家庭安全認知教育團體
2004	新竹市、高雄縣市施行「無酒害教育團體」
2004 年 6 月 24 日 由長期協助家暴加害者處遇與心理治療的「中華溝通分析協會」承辦，提供全國男性及隱性加暴者情緒支持與自我心理探索的方便門。	成立男性關懷專線 0800-013-999

「北市女權會」彙整各項研究與評估報告，指出目前我國家庭暴力加害
人處遇計畫的執行現況，存在著下列幾項問題（台北市女性權益促進會，
2002）：

（一）鑑定制度部分

在家庭暴力鑑定後，接受處遇計畫的人數明顯過少，所以在 2002 年 7 月，內政部「家防會」頒布「家庭暴力相對人審前鑑定制度」，認為透過審前鑑定制度應可以解決目前加害人接受處遇人數過少的問題，透過醫療專業人員的介入幫助法官做出較為正確判斷，補足非法學專業素養的需求。但是「相對人審前鑑定制度」實施已不止一年，這項規定不僅耗費公部門人力及財力資源投入，且未能發揮功效，主要是因為許多被害人在聲請保護令之時未在申請書上勾選「強制加害人治療輔導」，而法官對於處遇計畫不瞭解或自由心證下認為不需要進行處遇。而被害人未在申請書上勾選主要是因為大多數被害人不清楚有此選項，且在申請保護令時社會工作人員或警察人員也未解釋清楚，導致勾選的人數相當少；而儘管專業人員進行了鑑定評估之後，評估加害人需要接受鑑定，但是在法官自由心證之下也未必能被法官採納。在尊重司法獨立及法官法學專業的立場下，相信法官是具有公正判斷能力；但是鑑定機制設置的目的，是為了協助法官因無法以法學專業判斷加害人是否需要進行治療處遇，但在法官強調自由心證的邏輯思維下，鑑定制度的存在之價值為何？

（二）處遇費用問題

關於處遇計畫的經費支出是由加害人自行負擔，目前實際運作卻無法有效執行，雖然《家暴法》相關條文規定，有困難的加害人可以向內政部提出申請減免或由地方政府負擔處遇費用，由於缺乏清楚認定標準，導致申請該項費用的比例過低。雖然在實務運作過程有關處遇費用，都是由各地「家暴中心」自行編列公務預算，但是接受處遇計畫的加害人都是屬於「非自願性案主」，大多數加害人都缺乏接受處遇計畫的意願，若執行過程缺乏強而有

力的公權力介入，那麼要加害人付錢去進行處遇計畫根本是不可能的事。許多加害人因失業或其他因素發生無法負擔處遇計畫費用，導致未前往處遇機構報到情形非常普遍，這些情況是否適用違反保護令移送法院審理，在目前判准上還未出現；但在公務預算縮編、家暴責任歸屬要求加害人付費的情況之下，這些情況勢必發生，屆時必須由警察機關人員自行判斷能否以違反保護令移送法院，則又是另一種認定問題。

（三）加害人處遇計畫污名化

在我國社會文化中，精神疾病經常被視為是具有強烈污名化的疾病，許多人談到精神疾病都會將之等同於瘋子，目前處遇計畫的醫療院所大都是精神醫療院所，舉例來說，台北市無論是國軍北投醫院或市立療養院（目前稱之為市立聯合醫院松德院區）均有濃厚精神疾病專科醫院色彩，所以許多加害人會抗拒前往這些機構接受處遇計畫，以避免讓自己與精神疾病畫上等號。雖然衛生署提供了社區衛生中心處遇計畫，盡量降低標籤與污名化可能，但是根據「女權會」研究結果發現，由於社區心理衛生中心人力不足與缺乏專業訓練等因素，導致社區心理衛生中心幾乎無法執行加害人處遇計畫。

（四）加害人處遇計畫缺乏強制執行力

目前我國《家暴法》有規定違反保護令的設計，當加害人未依保護令判決至處遇機構報到，或未能在處遇期限內如期完成處遇計畫，經由執行機構通報「家暴中心」及法院，將會依違反保護令罪起訴，重處三年以下有期徒刑、拘役或併科新台幣十萬元以下罰金，所以目前違反保護令罪被視為是對加害人接受處遇計畫具有法律強制約束力。根據國外的加害人處遇研究與「女權會」在國內所做訪談發現，加害人會至處遇機構報到與法院強制力有

關，若非法院強制加害人必須接受處遇計畫，加害人幾乎不可能主動提出希望接受處遇；因此若連這部分都無法確實執行，加害人處遇計畫則將會淪為空談。

第 四 章

身分與權力：
親密暴力的社會建構觀點

壹、緒言

　　無庸置疑的，暴力是現代人最難以忍受的社會事實；諷刺的是，暴力竟是如此普遍的存在於我們的生活世界。暴力可能是以粗鄙的方式展現，如：肢體暴力，但是也可能透過更複雜的意識型態或制度包裝，進入我們的日常生活而不自知。如果我們對陌生人之間的暴力是如此不能忍受，那麼，對親密關係的暴力想當然爾，是更無法忍受的。但事實果真如此？許多時候因為親密暴力糾葛著複雜的情感與權力關係，不僅容易讓當事人陷入難以言喻的痛苦，也讓旁觀者陷入難以伸張正義的困境。知識社會學認為，一個人對知識的追求與她／他的生活經驗息息相關；而我對親密暴力議題的關懷，並不那麼「直接」，卻是「間接」與個人的生活經驗有關。透過研究與實務經驗對親密暴力現象與議題深入探討之前，總是難以理解親密關係為何會以暴力收場？當親密關係變質，為什麼還要維持親密關係的形式？這些線性思維及理所當然的想法，在我開始探究親密暴力現象與議題之後逐漸浮現答案。

　　初期我對於親密暴力議題的論述，由於探討的現象局限在婚姻暴力，主流女性主義對性別權力的論述就成為我在詮釋婚姻暴力議題的基調。隨著研究議題擴展及實務經驗接觸，我逐漸感受到主流女性主義詮釋觀運用在親密暴力現象與議題的矛盾及困境，主要是因為「權力」無所不在的存在於社會關係中。日常生活的社會關係，每個人均扮演著多重角色，隨著情境與社會位置改變而不同，所以權力是跟隨著位置與角色產生流動經驗而非固著。舉例來說，在第一章中，母親（女性）對兒子（男性）是具有權力控制的，母子親密暴力關係點綴出年齡與資源提供與接受者之間的位置與權力關係；在第六章中，新移民女性遭受妯娌之間的暴力，說明來自經濟弱勢的婚姻移民

女性在移入國，因階級及種族位置交織著父權社會中的媳婦地位，交織出多重位置建構權力關係的事實；在第七章智障者家庭暴力現象中，並沒有因為性別差異，導致遭受家庭暴力的經驗有所不同，障礙成為弱化權力的關鍵。

親密暴力當然是一種權力的展現，但是權力並非銘刻在顯而易見或可觸及之處，權力是深植在日常生活互動經驗中。N. K. Denzin（1984）在"Toward a Phenomenology of Domestic, Family Violence"一文中指出：親密暴力絕對不只是性別關係權力而已，親密暴力展現著更複雜之權力互動經驗。「權力為社會建構的事實」是 Denzin 論述親密暴力的基調。在本章中不打算再次介紹家庭系統理論、壓力調適論或社會學習論等耳熟能詳的理論，而是從後結構與後現代等社會建構論觀點詮釋親密暴力的權力本質，說明在親密暴力現象中每個人所占有的位置不同，因而產生權力流動的不確定性。基本上，在本書中對於親密暴力的界定，也打破了傳統等同於婚姻暴力的局限，進一步將親密暴力延伸到不同的親密類型。

貳、主流女性主義的性別權力論述

大多數人對於「女性主義」（feminism）一詞耳熟能詳，但未必能對女性主義充分理解，主要是因為女性主義並非單一論述，特別是對性別議題的立場更是多元。例如：基進女性主義者 A. Dworkin 認為，親密暴力是「對女人的戰爭」（a war against women），或認為親密暴力是「從搖籃到墳墓無所不在的暴力」（a continuum of male violence from the cradle to the grave）；但是後現代女性主義者 J. Butler 卻拒絕了親密暴力是女人共同生活經驗的觀點，認為女人（woman）並非單一名詞 （Zalewski, 2000: 1）。

Dworkin與Butler代表女性主義論述中兩個極端不同的立場，前者延續1970年代現代主義思潮的主流女性主義，更精確的說，是傾向基進女性主義（radical feminism）的觀點；後者則是明顯受到1990年代後現代與後結構思潮影響的後現代女性主義（postmodern feminism）觀點。

本書中對於主流女性主義的定義，主要是以1970年代延續至今，以批判現代主義思維做為建構理論內涵的女性主義理論觀點，雖然這些觀點包括自由主義女性主義、社會主義女性主義與基進女性主義，但是許多對於親密暴力論述的觀點卻是建立在基進女性主義對於父權社會的論述，所以也被稱為女性主義本質論（feminist essentialism）（Dominelli, 2002; Mills, 1996）。主流女性主義對於女人（woman）的概念與女人的生活經驗主張普同原則，認為只要是女人，那麼日常生活面對的生活經驗與困境是相同的，因為源自於父權社會構築以男性為中心，「男尊女卑」的意識型態對女人的壓迫是一致的。對主流女性主義而言，「性別權力」是解釋一切親密暴力的主因，強調父權社會中，男人往往是透過暴力形式對女人進行支配與控制；換句話說，在親密暴力的現象中，男人被視為是支配者與加害人，女人則被化約為依附者及被害人。對後現代女性主義而言，雖然主流女性主義突顯兩性在生物本質的差異，卻忽略個體在社會文化歷史脈絡的位置不同，如：種族、文化與階級形塑權力差異的事實（Butler, 1989; Zalewski, 2000）。

一、流派

承上所言，主流女性主義包括自由主義女性主義、基進女性主義及社會主義女性主義等三流派，三者對性別權力的論述雖有其相通性，但基本概念與訴求仍有些差異。國內有許多資料對於這些流派都做了詳盡介紹，在此不再贅言，僅簡略說明其核心概念。

（一）自由主義女性主義

受到西方理性主義的啓蒙與自由主義政治思潮的影響，自由主義女性主義強調人之所以爲人，是因爲人是具有理性思維能力的個體，當理性被理解爲是一切道德的合理原則之能力時，那麼理性就是個體自主性（individual autonomy），一個公平正義的社會是容許每個個體行使自主性及自我實現，每個人都有權利自我實踐（刁筱華譯，1996）。延續這些論述，自由主義女性主義主張，女性存在的價值絕非爲了完成另一個人（男人）的快樂或成就而存在，女性是一個擁有自主與理性行爲的個體。女人之所以無法成爲自主與理性的個體，主要是導因於在公領域（特別是受教育與工作機會）的權利受到剝削，如果女人也像男人一樣有平等的教育機會，那麼女人就會發展出自主能力、爲自己負責任。但是除了教育機會平等之外，女人在職場上的工作機會平等，才能創造眞正的性別正義（林芳玫，2000）。

基本上，自由主義女性主義的主張有六：自由（freedom）、選擇（choice）、權利（rights）、平等（equality）、理性（rationality）與控制（control），強調女性主義追求「性別平等」的終極目標，讓女人與男人一樣在私領域（家務分工）與公領域（受教育、工作機會與從政）都能擁有相同的權利，透過機會平等過程讓女孩到女人的成長過程，不被壓抑而是被鼓勵成爲具有自我肯定與獨立自主的個體。誠如 S. M. Okin（1989）所言：「未來是一個沒有性別區分的社會，除了種族之外，每個人的性別將不會與社會結構有任何關係」（p. 171），自由主義女性主義追求的理想社會就是一個沒有陰性與陽性差異的世界。

（二）基進女性主義

許多人對基進女性主義者都存有負面刻板印象，總是認爲基進女性主義者就是那些長得又胖、又醜，老是留著男生短髮且穿得很邋遢的女性，有時

候甚至認爲基進女性主義者都是女同志（Zalewski, 2000: 10），這些錯誤的印象都是阻礙對基進女性主義者進一步合理認識的機會。不可否認，基進女性主義的論述豐富了婦運史的內涵，讓婦女權益倡導運動與性別議題論述更爲多元繽紛。許多性別研究者並非基進女性主義者，但是她們論述的觀點經常援引基進女性主義對父權社會的批判。基進女性主義最根本的核心概念是主張：女人所受的壓迫是最古老、最深刻，也最根本的形式，而這些壓迫主要源自於父權制度中男性對女性的支配與控制，所以基進女性主義討論的議題大都與女人的社會關係息息相關，包括：生育（reproduction）、母職（motherhood）、性別角色（sexual role）、強暴（rape）與親密暴力（intimate violence）等（王瑞香，2000）。

相較於自由主義或社會主義，基進女性主義對於性別權力的討論，幾乎是環繞在女性的性別角色。因而早期基進女性主義者主張女人經驗的壓迫主要源自於性別區分，所以陰陽同體是消除一切性別差異的關鍵，但是近期則是將女性生理特性視爲是對抗父權社會的正面資產（刁筱華譯，1996；王瑞香，2000）。基進女性主義者對父權意識的論述，主要是挑戰過去習慣被視爲是理所當然的「男尊女卑」意識型態，一如 D. Mary（1979）所言：「父權意識是這個地球上最爲普遍的信仰」（p. 39），在這裡 Mary 所指的「父權意識」就是以男性爲中心，透過各項社會制度的制訂，合理化男人對女人的支配權力，社會問題的根源是男人對女人的宰制，但是基進女性主義所關心的並非單一男人或某一男人團體對女人的支配，而是指在父權社會中，各項社會制度背後隱含的性別意識所建構上下優劣的階級權力，所以是一種結構與制度壓迫，而非個人壓迫。基進女性主義認爲父權社會對於個人日常生活的影響，不只是在公領域的機會平等而已，同時也展現在日常生活中的家庭互動過程，因此主張「個人就是政治」（the personal is political），意味著女性日常生活的經驗其實是公領域社會互動關係的縮影。

基進女性主義者認為日常生活中許多理所當然的社會事實（social realities）都需要重新檢視，例如：好媽媽／壞媽媽、好妻子／壞妻子，這些都是清一色的從男性立場與觀點描繪女性扮演的角色。就像過去許多親密（或婚姻）暴力的現象與行為，如：丈夫毆打妻子、男人出征而女人必須戴上貞操帶等，總被認為不是暴力現象或行為，但在基進女性主義者的眼光中，這些現象與行為都需要被重新檢視與定義，而不是一味的由男人觀點理解這些行為。由於基進女性主義過度強調女人本身，以致於忽略社會、經濟與文化等結構層面對女人生活經驗的影響，這也是基進女性主義比較受到批判的部分。

（三）社會主義女性主義

社會主義女性主義源自於馬克斯主義，但是對馬克斯主義的性別盲（gender blind）又非常的不滿，因此整合基進女性主義與馬克斯主義，融合發展成社會主義女性主義。社會主義女性主義和自由主義女性主義一樣，非常重視女性在資本主義社會中的生活經驗是否受到平等待遇，也認同基進女性主義對父權社會的批判，強調父權社會是男人決定女人的社會位置，形成男人宰制女人的社會事實，同時也認同馬克斯主義對人性（human nature）的看法，認為人性由人的生理、社會及物質環境交互辯證關係決定，同時也透過不同生產活動重新創造生理和心理結構。但是社會主義女性主義與馬克斯主義最大的差異在於對生產的分析與解釋，馬克斯主義認為「生產」是一種滿足物質需要的交換價值（exchange value），但是社會主義女性主義認為女性在家庭的「再生產」（reproduction）包括：性、生育與養育等過程，也是具有交換價值，並非只是使用價值（use value）而已（范情，2000）。所以社會主義女性主義關心的性別權力議題，交錯著私領域與公領域的互動關係，整合了基進女性主義對父權意識的批判，與馬克斯女性主義對階級的

論述,強調性別權力是建構在階級與父權意識雙重壓迫的結果,社會主義女性主義的雙系統論述觀點,說明「階級」與「性別」兩者之間存在著某種緊張關係,所以社會主義女性主義關心的核心議題包括:階級／資本主義(class/capitalism)、父權(patriarchy)、主體性(subjectivity)及差異(difference)(Zalewski, 2000)。

二、親密暴力的論述與反思

歐美與我國對於親密暴力相關議題的論述頗為豐富,政府也投入相當資源從事親密暴力防治工作,但是親密暴力仍是普遍存在社會中,親密暴力事件相關報導仍舊是令人怵目驚心。親密暴力的普遍性與嚴重性,令女性主義者開始思考如何才能比較有效的抑制事件持續發生;而司法公權力介入私領域,透過警察強制逮捕施暴者及保護令的實施,被視為是可以比較有效抑制親密暴力的方式。然而在面對高達七成左右的受暴婦女,在接受親密暴力防治網絡的協助之後,仍舊選擇回到加害人身邊生活,重重打擊了女性主義視為理所當然的立場(Gelles, 1976; Giles-Sims, 1983; Snyder & Scheer, 1981; Strube, 1988),這些現象與事實給了女性主義者對親密暴力的現象與議題省思空間。

Mills(1996)根據自己的實務經驗與觀察,發現受暴婦女會選擇回到加害人身邊,除了對加害人的情緒、經濟依賴及文化因素的考量之外,主要是因為對司法系統有著強烈疏離感。特別是美國親密暴力防治理念是建立在強制逮捕(arrest and prosecution)與保護令(Civil Protection Orders)執行的法定程序(台灣家庭暴力防治制度設計也是依循美國路徑,雖有保護令訂,但不強調警察強制介入與逮捕程序);然而,強制逮捕與保護令的執行,大多是建立在被害人選擇離開加害人的前提下,這樣的假設經常與被害人的選擇或意願相違背。司法制度的設計是採取非黑即白(是非分明)的二

分法，但是親密關係卻無法以簡單的二分法決定，親密關係的分合蘊藏著太多複雜情緒與情感糾葛。在實務工作過程中，我們也經常看到被害人對親密暴力防治系統的求助，只是希望警察或社會工作人員能幫助她終止親密暴力行為而已（讓加害人不要再打她），但是當警察或社會工作人員介入處理後，卻經常要求被害人做出選擇離開加害人的決定；換句話說，第一線工作人員的專業判定與防治網絡的邏輯思維，總是與婦女的意願相違背，導致婦女產生相當大的疑惑：「停止暴力一定要和終止親密關係劃上等號嗎？」

　　在親密暴力事件中，被害人在面對親密暴力關係造成的傷害之餘，又得面對親密關係改變、角色與生活型態轉變的事實；在面對茫茫未來又必須擔憂是否真能遠離親密暴力的威脅，因而陷入難以抉擇的兩難與矛盾可說是相當自然的事。但是對第一線工作人員而言，爭取最短時間有效抑制暴力或降低暴力循環，則是優先考量，但也因此忽略被害人的心境與情緒反應。如此高比例的被害人仍舊選擇留在或回到加害人身邊的事實，令助人工作者感到無奈又無力，但是若第一線工作者能翻轉想法，或許就不那麼挫折與自責（林淑娥，2000；徐維吟，2005；陳玉芬，2005；陳婷蕙，1997；劉玉鈴，2002；鄭玉蓮，2004）。女性主義對於性別議題的論述重視女性主體觀點，但是在親密暴力的論述中，卻經常忽略了女性（被害人）的聲音與觀點，尤其是親密暴力防治制度的設計與服務措施，往往都只是從法律單面向思考，反而忽略了多元需求與選擇的意義，貶抑選擇留在加害人身邊的婦女其實也是具有復原力。

　　許多研究報告顯示不同文化背景的受暴婦女，在遭受親密暴力之後的選擇往往受到文化因素影響，但是文化因素經常都被排除在親密暴力防治制度與服務輸送的考量之外。E. Herbert 與 K. McCannell（1997）認為酗酒、家庭暴力與自殺是全球原住民社會的共同現象，但是這些現象並非導因於原住民族的民族性，而是全球原住民族面對歷史結構發展過程被強勢文化殖民經

驗的後果。舉例來說，加拿大婦女普遍有遭受家庭暴力的經驗，這些親密暴力經驗主要源自於原住民傳統文化上認為兒童是上帝的禮物，部落長老負有照顧責任，但是當白人將教育制度強制實施，迫使原住民族兒童須離開家園寄宿在學校時，就已經破壞了原住民社會中的文化傳承；許多寄宿兒童在白人學校中，遭受到不當待遇或虐待時，酗酒與暴力往往成為成人之後，解救童年與青春期經驗到的多重挫折、無助與內在壓抑的方式（引自王增勇，2001）。這些經驗與觀點也在王增勇（2001）與黃淑玲等人（2001）在本國原住民家庭暴力研究中獲得驗證。黃淑玲等人（2001）的研究指出，都市原住民婦女面臨了族群、階級與性別的三重壓迫，不只在日常生活與文化面臨壓力，同時夫妻關係也感受到家庭適應困難。黃淑玲（2000）曾經針對泰雅族幾個部落進行研究，發現國家政策錯誤導致這些部落面臨經濟困頓與傳統社會凝聚力流失，再加上承受劣勢族群地位所帶來的社會心理壓力，並與傳統重視男權的性別關係與父系家庭結構產生交互作用，導致婚姻暴力的問題有惡化的趨勢（頁 119）。

　　J. Flax（1992）也提醒在論述親密暴力議題時，需要理解女性在其社會關係脈絡中扮演的角色，才能實踐真正的性別正義。根據 F. Anthias（2002）的觀察，她認為主流女性主義過度強調生物本質，很容易忽略文化與族群差異與女性生活經驗的關連，因為生物性別不是決定個體社會位置的關鍵，在社會脈絡中個體占有的社會位置（角色），往往交錯著種族、階級與文化等多重因素，形成複雜的社會階序與權力互動關係。當然這些社會位置不是固定不變的，因而權力本身就具有流動性；舉例來說，女教授在課堂上是專家權力的代表，可是回到日常生活世界卻可能成為家庭制度的被壓迫者，必須服從父權社會中為人媳婦生兒育女的定律。

　　當然女人的位階也未必一成不變，女人也可以藉著生育兒子，達到實踐父權社會傳宗接代的使命，成就家族願望也翻轉自己在家族中的權力關係

（當然有人會認爲即使女人成爲母親，仍舊是父權社會中的被壓迫與被剝削者，但我認爲是過度簡化權力的本質與複雜性）。因此，親密暴力關係的論述必須對當事人占有的社會位置與權力互動保有敏覺性，才能理解權力如何在日常生活關係中展現與運作。Anthias 將這種多重身分與社會位置的概念定義爲「多重身分」（translocational positionality），如果我們將 Anthias 的「多重身分」概念擺放在全球化脈絡下，或許更容易理解權力的本質與運作。例如：在父權社會中女人被視爲是權力弱勢者，但是當家庭雇用外籍家庭幫傭或監護工替代女人在家庭中的照顧角色時，這種主僕雇傭關係中，女性雇主的權力翻轉成爲權力宰制一方，而女性家庭幫傭成爲被宰制的一方（當然獲利的仍舊是男性，但女性雇主分享了部分權力）。因爲階級與種族身分，讓女性雇主成爲權力結構中掌握權力的一方，而家庭幫傭淪爲被宰制與被壓迫者，成爲所謂的「女人對女人的戰爭」，超越性別權力控制的範疇（林津如，2000；藍佩嘉，2004）。

參、多元文化是萬靈丹嗎？

強調生物性別是決定權力關鍵的觀點，被定義爲女性主義本質論（feminist fundamentalism）（Phoca & Wright, 1999）。但是女性主義本質論也引起文化相對論（cultural relativism）的批判，認爲本質論過度強調生物性別的二元論述，忽略女人身分的多重與社會位置的流動事實，反而無法眞實反應女人生活經驗的差異性。但是文化相對論果眞能彌補本質論的不足？基本上，本質論與文化相對論兩者的最大差異，在於前者主張女性身分是一切壓迫來源，女人是單一概念是共同經驗的事實，所以女人之間並沒有什麼個別

差異存在，所以女人面對的權力壓迫形式是一致的。本質論對性別權力的論述採取普同的立場是文化相對論所不能認同，文化相對論者主張女性的身分是社會文化多重建構的結果，性別權力不只源自於性別差異，同時也存在著種族、階級與文化不同形塑的生活經驗之差異，因此性別正義（gender justice）的論述必須擺在種族、文化與階級的架構下，才能還原對權力本質的理解。所謂性別、種族、文化或階級這些概念，在文化相對論眼中都是社會類屬（social categories），社會類屬存在著社會關係，而社會關係的權力流動則因界線（boundaries）不同而有差異，這些社會類屬間的關係並非一成不變，角色是流動的，所以會有越界行為，進而建構權力流動的本質。

當然文化相對論不一定是解構親密暴力的萬靈丹，因為 C. Beckett 與 M. Macey（2001）也提醒我們，過度強調文化差異也容易陷入踐踏人權的風險。為什麼多元文化論述可能造成性別正義潛在風險？主要是因為多元文化本身有著觀點與立場不一的現象。什麼是「多元文化主義」（multiculturalism）呢？當代對於多元文化主義的定義大致採取對不同文化尊重的立場。舉例來說，英國對於多元文化主義強調種族正義（racial justice），認為不同種族文化都應給予尊重及平等發展機會。然而，多元文化的爭議並非在於對多元文化的定義，而是對如何實踐多元文化社會的原則有不同立場。基本上，多元文化主義強調文化本身的多元差異，但不表示不同文化在同一社會脈絡中都可以享有相同的權利，引而衍生出同化（assimilation）或多元文化路線之爭。

目前對於多元文化路線之爭有三種主張（Beckett & Macey, 2001: 314-315）：1.社會運動和權力分析：1960 年代之後的社會運動，社會學者傾向對於性取向、反種族歧視及婦女的壓迫行為，從個人心理學轉向到社會結構的分析，可是社會結構分析卻忽略壓迫本身所形成的潛在影響，過度強調巨視層面反而忽略了微視層面的壓力，但這並非只是從現代主義的結構

（struction）觀點，轉向到後現代重視文化差異的建構（construction）觀點就可以解決的；2.壓迫的單面向定義：將壓迫視為是來自單面向、固定形式的壓迫，反而忽略了壓迫存在多重社會關係競爭，舉例來說，女同志單純只被視為是女同志，來自主流異性戀霸權文化的壓迫，反而忽略了階級與種族因素可能形成的多重壓迫關係；3.公私領域區分：我們很難將公私領域的概念擺在多元文化架構中討論，公領域往往關係著個體在社會關係中的位置與權力，同時也影響家庭關係與資源分配，所以很難運用二分法區分公私領域，例如：私領域的婚姻暴力其實也是傷害我們所關心的人權。

多元文化主義也並非單一主張，而是有明顯的路線之爭，那麼多元文化的實踐當然也不是建立在單一原則的基礎。目前多元文化主義的流派大約可以分為下列幾項（Kincheloe & Steinberg, 1997）：

（一）保守派多元文化主義（conservative multiculturalism）

就本質而言，保守派多元文化主義（又稱之為單一多元文化主義）是另一種形式的新殖民主義，基本主張與立場是擁護白人優越地位，認為白人的民族性、語言與文化就是所有人類的代表與學習對象，所以多元文化教育主要在「同化」弱勢族群，讓弱勢者都能學習白人文化融入主流文化。

（二）自由派多元文化主義（liberal multiculturalism）

自由派多元文化主義主張來自不同種族、階級和性別團體的個人，都能分享平等和共同人性，認為人與人及群體與群體之間並沒有差異，只有「人族」存在而已，因此每個人都可以在資本社會中獲得公平競爭與機會。自由派強調一致性與普同原則，被批判為「膚色盲」與「性別盲」。

（三）多元論的文化多元主義（pluralist multiculturalism）

多元論是屬於左派自由主義的觀點，與自由主義最大的不同在於強調「差異」，然而兩者都同樣將種族與性別去脈絡化，忽略歷史與社會時空因素的影響，更忽略挑戰歐洲中心主義思想規範的普遍性。但是因為多元論肯定差異存在的價值，所以主張多元差異的學習，但是強調「差異」並不代表挑戰或顛覆主流支配的權力結構。

（四）左派本質論多元主義（left-essentialist multiculturalism）

左派本質論強調運用不變的特質做為區分社會類屬的基調，主張事物之間的差異是由不可更改的因素造成，例如：性別和種族在生理上的差異是不可更改的，這些特質是根深蒂固的，所以左派本質論的主張是保守的，白人與基督教基本教義派，無法欣賞歷史情境中多元文化的差異。

（五）批判的多元文化主義（critical multiculturalism）

批判的多元文化主義者承繼了批判理論觀點及其對社會的關懷，批判強勢文化將其價值強加於弱勢者的暴力，鼓勵去中心化（decentralization）並挑戰和破除以「一元」為主流的預設立場，重新思考及建構知識和思想，並強調促使個體對自己所生存與生活的社會之覺醒。

整體而言，我們可以將多元文化主義的實踐歸納為自由主義多元文化理論（liberal multiculturalism）與反思性或批判多元文化理論（reflexive/critical multiculturalism）。前者是指國家權力支配或優勢團體，同意讓少數族群參與議題討論與設定的對話與協商過程（Anthias, 2002; McLaren & Torres, 1999）；後者則是關切如何幫助這些不同族群與跨國生活經驗者，解除在制度與生活經驗的藩籬障礙，主張主流社會應對不同的文化與少數族群有更多的包容（Anthias, 2002; May, 1999）。

　　我們如何將多元文化理論觀點運用於親密暴力現象的理解呢？Okin
（1999）認爲，多元文化對女人生活經驗與社會關係的詮釋可能是不利的
（multiculturalism may be bad for women），因爲傳統文化原本就壓抑女性，
讓女人成爲父權社會的客體，這種性別壓迫事實未必在現代社會中獲得解
決，因爲現代社會強調齊頭式的平等（equality），這種植基在西方民主國
家強調的普同式人權（universalist human rights）的觀點與主張，在許多女
性主義者的眼中只是口頭上行善行爲而已，完全忽略性別歧視背後的種族、
文化與階級意涵。C. Pateman（1994）也指出，西方人權理念是建立在西方
的自由與平等的普同原則，但是日常生活中卻充滿著性別與種族歧視，那些
反種族歧視運動提醒我們，文化及西方的理性思維是強烈具有種族歧視意
涵。Beckett 與 Macey（2001）也引用多元文化觀點闡釋親密暴力的社會關
係，發現多元文化本身並非權力壓迫的來源，可是當我們高呼尊重不同文化
差異而採取不介入立場時，即間接成就了存在不同文化中權力壓迫的事實，
反而容易讓多元文化的倡導成爲沉默共犯（conspiracy of silence）。

肆、差異論述：後現代與後結構女性主義的視野

　　1990 年代之後，受到後現代與後結構主義思潮影響，女性主義也開始
反思主流女性主義對於性別權力建構在生物本質論的適當性，回歸多重主體
的社會建構概念。何謂「社會建構論」（social constructionism）？社會建構
拒絕唯一眞理的主張，強調社會關係的本質其實就存在著多重建構，所以所
謂現象的本質是流動的，會因爲時空脈絡不同而有差異。社會建構論主要是
討論我們如何從社會文化脈絡中理解（understanding）植基在日常生活中的

各種社會關係的意義（meanings）（Blever, Gardner, & Bobele, 1999），文化差異與語言意涵就成為理解的關鍵，而對話（conversation）就成為理解文化差異與語言意義的媒介。當代最常被討論的社會建構論包括後現代主義（postmodernism）與後結構主義（poststructuralism），雖然兩者經常被交換運用，但是無論是緣起或理論觀點都有些微不同。

一、後現代女性主義

後現代女性主義（postmodern feminism）受到後現代主義思潮的影響，緣起於對現代主義的批判與反思。現代主義緣起於啟蒙運動之後，R. Descartes 主張「我思故我在」（I think therefore I am），強調人類是具有理性思維的主體，這樣的理性思維與科學及現代社會的發展息息相關，Descartes 相信人類可以揚棄神或權威的主宰，開始從自我的立場思考真理與知識的關係。但是現代主義幾乎是從結構觀點論述人類社會發展與社會結構的本質，強調單一普同原則做為推論與解釋的基礎，並沒有被後現代主義認同與接受（Zalewski, 2000）。後現代主義興起於二次大戰後，在 1980 年代普遍流行於美學、音樂與藝術人文領域中，之後才陸續被其他社會科學領域引用。

「後現代」一詞最早出現在 J. F. Lyotard（1984）所寫的 *The Postmodern Condition* 書中。Lyotard 認為後現代理論是對真理的普同原則與現代主義的批判，主張當代社會已經無法再運用單一概念來理解所有現象，社會型態已經逐漸由形式與類型轉化意象與再現經驗。這些巨大改變主要來自二次世界大戰之後，西方社會的生產形式對社會關係造成巨大的質變與影響，其中尤以來自日常生活的消費型態與資訊科技媒體傳播的影響更是無遠弗屆。在後現代社會中資訊科技與媒體的影響，已經深入日常生活面向形塑每個人內在的認知，而知識的內涵與發展也不再是線性固定模式，而是隨著社會變遷而改變。Lyotard 認為知識其實就是權力的一體兩面，意味著權力透過資訊科

技與媒體知識傳遞，進入日常生活塑造每個人內在認知而不自知。換句話說，後現代主義反對現代主義主張的單一普同原則，強調必須深入探討深植在日常生活的各項社會事實背後隱藏的結構及其意義，因為每個個體都具有主體、每個主體都有個別差異性，而這些主體是由片斷的認知與理解中再現意義本質。

後現代女性主義的理論緣起有二：1.對當代主流女性主義的批判，及 2.源自後現代與後結構主義理論思維（Zalewski, 2000）。後現代女性主義引用後現代主義強調多元差異的觀點，詮釋女人的生活經驗與資本主義社會互動的關係，拒絕接受當代對真理（truth）與事實（reality）的假設，不僅一切論述盡量避免以陽性為中心的思想，同時也拒絕女性遭受的壓迫經驗其實是一致與普同的立場，強調女人的生活經驗具有「多元性」（plurality）、「多重性」（multiplicity）與「差異性」（difference），所以多元差異可說是後現代女性主義的關懷焦點。後現代女性主義者接受存在主義女性主義從主體與客體、我與他者論述兩性權力的互動關係，但是後現代女性主義眼中的「他者」是具有邊緣顛覆性格的他者，意味著在父權社會中女性雖位居邊緣位置，但是邊緣位置卻提供給女性另一種觀察的視野與經驗，反而造就了「他者」的多元差異與開放包容的變異（刁筱華譯，1996；莊子秀，2000）。後現代女性主義相當重視書寫，透過書寫經驗不僅刺激女性重新思考自己的生活經驗，同時也是幫助女性進一步採取行動改變真實世界的行動方式。

二、後結構女性主義

後結構女性主義主要是受到後結構主義（poststructuralism）的影響，緣起於對結構主義（structuralism）的批判與反思。當代結構主義緣起於 1950 年代法國人類學家 C. Levi-Strauss，同時也綜融了結構心理分析 J. Lacan 及

L. Althusser 的文學理論而成。Levi-Strauss 認為每個人的內在世界是一個完整結構，而這個內在結構是由語言與符號共同建構而成穩定的體系，結構主義就是在理解與分析這些語言與符號建構的系統隱含的意義（黃道琳譯，1998）。換句話說，結構主義並非強調對社會現象本質進行分析，而是對結構內部的關係進行分析。

F. Jameson 指出，西方所有思維形式都存在著結構概念，也就是存在著某種既定的模式，通過這個模式可以理解不同因素之間相互作用的關係，將事物相互關係概念化，所以無論是對國家、自然界或人的身體都可以透過這套模式加以理解。但是 Jameson 認為，西方文化存在的結構思維是其他文化不具有的，主要是因為工業化帶來的生產模式改變，同時也對社會關係產生結構性的改變（唐小兵譯，2004）。然而，西方社會的生產方式並沒有在東方社會產生影響（稱之為亞細亞生產方式）。E. Said 就批判由於 K. Marx 本身對亞洲沒有足夠瞭解，所以對亞洲人的認識是從歐洲中心出發，產生詮釋的局限。對歐洲人而言，亞洲或其他地區的歷史都是其他東西，因為相較於工業生產方式「亞細亞的生產方式」是「他性」，當要理解自己所不熟悉的社會或現象時，唯有先將這些不熟悉現象或社會歸類為「他性」，才能理解自己的地位與控制他人（唐小兵譯，2004）。

後結構主義是隨著結構主義的覺醒出現的一套思想，嘗試瞭解生活世界被分割成數個體系的現象。後結構主義的代表如：M. Foucault 及 J. Derrida 等人，主張對於社會關係的探討必須揚棄結構主義過度簡化的方法論，否定結構主義宣稱能夠詮釋所有文本的後設語言（meta-language），認為文本之外的全知觀點是不可能存在的。後結構主義者追求意義無限展延，不賦予任何一種閱讀方式比其他方式更高地位，同時認為語言與符號的運用具有強烈政治（權力）意涵，相信人類生活世界的社會關係中充滿著各種不同的意識型態與權力運作，所以社會世界是社會建構的結果。後結構主義批判結構主義

過度將事件簡單化、客觀化與中立化，主張人類歷史發展是呈現螺旋狀，依序漸進緩慢推進。

　　談到後結構主義，大家總是會聯想到Foucault及其「知識即權力」的論述，Foucault認為知識就是權力的表現，知識也是一種控制他人的觀點，因為當我們嘗試認識他人時，也習慣強加權力於他人，試圖控制他人（王增勇等譯，2005；唐小兵譯，2004）。Foucault對於知識即權力的論述在Said的《東方論》（*Orientalism*）一書中充分展現，他認為英美大學中對於東方研究，主要是建立在西方殖民主義的思維，這些研究室通過把東方人或東方現象，看成物件或把東方物化的基礎上，才能建構出多方研究的知識體系（王志弘譯，2004）。我們所熟知的結構主義源自於語言學，在日常生活中語言扮演傳遞訊息重要功能，在結構論觀點中每個理論都有自己的語言符碼（code）。後結構主義者認為前資本主義時代的生活方式與生產方式就是一種符碼化方式，而到了資本主義時代，就是一種解符碼化方式。符碼化意味著感性世界的分類，分類方式主要是以原初語言方式進行，而不強調抽樣思維或觀念化東西，通常由圖騰、神話或祭祀流傳保存。但是到了資本主義時代則是超符碼時代，嚴格的整理分類成為統一系統，集中於書本或經文中，經文解釋成為壟斷語言形式，而這種形式正是確保權力的基礎。到了科學時代則是進入瞭解符碼化時代，將一切過去認為理所當然神聖的東西，透過科學方式進一步瞭解深層次的意涵與更真實的東西，稱之為解符碼化（知識的神聖性被解構）。簡單的說，如果說現實主義是解符碼化，那麼現代主義就是再符碼化。但是從符碼化到再符碼化過程過程，必須擺脫一切符碼回到原始狀態，這就形成了差異論述的事實；換句話說，對後結構主義而言，理論的價值不是寫出偉大真理或以哲學形式呈現，而是一種論述（唐小兵譯，2004）。

　　許多時候後結構主義也被稱之為解構主義（deconstructionism）。結構

主義是建立在先驗主體的思考方式，強調人類社會生活中的潛意識，所以必須穿透現象的表層才能把握現象背後的結構；換句話說，人類心靈存在著普同性質。但是這種建立在先驗主體思考的方法與普同主張，卻被後結構主義／解構主義否定（Pilcher & Whelehan, 2004）。所謂「解構主義」是指對於現代主義與結構主義的否定，源自於 Derrida 對現代主義與結構主義的批判，尤其是對語言與經驗關係中的假設及其內部矛盾與不一致的理解與分析。解構主義主張社會現象的意義可以無限延伸，且強調挑戰與抵抗權威，解構主義者必須能看到特定事實的深層之假設，及存在文本內容深層結構中的本質相互矛盾之處。舉例來說，Foucault 對言說行動的話語與言表之編制和規則的討論，指出一切言說的行動都是屬於某個歷史階段中的認知模式，而每一個認知模式各自獨立互不相屬，所以我們必須由語言來理解權力與關係的運作，意味著從言說認知層面剖析權力運作的規則。Foucault 認為我們可以從言說經驗中發現，誰在說話、誰是主角，進而瞭解權力如何透過言說行動運作與鞏固（歐崇敬，1998）。簡單的說，解構主義在於拒絕接受文本內容賦予的表面意義與否定其客觀性，著重於揭露文本內容的深層結構現象與隱含之意義。

後結構女性主義引用後結構主義與解構主義對於語言意義的理解與社會關係權力的剖析，運用於探討女性日常生活的經驗與社會關係隱含的權力互動。後結構女性主義（poststructuralist feminism）做為一項政治運動，「認同」（identity）仍舊是女性主義關心的焦點，所以仍舊沿用「女人」（women）類屬概念。後結構女性主義者，如：C. Weedon 及 D. Elam 等人也觀察到，女性主義主張每個個體都是有抉擇的主體，與社會制度的壓迫事實兩者之間經常存在著某種緊張關係，但是女性主義不僅幫助女人重新評估可能的選擇之外，同時也幫助我們釐清這些架構在日常生活經驗中的論述／言說背後的權力運作機制。對後結構女性主義而言，論述／言說分析不只是

簡單的瞭解語言或文字的定義而已，而是進一步深入剖析深植在日常生活的各項社會制度是如何組織與運作，透過這些運作原則形塑每個人對語言的意義認知（Pilcher & Whelehan, 2004）。

　　整體而言，無論是後現代或後結構女性主義，都是屬於社會建構理論（social constructionism）觀點。雖然後現代與後結構主義關心的焦點有些不同，但許多時候兩個概念是被交互運用。下列整理後現代與後結構女性主義的核心概念：

（一）權力／知識 （power/knowledge）

　　無論是後現代或後結構主義的討論中，最常被引用的觀點莫過於 Foucault 對權力的論述。Foucault（1982）認為在封建世代的權力壓迫是掌握個人生死，但是到了現代民主國家，對權力的掌握則是控制每個人應或會如何生活，這種在現代民主國家的新的規訓權力運作形式，主要是透過知識形式展現宰制的權力運作關係。J. Sawicki（1991）將 Foucault 的規訓權力歸納出幾項特性（引自王增勇等譯，2005：43-46）：1.權力並非靜態的被特定階級與個人擁有，權力是動態的存在日常生活社會關係中；2.權力本身具有生產性（productive），規訓權力是透過知識生產的論述過程合法化形塑人的自主性以達到規訓目的；3.權力的效果是透過論述形式形成，並藉著不斷被複製過程成為主流論述，成為認識社會世界的唯一真理；4.我們必須透過歷史考據過程重新理解這些規訓權力是如何形成的，這就是知識系譜學（genealogy）；5.日常生活中的社會關係充滿著權力運作、也充滿著監控機制，但是規訓權力對人的掌控永遠無法完全，因為有權力就有抵制策略。

（二）語言與意義 （language and meaning）

　　從社會建構論的觀點，社會事實是被建構的，所以社會事實是流動的、

彈性的，那麼什麼是社會事實（social reality）呢？社會建構論認為我們必須還原社會現象、行動或事件的歷史脈絡，且由當事人主體觀點出發，才能真實的理解社會現象或行動的意義（meanings）。所以對現象、行動或事件的語言詮釋是理解背後隱含的社會意義的關鍵，而對話（conversation or dialogue）就成為理解（understanding）意義的媒介，後現代主義所指涉的「對話」是指彼此談話而非對另一個人說話（Anderson, Burney, & Levin, 1999）。

（三）認同與主體（identity and the subjet）

　　後現代／後結構主義反對女人的主體與認同是固定的，例如：本質論關心女人的自我認同，但是後現代女性主義根本不關心女人的認同，只是單純的將女人視為是人類、母親或工作者。就建構論的觀點而言，女人的身分與認同並非固著而是流動的，但是建構論並不那麼關心認同問題，因為生活世界中並不存在著單一認同的概念。

伍、社會建構論的評估內涵

　　我們如何從後現代／後結構女性主義的觀點理解親密暴力現象？在本書中，作者主張對於親密暴力現象與議題的探討必須拋棄過去本質論的觀點，重新理解親密暴力的社會建構歷程及其意涵。因此，在本章最後部分主要是將社會建構論的觀點，融入親密暴力實務工作的評估與服務過程，重新思考親密暴力的本質及意義，同時也反思實務工作者角色與立場。N. Parton 與 P. O'Byrne（2000: 24-26）認為社會建構論的核心概念有四：1.質疑我們可以直接觀察與理解生活世界的本質；2.社會建構具有歷史與文化意涵，必須融入歷史

與文化脈絡的思考；3.非常重視日常生活經驗中的互動關係與過程，同時認
為知識建構源自於日常生活經驗與過程；4.挑戰單一或普同本質論的觀點
（引自 Holland, 2004: 3）。

一、建構論的評估內涵

基本上，社會建構論主張真理與本質是沒辦法透過理性方式加以分析，
卻可以透過語言理解加以分析。無論是後現代或後結構主義都拒絕從單一架
構，做為詮釋社會現象或行動背後意義的基準，雖然後現代與後結構主義的
論述並沒有提供給我們實務工作評估模式建構的基準，但是從上述對後現代
與後結構主義的討論中，我們仍舊可以發展出社會建構論的實務評估模式的
基本原則與內涵。

（一）反思性評估

基本上，社會建構論認為實務工作者在對親密暴力現象或事件的理解與
評估，必須運用反思性評估的論述（the discourse of reflective evaluation）方
式，也就是實務工作者必須對語言運用及其意義理解具有高度敏感力，同時
對於關係的權力運作（包括家庭、社會文化與評估關係）有深刻的反思能
力。所以反思性的評估必須具備幾項要素：1.社會工作者的目標與立場：參
與評估過程社會工作者必須融入整個家庭互動，充分地和每個家庭成員分享
內在想法與經驗，甚至是家庭生活的黑暗面及困難處；2.判斷：反思性評估
不用決定（decision）而用判斷（judgement），因為判斷充滿感情，而決定
卻是充滿理性決策；3.解釋的角色：社會工作者必須透過和家庭成員對話過
程，深入瞭解家庭目前概況及未來，藉此形成對家庭生活概況的解釋；4.決
定方法：社會工作者應盡可能減少科學語言的運用，透過和被評估家庭成員
的討論過程達成一致性，做為評估決定的基準（Holland, 2004）。

（二）改變的本質

　　源自於後現代與後結構理論的觀點，社會建構論的立場是拒絕接受社會現象單一本質的論述，無論是婚姻、家庭或親密關係，在建構論的眼中都不是靜止的，而是具有流動多變的本質。這種流動本質不只呈現在家庭互動關係中，同時也呈現在整個評估過程，所以社會工作者在評估過程中必須深刻體認，親密關係並不是靜止狀態完全等候評估結果，事實上評估過程多多少少也會對親密關係產生反思作用。正因為社會建構論具有多變流動的本質，所以建構論的評估大多必須採取深度的評估，而非短期快速，如：危機或行為學派的評估方式。

　　有關親密暴力事件的評估，建構論對於「改變」（change）的評估之考量與爭議有二（Holland, 2004: 49-52）：

1.潛在的改變或目前改變（potential change or current change）

　　許多時候社會工作者會陷入，到底建構論的評估應著重於評估過程親密關係產生的改變，或是應強調親密關係未來可能產生改變的潛力？這樣的爭議涉及潛在或目前改變的可能，若社會工作者期待在評估過程中親密關係可能產生改變，那麼就必須在評估過程中同時也進行處遇或服務提供；如果重視親密關係未來改變的可能，那麼社會工作者就必須要瞭解態度改變的可能為何。

2.行為和態度改變（behavioral and attitudinal change）

　　與上一個議題有關的是有關改變的本質，到底社會工作者尋求的是親密關係的行為改變或認知改變？行為學派強調行為的改變，認知學派則是強調認知和態度的改變，心理動力學派則是強調自我瞭解的改變，但是女性主義則是強調社會結構的改變而非個人行為或態度改變。基本上，建構論的社會

工作者在評估過程中，對態度改變的重視遠高於對行為改變的重視，但是社會工作者更重視親密關係是如何形塑親密關係成員對事實的認知與意願。

（三）關係的重要性

　　「評估關係」（assessment relationship）可說是建構論評估過程的核心，這裡所謂的「評估關係」是指親密關係成員與社會工作者的關係。建構論強調當社會工作者在進行評估過程，必須將性別、文化和語言等因素，都納入評估關係建構的考量，因為評估過程是一種權力運作的過程，所以社會工作者必須敏感覺察到上述這些因素都可能影響評估關係的權力運作。就建構論的觀點而言，評估過程就是培力（empowerment）的過程，所以社會工作者必須具有反思能力（reflexivity），覺察性別、種族、文化等因素都可能對評估關係帶來不同程度的衝擊。當然不只是評估者的社會位置可能對評估關係帶來衝擊，服務使用者（或被評估者）的語言、動機、價值、態度等也都會對評估關係產生不同程度的影響；換句話說，在建構論的評估關係與過程中，被評估者或服務使用者是具有主動與能動性的主體，而非被動的客體。但是 Holland（2004）也提醒我們，這種能動性與主體性必須被小心檢視，因為這種能動性過度建立在語言的表述，容易陷入弱化不善於言詞者的主體性，同時在成長過程中女人經常被社會化為被動客體，而男人被社會化為具有攻擊力的主體，社會工作者必須避免將這種刻板印象複製在評估過程。

二、建構論的臨床工作運用

　　建立在後現代／後建構理論觀點的建構論臨床工作模式之樣貌為何？建構論強調人類日常生活的社會世界是由語言與意義建構成的，因此建構論的處遇過程重視語言在社會脈絡中呈現的意義及社會關係背後隱藏的權力運

作。基本上，建構論的實務模式主要建立在社會事實並非由單一，而是由多重建構而成，語言成為傳遞意義及理解本質的關鍵（Blever, Gardner, & Bobele, 1999）；因此，建構論的工作模式相當重視對話（conversation）（Anderson, Burney, & Levin, 1999）。

建構論社會工作者在臨床工作過程中，通常都會善用情境因素，透過反思團隊（reflecting teams）的運用參與評估與處遇過程中。反思團隊的運用可以視情況需要而有不同的設計，有時候可以採取在會談過程中，反思團隊可以在單面鏡後參與整個過程，然後在每個會談階段之後，讓被評估者到單面鏡後參與觀察社會工作者與反思團隊的討論過程，另一種則是讓反思團隊參與整個評估與處遇過程，反思團隊成員可以隨時提出問題參與討論。在整個評估與處遇過程中，社會工作者扮演催化者的角色（facilitate），盡可能幫助參與評估的親密關係所有成員都能透過對話溝通過程，表達自己行為的意義，也瞭解其他成員的想法。切記，在評估與處遇過程中，建構論的社會工作者是在幫助親密關係成員瞭解行動背後的意義，而非行動或行為本身，所以許多時候社會工作者不用揣測方式，而是讓當事人直接表達對問題的看法及讓當事人有機會解釋行為的意義（Blever, Gardner, & Bobele, 1999）。

建構論的實務工作者相當重視故事與敘事（stories and narratives）的運用。建構論實務工作者認為服務者目前面對的問題只是當下一個故事而已，但是這個故事可能隨著後來的說故事過程產生改變。當故事產生改變的改變過程，意義也隨著事件、行動與互動而產生改變，所以實務工作者必須理解被服務者如何建構及重新建構故事，因為敘事過程已經賦予故事與行動意義，而意義也隨著敘事過程產生改變。建構論實務工作者必須謹記，敘事技巧的運用必須說故事的人所說的故事內容，是明顯的受到其所處社會文化脈絡及其價值意識的影響，所以實務工作者必須從敘事過程達到解構與培力的目標。

第 五 章

婚姻暴力的
性別政治

壹、緒言

如果我們要評選 1990 年代台灣婦女運動的成就，那麼婚姻暴力防治工作的推動，可以說是婦運最具體的成就了。過去十年來，婚姻暴力現象已經不再只是學術研究的議題而已，而是逐漸凝聚了社會大眾的關注，成為社會政策制訂的重點。婚姻暴力現象之所以能從私領域的個人問題，逐漸轉化為公領域的社會議題，其實與婦女團體所推動的反婦暴運動有著密不可分的關連。

歐美國家對於婚姻暴力現象的論述，主要是延續著由個人問題、社會議題到制度建構的發展脈絡；而台灣婚姻暴力現象的發展經驗，可以說是依循著西方國家的發展經驗。在台灣，婚姻暴力現象的探討始於 1987 年劉可屏教授發表〈虐妻問題〉一文，之後才引起學術界的關注。1989 年婦女團體成立康乃馨專線，才開始提供受虐婦女電話諮詢服務。之後，由善牧基金會成立台灣第一個庇護中心，提供受虐婦女緊急庇護與支持性服務。1993 年由於鄧如雯殺夫事件，婚姻暴力現象讓婦女團體深刻的體認到，現有婚姻制度與法律規範對婚姻中女性的不友善；因此，婦女團體透過串聯行動，修改《民法》親屬篇中對於婚姻中女性不利的法規。雖然，在這幾年中，婦女團體極力呼籲，政府應積極建構保障女性身體權益的安全網絡，可惜難敵社會大眾對婚姻暴力的迷思，致使婚姻暴力議題如曇花一現，並未達成政策制訂或制度建構的目標。直到 1996 年底，因長期推動婦女權益的彭婉如在高雄遇害之後，才激起婦女團體全面性的反婦暴運動。最後，在婦女團體積極運作之下，才快速通過了《民法》親屬篇修正案、《性侵害犯罪防治法》與《家庭暴力防治法》等三個與婦女身體權益息息相關的法案（彭淑華，1999）。

　　雖然 1998 年通過了《家庭暴力防治法》及 1999 年全國二十五縣市政府均設立了「家庭暴力暨性侵害防治中心」，開始提供受虐婦女緊急庇護及相關支持性服務。這些制度的建構，的確開啓了台灣婦女身體權益保障的新里程碑；然而，《家庭暴力防治法》的制訂是否眞能促進兩性平等？在婚姻暴力防治制度建立之後，又帶給受虐婦女什麼樣的生活經驗？這些制度的建立是否能保護女性免於婚姻暴力的威脅？

　　誠如女性主義社會政策分析家，如 Bush、Eistein、Fraser 和 Gordon 等人所言：政府政策與立法的制訂和反婦暴工作者所支持的理念，兩者之間可能存在著一種弔詭關係，這種弔詭關係往往可能進一步影響政策實踐的效益（Dobash & Dobash, Eds., 1998）。Bush（1992）曾經針對美國和印度兩個國家，在家庭暴力緊急庇護中心或婦女團體的工作人員，進行訪視、觀察與檔案資料等交叉分析，深入瞭解工作人員對家庭形式（forms of family）的定義與政策互動的關係。研究結果發現：社會對「家庭」的定義，往往限制了婦女運動的視野，導致兩個國家對於家庭暴力防治制度的建構，很少挑戰了既有的家庭權力結構，反而是停留在性別差異的價值意識觀念中。

　　除了政策背後所隱藏的性別價值意識型態，可能成爲政策立法與制度制訂的依據之外；同時，制度實施過程在第一線提供專業服務之社會工作人員，對於婚姻暴力的看法，往往也是影響政策實施效益的主要關鍵。M. Foucault 可以說是爲現代社會制度與身體政治（body politics）之間的關係，提供了最佳註解之人。Foucault 指出：在前現代社會（pre-modern society），受虐婦女的經驗是單一、片斷的；可是到了現代社會（modern society），婦女受虐問題卻經由社會制度的設計，合理化女性身體與社會制度之關連。當受虐婦女遭受暴力決定逃離家庭，幾乎是無處可逃，唯有接受政府相關機構所提供的保障，才得以保護身體不繼續受侵犯。當受虐婦女必須接受政府所提供的服務時，必須服從一些所謂強制性的原則（a compulsory principle of visibility），例如：接受精神與身體健康狀態的評估，做為法庭審判的依據，婚姻暴力中的女性身體自主儼然成為另一種非人性、卻完善的社會制度所取代了（Westlund, 1999: 1049）。

婦女團體在推動反婦暴運動的過程，一貫堅持的理念就是從社會建構論（social constructivism）的觀點，來看女性在資本社會的身體經驗。不過，一如女性主義學者Butler（1989）所言，當論及身體的社會建構論時，必然要連結到Foucault對身體（body）與權力（power）的論述。Foucault認為身體本身就是權力作用的場所，而這些權力往往就像銘文或碑文一樣牢牢的鑲在制度中，影響一個人對資源操控的能力（Westlund, 1999: 1057）。

雖然女性主義者對於Foucault的論述與對Foucault本人，並無太多反駁或敵意；不過，卻認為Foucault在論述身體與權力的關係時，明顯的將身體視為是中性的身體，卻忽略了兩性在社會文化脈絡中的差異。女性主義者將Foucault的身體社會建構觀點，進一步用來解釋女性在資本社會的兩性互動經驗。基本上，女性主義者相信女性的身體經驗，絕對不只是一種個人的生活經驗而已，而是兩性互動過程權力資源分配不平等的事實，所以「性別」（sex）本身就是一種「身體政治」（body politics）的展現，而身體政治其實就是「性別政治」（sexual politics）的顯現。

這幾年來，每隔幾天媒體就會報導有關婚姻暴力的事件，偶爾也會訪問相關學者與婦女團體工作人員，討論有關婚姻暴力的現象，相關的研究報告更是不斷出爐；可是，卻很少有研究報告直接分析媒體對婚姻暴力事件的報導內容。雖然，家庭暴力防治中心建立之後，愈來愈多的研究者投入婚姻暴力現象之研究；然而，卻沒有任何研究報告直接針對在第一線提供受虐婦女緊急庇護，或相關支持性服務之專業人員進行性別意識的檢視。因此，在本研究中，我將延續女性主義對身體政治的論述，主張女性在資本父權社會的身體經驗，絕對不只是個人的生活經驗而已，而是兩性互動過程權力不平等

的事實。同時，也整合質性研究的檔案分析法與深度訪談法，深入瞭解在台灣婚姻暴力現象由個人問題發展為社會議題的過程，媒體報導所呈現的性別意識；並訪問北、高兩市家庭暴力暨性侵害防治中心之社會工作人員，瞭解其在提供受虐婦女緊急庇護與相關支持性服務的過程中，如何詮釋婚姻暴力中的兩性互動關係，及其性別意識如何影響與受虐婦女的專業關係與專業服務的提供。

貳、文獻回顧

自從 1976 年 D. Martin 撰寫了第一本婦女防暴手冊之後，加上婦女運動對於婦女權益的倡導，使得過去三十年來，有關婚姻暴力論述之理論觀點與實務工作模式，有了許多的演進與變遷。在早期，對於婚姻暴力論述之理論觀點，著重於「責備被害人」（blaming the victim）的微視觀點，如：認知理論與心理分析論等；且研究的取向，也較偏重於婚姻暴力的類型、原因、發生率的議題之探討。在 1980 年代之後，婚姻暴力論述的觀點，則是較偏重於鉅視觀點的社會結構論，如：家庭社會學與女性主義理論等；且研究取向也轉向因果模型與各項工作模式的服務效能之檢定（黃翠紋，1999）。

誠如 K. Yllö（1999）所言，暴力本身是一種相當複雜的現象，它融合了受虐與施虐者本身的情緒、對自我的觀點、權力運作、希望和恐懼等因素。即使暴力本身是個複雜的現象，但是大多數的女性主義者都認為婚姻暴力的問題，是可以用簡單的觀點來瞭解。這個簡單的觀點就是必須將「性別」（gender）和「權力」（power）兩個元素，納入婚姻暴力現象的詮釋。因此，在文獻回顧的部分，我將著重於女性主義與非女性主義，對婚姻暴力

中性別角色與性別權力的詮釋之比較；並進一步說明，目前國內有關婚姻暴力相關之研究，對婚姻暴力現象的研究取向、理論觀點與研究方法之運用。

一、家庭暴力觀點 vs.女性主義觀點

自古以來，婚姻暴力現象就普遍存在人類社會中，但是卻是到了 1970年代之後，受到婦女運動對女性權益倡導的衝擊，才開始有系統的探討婚姻關係中受虐女性的生活經驗。在 1970 年代末期，L. A. Walker 出版了 *The Battered Women* 一書，書中提出了「習得無助」（learned helplessness）的觀點，認爲婚姻暴力是具有循環的特質（Oleary, 1993）。雖然，Walker 的「暴力循環論」（cycle of violence），爲美國的司法界與實務工作者帶來相當大的震撼與後續影響；不過，這種過度強調暴力是具有循環特性的觀點，也被譏笑爲將婚姻暴力問題的詮釋，過度局限在「責備受害者」（blaming the victim）的微視觀點，忽略了社會結構對婚姻暴力的影響。

目前社會科學界對於婚姻暴力的詮釋，仍舊存在著兩種歧異觀點：家庭暴力觀點（family violence approach）與女性主義觀點（feminist approach）（Yick, 2001; Yllö, 1999）。這兩個理論觀點分別來自不同的學術陣營，前者主要是以家庭社會學的代表人物 Murray Straus 和 Richard J. Gelles 等人爲主；後者，則是以女性主義理論學家，包括：Emerson R. Dobash、Russell P. Dobash、Linda Gordon、Lena Dominelli 和 Bary W. Wilson 等人爲核心。

（一）家庭暴力理論

家庭暴力論的觀點主要是運用社會學的功能論與衝突論之觀點，來說明婚姻暴力的現象，這些理論觀點包括：系統理論（general system theory）、資源論（resource theory）、交換或社會控制論（exchange/social control theory）及次文化論（subculture of violence theory）等。基本上，家庭暴力論的

觀點主張所有的家庭成員都可能是家庭暴力的幫兇，同時也都有可能成為家庭暴力的受害者，因為暴力是源自於社會文化規範及核心家庭結構，不斷弱化了原有的支持系統所導致的結果（Kurz, 1993）。

根據 E. Stark 和 A. Flitcraft（1996）的觀察，英、美兩國對於受暴婦女身體權益保障的發展經驗，其實是受到社會主流對婚姻價值理念演進的影響。在 1950 年以前，由於受到功能學派社會學理論思潮的影響，認為「家庭和諧」（family harmony）是家庭穩定發展最基本要素；而女人最主要的角色與功能，就是有效的經營家計及滿足家庭成員的情緒需求。從功能論的觀點而言，婚姻暴力之所以發生，乃是夫妻之間的互動與溝通不良所致，無關乎性別角色與權力結構。

M. A. Straus 和 R. J. Gelles 兩人則是從衝突論的觀點說明婚姻暴力的現象，他們認為「家庭」本身就是一個權力系統（the family is a power system），家庭中每個成員的自我決定權，其實是與其所擁有與控制的資源多寡有著密切關連。婚姻暴力的現象之所以形成，主要是與家庭結構的特質及家庭成員所經驗到的壓力，有著密不可分的關係（Gelles, 1993; Yick, 2001; Yllö, 1999）。從資源分配不對稱的觀點來說的話，缺乏資源的一方往往會比較容易經驗到壓力；當經驗到壓力之際，就比較容易會運用父權體制中慣有的權威行為，來處理家庭成員之間的互動關係，暴力於是就發生了（Yick, 2001）。Straus 與 Gelles（1986）在一項以已婚男女為訪談對象的研究中，發現婚姻暴力其實是非常普遍存在社會中的每個角落，且男對女與女對男施暴的現象是平均分配。因此，Straus 主張應將婚姻暴力稱為「家庭暴力」（family violence）或「配偶暴力」（spouse abuse），而非如女性主義者所強調的「受虐婦女」（battering women or wife abuse）。

基本上，家庭暴力觀點是結合了衝突論與功能論的觀點，強調在資本工業社會的核心家庭中，每個家庭成員都會經驗到許多的壓力，而這些壓力正

是觸發婚姻暴力的關鍵。舉例來說，當配偶正處於工作壓力、失業、經濟不穩定或健康狀況不良等壓力情境時，通常婚姻暴力發生的機率就愈高。同時，這些社會學家也指出，在日常生活中潛藏著許多的暴力因子，如：電視節目、風俗習慣或傳說故事，這些都會透過模仿學習過程，讓家庭成員習得以暴力行為來解決家庭成員之間的衝突。當家庭成員運用暴力來解決彼此之間的溝通或衝突問題時，例如父母處罰兒童，那麼兒童就會在不知不覺中，內化了這種以暴力來解決問題的模式，這就形成了所謂的家庭內的暴力循環。

　　女性主義者對於上述幾位家庭社會學學者的論述頗不以為然，認為這些論述過於簡化資本父權社會中，男性與女性是處於支配與附屬（the dominant/subordinate relationship between men and women）的權力階層關係（hierarchical power relationship）（Johnson & Ferraro, 2000; Stark & Flitcraft, 1996; Yick, 2001）。Dobash 等人（1992）就批判 Straus 和 Gelles（1986）將婚姻暴力歸因於是因為權力不對稱的關係，是一種相當曖昧不清的論調。通常，女性之所以對男性施加暴力，主要是基於自我防衛（self-defense）或自我保護；而男性對女性施加暴力，卻是基於控制（control），男性往往會透過威脅、孤立、精神虐待或暴力等手段，控制配偶的行動，讓配偶能夠順從其意願（Dobash, et al., 1992）。J. S. Gordon（1996）在對家庭暴力相關研究進行回顧之後，也發現這些研究者普遍都將個人利益和性別利益混在一起討論，忽略了權力的衝突其實是為了維護某種既定的社會關係或社會秩序。

（二）女性主義理論

　　在二次世界大戰之後，因為經濟發展趨勢使得女性有機會參與就業市場，由於經濟自主使得女性得以擺脫傳統家庭的枷鎖。到了 1960 年代初期，許多女性主義者，如 B. Friedan（1963）等人均指出：婚姻暴力乃是源自婚

姻關係中性別權力結構不平等所致，在社會普遍瀰漫的「男優女劣」及「男主外、女主內」的性別價值觀下，如果女性要追求自我實踐，就必然會挑戰傳統性別角色與權力不平等的事實，所以婚姻衝突是女性追求獨立自主過程不可避免的事實。這種婚姻中兩性權力不平等的事實，讓男人有了合法權力透過暴力行為來控制女人，這種婚姻暴力的現象，其實是反映了父權社會結構中兩性權力不平等的事實，而暴力正是男人用來延續其在資本社會中的社會地位的手段（陳芬苓，2001）。

當 1976 年 Martin 撰寫了婦女防暴手冊時，就清楚的指出：暴力是丈夫用來達成婚姻關係中支配的手段。這樣的論述觀點，也隨著反婦暴運動的推展，而對婚姻暴力的現象有了更深入、更寬廣的詮釋與分析。基本上，女性主義對婚姻暴力的論述，是建立在「權力」（power）與「性別」（gender）兩個核心觀點（Yllö, 1999）。在資本父權社會中，這種男性支配的意識型態，會受到既存在的經濟、社會和政治的結構不斷強化而益形鞏固。在父權社會中，對整體社會資源的支配力，往往會受到特定因素的影響，而形成執優或執劣的傾向，進而影響所處的社會地位（Yick, 2001）。簡單的說，這項特質變項就是「性別」，也就是生物性別的特質往往決定了一個人的社會地位。

女性主義者認為，無論是從歷史發展觀點或目前制度規定，某種程度都是鼓勵丈夫運用暴力方式來控制其配偶。在人類社會發展的歷史中，處處可看到社會規範是縱容著男性運用暴力來控制配偶。同時，由於資本經濟結構的演變，使得女性很難在權力資源分配不平等的就業市場中，達到追求獨立生活的目標，使得許多受虐婦女在遭受婚姻暴力之後，只好持續這種婚姻暴力的關係（Kurz, 1993）。許多女性主義者倡導從解構的觀點，批判傳統社會學者過度強調價值中立的立場，來分析婚姻暴力的現象，導致忽略了女性在資本父權社會中的邊緣與不利情境（張盈堃，1998）。這些女性主義者也

都進一步建議，任何婚姻暴力防治法或相關制度的建立，都必須要建立在幫助受虐婦女達到獨立生活目標為宗旨，才能真正幫助受虐婦女遠離暴力（Pagelow, 1987）。

在 1970 年代中期之後，歐美國家就陸續成立了婚姻暴力防治網絡，提供給受虐婦女緊急庇護與支持性服務。女性主義者也都主張，國家公權力必須適度介入婚姻暴力的關係，並且透過法律及制度的建立，來改變兩性在權力資源分配不平等的事實。在過去二十多年來，美國雖未制訂單一的家庭暴力防治法規做為推動婚姻暴力防治工作之參考；不過，各州都能依據需要制訂相關法規，這些法令大都散見於《民法》、《刑法》、《民事訴訟法》、《刑事訴訟法》及其他法規中（高鳳仙，1995）。美國對於婚姻暴力防治工作相關法律之修訂，大都能考量受虐婦女本身對居住場所不同的需求。舉例來說，婦女在遭受婚姻暴力時，往往都會有接受緊急庇護、遠離原來住所或回到原來住所等三種不同選擇，針對每一種選擇，法律都制訂了完善的保護與配套措施（Johnson & Ferraro, 2000）。

然而，女性主義者也觀察到，在婚姻暴力防治工作的推動上，許多時候國家機器總是站在男性這一邊，透過合法機制的過程，強化了原有的「男主外、女主內」的家庭價值觀，成為了父權體制的共犯結構。基進女權主義者就曾批判政府因此遲遲不願提供受虐婦女相關支持服務，即便提供了，這些制度或服務內涵也總是不具有性別敏感意識。舉例來說，許多女性主義研究者（Kurz & Stark, 1988; McLeer, et al., 1989; Pagelow, 1987）就觀察到，警察、醫療與司法體系等國家機器，對公權力介入婚姻暴力，是採取不支持、不配合的立場，而第一線工作人員性別偏見的態度，更成為不易改變的事實。

社會學者對於上述女性主義的論述，也提出了批判觀點。Gelles（1993）就認為，從女性主義的觀點來論述婚姻暴力的問題，的確具有許多優點，不過卻也有其限制。Gelles 認為女性主義最大的優點，就是理論觀點

本身隱涵著強烈的「實踐」（praxis）與「倡導」（advocacy）的理念；其次，理論觀點相當多元，卻又能鎖定性別不平等的核心主軸；最後，能運用社會學的想像、社會事實和社會學架構，來分析婚姻暴力的現象。然而，從Gelles的觀點而言，女性主義只能像遠距攝影一樣，著重在父權意識型態的變項，卻無法提供廣角解釋。當然，Yllö（1999）及Yick（2001）對此都提出了回應，她們指出所謂「父權意識」（patriarchy），絕對不是一個單一變項，它是由相當複雜、相當多重的意義所組合而成。

二、婚姻暴力相關研究

在文獻回顧的第二部分中，我將討論重點擺在兩個部分。第一部分著重於台灣家庭暴力防治制度建立之前，有關學者與專家所做的相關研究報告與論述；第二部分則是偏重於台灣家庭暴力防治制度建立之後，有關學者與專家所做的研究報告之整理。

（一）家庭暴力防治制度建立之前

在1999年家庭暴力防治制度建立之前，台灣本土有關婚姻暴力之研究，明顯的偏重於個人心理與社會互動兩個層次之議題。當時，大多數研究者所運用的理論觀點，都以心理學的理論觀點為主軸，雖有少部分研究者會從文化結構觀點來討論婚姻暴力的現象，不過都不是以女性主義的理論觀點為主軸。假如研究者是以個人心理或社會互動觀點，來探討婚姻暴力的現象，那麼整個研究的重點，將會將婚姻暴力問題歸因於個人問題，而非社會結構的困境。就某種程度而言，台灣研究的論點是跟隨著歐美國家的發展經驗。在早期，主要是強調認知心理學與家庭互動關係（武自珍，1997；洪文惠，1998；陳若璋，1992；湯琇雅，1993；劉可屏，1987；魏英珠，1995）。後來雖陸陸續續有部分研究報告，運用社會文化結構觀點來探討婚姻暴力的

現象（王麗容，1995；李佳燕，1998；周月清，1994；彭淑華，1997；黃志中，2000）。不過，大多數是偏重於婚姻暴力防治制度之運作功能與輸送網絡之服務成效的探討，而不是以女性主義的「性別」與「權力」的論述為主軸。

在家庭暴力防治制度建立之前，曾以女性主義觀點論述婚姻暴力現象之文章有三，分別是呂寶靜（1992）的〈如何結合社會資源，加強婦女保護工作〉，林佩瑾（1998）的〈女性主義社會工作的實施與婚姻暴力防治〉，以及劉惠琴（1999）的〈婚姻關係中的衝突——女性主義觀點看夫妻衝突與影響歷程〉。可惜，這三篇文章分別運用女性主義觀點探討保護工作、婚姻暴力迷思與婚姻關係中的衝突，卻止於概念式的討論，並未對《家庭暴力防治法》通過與制度建立前後，對婦女所產生的衝擊與影響進一步深入分析。

整體而言，三位都能從「權力」與「性別」的觀點，深入論述兩性在現階段社會中，由於資源分配不平等所導致女性被邊緣化或處於社會不利地位的事實。舉例來說，呂寶靜（1992）就認為婚姻暴力現象，其實是反映出夫妻資源和權力分配不平等的關係，當社會上普遍瀰漫著兩性權力不平等的價值觀時，往往容易導致夫妻資源權力分配不均，且容易讓女性配偶成為受害者；同時，性別階級化的外在社會環境，卻又進一步阻礙了女性追求獨立生活的機會。林佩瑾（1998）則是進一步將女性主義的理念運用到婚姻暴力實務工作過程，她認為實務工作者可以由四個層面介入，包括：1.對性別和權力結構之關係的解釋；2.對婚姻暴力是屬於公領域或私領域的分析；3.深入瞭解女性受虐之生活經驗；4.挑戰現有體制的行動策略。

（二）家庭暴力防治制度建立之後

在 1999 年家庭暴力防治制度建立之後，台灣本土有關婚姻暴力問題之探討，無論是議題取向、研究方法或理論觀點，都傾向多元發展的局面。就

研究議題而言，不再局限於以受虐婦女為研究主軸，反而能擴展到目睹兒童與施虐者（王燦槐，2000，2001；林明傑，2000，2001）；同時，研究的取向也不再以婚姻暴力的流行率或因果關係為主題，反而能深入評估受虐婦女在接受不同的支持性服務方案的協助後之成效（沈慶鴻，2001），或探討不同族群婦女遭受婚姻暴力之經驗（黃淑玲等，2001）。

在此一階段中，由於婚姻暴力防治制度已建立，所以許多研究報告或相關討論，均偏重於資源網絡與制度層面的探討，深入說明不同專業，在提供受虐婦女相關服務過程之經驗及可能面臨的困境。舉例來說，黃志中（2001）與阮祺文（2001）兩人，主要是從醫療專業人員的立場，深入說明醫療人員在提供受虐婦女，相關醫療處置服務的過程之經驗與困境；高鳳仙（1995）與黃翠紋（1999）則是從司法與警政之立場，說明歐美國家婚姻暴力防治相關法令的演進，及警政在婚姻暴力防治工作推動的角色與重要性。

在 1999 年之後，大多數探討婚姻暴力現象的研究報告，都是以女性主義的理論觀點為主軸。黃怡瑾（2001）在〈婚暴中的權力控制──個人自覺與社會結構的互動歷程〉主要是運用團體談心的方式，針對六名受虐婦女，持續進行了六次小團體互動經驗，協助婦女透過團體經驗分享過程，達到自我剖析與尋求脫離暴力的動力。根據研究結果，黃怡瑾指出性別是這些受虐婦女家庭的權力核心關鍵，為了維護家庭中的性別位階及男尊女卑的互動模式，暴力控制的策略應運而生；所以受虐婦女的存在，其實是突顯出台灣整體社會中，性別權力結構失衡的社會問題。

另外一篇以女性主義觀點切入婚姻暴力議題之論述，則是偏重於理念式的探討，《家庭暴力防治法》背後所隱涵的性別意涵。許雅惠（2001）在〈家庭暴力防治──性別化的政策分析〉一文中，就針對台灣在 1998 年通過的《家庭暴力防治法》之內涵，及各縣市家庭暴力防治中心之運作模式進行分析。許雅惠清楚的指出：《家庭暴力防治法》雖有誠意，但缺乏性別敏

感。由於法令本身缺乏性別意識，使得各專業人員在提供受虐婦女相關支持性服務過程，往往對婚姻暴力可以進行自我表述；更因為工作人員對於婚姻暴力現象缺乏性別敏感，所以容易造成對受虐婦女的二度傷害。

　　誠如 M. Lavalett 和 A. Pratt（1997）所言：社會政策主要的目標就是在解決社會問題與滿足需求，而政策對問題的界定往往影響政策之目標與內涵，進而影響政策目標人口之福祉；通常，政策本身對於問題的界定，背後必然隱藏著一套主流價值偏好與價值意識。Quinn（1996）曾運用深度訪談法，深入探討美國社區心理衛生法（The Community Mental Health Centers Act, CMHC），在立法通過與制度實施之後，「去機構化的社區照顧」的價值導向，對兩性互動與女性生活經驗的影響；研究結果發現，雖然政策立法制訂與實施過程是建立在價值中立的假設基礎之上，可是實施結果卻進一步傷害了女性爭取平權和對自我生活控制的努力。

　　目前對社會政策的分析，大多建立在價值中立的基礎之上；事實上，任何社會政策的制訂與立法，對男、女兩性關係，都會造成不同程度的影響。Pascall（1997）曾深入觀察女性與國家政策互動的經驗，發現唯有深入探討社會政策背後所隱藏的性別角色和性別意識，是如何影響女性日常生活中之經驗，才能深入瞭解女性在現代福利國家的生命經驗。所以許多女性主義社會福利學家（Pascall, 1997; Woodward, 1997），都呼籲研究者對於婚姻暴力現象之探討，應重於父權家庭制度與受虐婦女的互動經驗。

　　綜合上述的討論，本研究將借用女性主義對婚姻暴力的論述，並著重於「性別」與「權力」的互動觀點，深入分析 1990 年代十年期間，台灣媒體對於婚姻暴力事件報導過程中，所呈現的性別價值意涵。並透過女性主義對性別的身體政治的論述觀點，檢視在 1999 年各縣市家庭暴力防治中心成立之後，在第一線提供受虐婦女相關服務之社會工作人員，如何詮釋婚姻暴力中兩性互動的關係，及其性別意識如何影響其專業關係之建立與專業服務之提供。

參、研究方法

　　本研究主要是運用女性主義的理論觀點，結合了質性研究的檔案分析法，深入分析台灣的媒體對於婚姻暴力事件報導的過程，所呈現的性別價值意涵；並運用深度訪談法，深入瞭解在第一線提供受虐婦女緊急庇護與支持性服務的社會工作人員，對婚姻暴力中兩性互動關係的詮釋，與其性別意識如何影響專業關係之建立與專業服務之提供。

一、研究對象

　　在本研究中，主要的研究對象有二：媒體報導資料與北、高兩市家庭暴力防治中心之社會工作人員。以下分別針對研究對象與抽樣方式，分別說明如下。

（一）媒體報導之文本資料

　　媒體報導之資料，主要是以 1990 年到 2000 年這十年期間，中央通訊社簡報資料庫漢珍系統所蒐集有關婚姻暴力相關之報導內容為主。因此，本研究中有關媒體報導的母群體，主要是運用與婚姻暴力相關之名詞或社會事件，如：「婚姻暴力」、「彭婉如」、「鄧如雯」與「受虐婦女」等關鍵字（keywords）；並將資料搜尋期間設定在 1990 年到 2000 年此十年，做為搜尋本研究之媒體文本資料的基礎。

　　研究者運用上述關鍵字或事件與時間兩項標準搜尋資料，初步結果如下：

1. **關鍵字**：若以「婚姻暴力」為關鍵字，加上設定搜尋時間為 1990 年到 2000 年，共得 163 筆媒體報導資料；若以「受虐婦女」為關鍵字，加上設定搜尋時間為 1990 年到 2000 年，共得 12 筆媒體報導資料。

2. **事件**：若以「鄧如雯」為關鍵字，加上設定搜尋時間為 1990 年到 2000 年，共得 21 筆媒體報導資料；若以「彭婉如」為關鍵字，加上設定搜尋時間為 1990 年到 2000 年，共得 345 筆媒體報導資料。

從上述結合關鍵字／事件與年代的查詢，共得 541 筆媒體報導資料。不過，由於在「婚姻暴力」關鍵字查詢中，有 4 筆資料與以「鄧如雯」事件查詢的結果重複，故加以刪除。因此，在本研究中媒體文本資料分析之樣本數，共為 537 筆媒體報導資料。

（二）訪問對象

除了媒體報導的文本資料之外，研究者同時也對北、高兩市從事婚姻暴力防治工作之社會工作人員，進行深度訪談。由於北、高兩市是目前台灣在推動婚姻暴力防治工作成效最為卓著的縣市，加上服務量大，使得社會工作人員接觸受虐婦女的經驗較多；因此，本研究運用理論性抽樣方法（theoretical sampling），針對台北市與高雄市家庭暴力防治中心 9 位社會工作人員，進行相關資料之蒐集工作，以便深入瞭解在第一線提供受虐婦女相關服務之工作人員，對婚姻暴力問題的看法及其性別意識與受虐婦女服務之關係。

在研究對象的選擇過程，研究者希望能在服務年資、性別與教育等因素上平均分配；因此，在訪談對象的選擇過程，曾與北、高兩市防治中心的資深督導與主任詳細討論，挑選適當之受訪對象。在本研究中，共訪談了 9 位社會工作人員，其中，5 位社會工作人員服務於高雄市家庭暴力防治中心，

3 位社會工作人員服務於台北市家庭暴力防治中心，而另 1 位社會工作人員則是服務於台北市某婦女福利機構。

　　這 9 位受訪之社會工作人員，均來自社會工作專業教育背景，其中，有 5 位社會工作人員具有碩士學位，而 4 位具學士學位。9 位受訪社會工作人員中，有 2 位男性，而女性則有 7 位。其中，已結婚者有 4 位，而尚未結婚者有 5 位。其中，有 4 位受訪社工員是在家庭暴力防治中心成立之前，就已在相關婦女福利機構或單位工作了一陣子，由於個人興趣或單位調動而服務於防治中心。有 5 位受訪社工員，是在 1999 年 6 月防治中心成立之後，因緣際會進入了防治中心工作。

二、資料蒐集方法

　　本研究除了針對 1990 年代十年期間之媒體資料，進行文本分析（textual analysis）之外；同時，也運用深度訪談法（in-depth interviewing），訪談了 9 位高雄市與台北市家庭暴力防治中心之社會工作人員。整個資料蒐集過程分成二個階段；在研究過程的前四個月，主要是蒐集媒體報導資料，並進行文本資料分析；在研究的後八個月，則是進行訪談大綱之設計，與實地進行訪談資料蒐集的工作。

　　本研究之訪談大綱乃是根據研究之目的與問題，並參酌相關之文獻資料內涵設計而成。訪談大綱之內容包括：個人成長過程中家人對性別角色的期待與規範、成長過程兩性互動的經驗、選擇進入防治中心工作的機緣、提供受虐婦女相關協助的經驗、實務經驗中對婚姻暴力的詮釋與看法、從事婚姻暴力防治工作的困境與限制、目前《家庭暴力防治法》與制度之建議等。在完成訪談大綱設計工作之後，主動與北、高兩市家庭暴力暨性侵害防治中心的主任與督導聯繫、討論；在獲得主任與督導同意協同研究之後，並進一步溝通有關選樣指標，再由督導與主任告知可接受訪談之社會工作人員；最

後，研究者親自與受訪之社會工作人員取得聯繫，並約定訪談時間；所有訪談工作都是在防治中心之會談室完成。

在整個訪談過程中，為了讓受訪者能在自然、不受拘束的情境下，談論自己的經驗和看法，所以整個訪問過程，採取開放方式進行。在訪談開始之時，研究者會先說明訪談的目的、訪問的問題重點、可能花費時間長短，以及訪問資料未來的使用。同時，也說明訪談過程全程錄音之需要，在徵求受訪者同意之後，整個訪談過程採全程錄音方式，在訪談過程中研究者只是做重點式的摘要記錄。

三、資料分析

資料分析主要分為兩個階段：媒體文本資料與訪談逐字稿資料分析。媒體報導之文本資料分析，主要是針對上述 537 筆媒體報導之文本資料，進行逐一檢視與閱讀的工作。首先，先將每一筆報導資料，依據時間先後順序排列；然後，再針對每一則媒體報導資料進行開放性譯碼分析工作（open coding）。在開放性譯碼分析工作的進行過程，研究者先針對每一則媒體報導內容，逐一檢視是否具有性別意涵的文字；然後，再進行「概念」（concepts）或「主題」（themes）之萃取工作；最後，再針對不同媒體報導的內容進行比較分析，以瞭解媒體是如何建構婚姻暴力的圖像。

訪談逐字稿之文本資料分析是與資料蒐集同步進行，訪談資料蒐集主要以資料的飽和為判斷基準。首先，研究者將訪談錄音帶逐字轉譯成文本（texts）資料，再進一步將訪談之文本資料進行開放性譯碼分析。在文本資料之開放性譯碼工作進行過程，研究者首先對每個受訪者之訪談文本資料，進行「概念」或「主題」之萃取工作；然後，再進行跨個案的比較分析，逐一將概念或主題進行檢視、比較、對照分析，透過概念化過程發展出理論性的主軸概念（categories），做為建構社會工作人員對婚姻暴力的性別政治之基礎。

肆、媒體建構下的婚姻暴力

1990 年代對台灣婦女運動而言，可以說是一個關鍵的時期。家庭暴力防治工作的推動與相關制度的建立，的確將婦女人身安全帶入了另一個里程碑；然而，家庭暴力防治制度的建立，是否改變了社會大眾對婚姻暴力的看法，卻是耐人尋味，也值得觀察之事。媒體報導或許可以提供給我們，另一扇通往瞭解社會大眾如何詮釋婚姻暴力現象之窗。

一、家庭暴力暨性侵害防治中心建立之前

在《家庭暴力防治法》通過之前，台灣社會對於婚姻暴力現象的詮釋，呈現有趣的現象。每當有婚姻暴力事件發生時，媒體幾乎傾盡全力想要找出婚姻暴力的「元兇」；然而，最後總是來一個「萬法歸宗」，將婚姻暴力歸因於兩性關係的不和諧，而兩性關係不和諧又是導因於不良社會風氣的誘惑。

當時只有少數學者，如陳若璋等人，在長期研究婚姻暴力現象之後，透過媒體說明婚姻暴力的本質。不過，大多數人對婚姻暴力現象的關注，都是源自於閱讀媒體對於鄧如雯殺夫或彭婉如被殺事件的報導之後的回應。除此之外，媒體對婚姻暴力的詮釋，較偏重於個人特質或兩性互動關係不良所致。綜合歸納，這些因素包括職業、人格特質或溝通技巧等；藍領階級是發生婚姻暴力的主因；家庭主婦由於長期缺乏與外界互動，也會導致婚姻暴力；而不穩定的人格特質及不良嗜好，都被視為是婚姻暴力發生的元兇。

◆北婦公布婚姻暴力中之施、受虐者之職業類型，指出施虐者以商及自營者居多，而受虐者以家管居多。社工督導說家庭婦女遭到婚姻暴力，因與外界接觸少，且缺乏資源，往往將將委屈往肚裡吞……應利用社會資源自我成長，遇到婚姻暴力最好不要拖延。（中時，1991.4.12）

◆台北市社會局針對個案分析，發現二分之一以上是個人因素如酗酒、賭博、不良嗜好或粗暴性格，其次才是兩人溝通不良。（中時，1991.9.10）

◆北婦社工督導指出，社福機構提供受虐婦女相關之服務只是事後補助工作，要根本解決婚姻暴力發生，必須從教育著手，讓男女有正確認識。（中央，1991.9.6）

在解嚴之後，台灣社會呈現多元風貌。當開放的社會可以讓女性透過教育與工作過程，來改變既有的性別權力資源分配模式時，卻挑戰了男性在社會中的優勢地位，為了面對自己在兩性關係的失控，暴力就是最好的控制手段。在 1992 年，陳若璋曾透過媒體報導指出，由於現代社會打破了過去傳統社會中「男主外、女主內」性別角色的互動模式，這個變遷趨勢，讓許多男性無法接受，最後才會導致婚姻暴力問題。

◆陳若璋針對國內婚姻暴力狀況進行研究指出，父權意識的形成也直接、間接促進婚姻暴力產生。……家中成員父權意識高時，家庭暴力可能性就愈大。成員愈是有父權意識，愈相信過去的禮教神話，如從一而終，就很難去考慮對方是否為合宜對象，而存有高度刻板印象角色概念的丈夫，較難接受現代婦女角色變遷。（中時，1992.7.17）

在 1993 年鄧如雯殺夫事件發生前，媒體對婚姻暴力現象的報導，可以說是少之又少，即使報導了也不深入。通常，媒體總是將婚姻暴力現象，片面解釋為台灣社會中、下階層人士的專利，完全漂白了高知識份子及白領階

級的形象。不過，在鄧如雯殺夫事件到 1998 年《家庭暴力防治法》通過這一段期間，有關婚姻暴力的報導卻是呈現急速成長的趨勢，且報導的內容也呈現多元觀點。然而，媒體對婦女被殺與殺人的報導，完全是運用雙重標準來加以報導。對於殺夫事件的報導，媒體往往傾向於婦女殺夫不是為了錢、就是感情出軌，而讓這些婦女揮刀殺人的根本原因，就是因為當前社會中女權高漲所致。

◆由台灣地區近年來殺人案分析殺夫動機，主要是情財兩殺：財殺屬謀財害命型，如殺夫奪產或保險金；情殺則是一方移情別戀，一氣之下取走負心郎性命。但在女權高漲之下，婦女不甘婚姻暴力威脅，便時時有太太殺夫反制暴力的駭人事件。（聯合，1994.2.17）

　　無論是婦女被殺或殺人事件，媒體的報導總是殊途同歸，將婚姻暴力歸因於是女性個人行為欠檢點所致，明顯的落入了「責備受害者」的框框中。舉例來說，媒體對於女性殺夫事件的報導，傾向於歸因女性愛慕虛榮或感情出軌；然而，對於在婚姻關係中女性被殺事件的報導，卻也如出一轍將之歸因於女性本身的衣著或言行不當，才導致殺禍臨身。從媒體對彭婉如遇害事件的報導中，不僅可以印證上述性別偏見的觀點，同時更突顯出當時社會中普遍瀰漫的父權保守論調，是如何透過媒體公器的運作，對女性的言行舉動進行毫不留情的審判，這種「責備受害人」的論調，往往形塑出對女性身體自主箝制的機制。

◆……婦女團體也指出，對彭婉如案，媒體及部分男性出現彭婉如「衣著鮮豔、略帶酒意」或是「那麼晚了還敢搭計程車」等指責，要求女性要安全就得自我撿點。但是，社會該深思的是「誰剝奪了女性的夜行權？」該囚禁的是為非作歹的男性，而不是把女人囚禁在家裡，限制女性的行動權。（聯合，1996.12.5）

　　另一個值得觀察的現象是，1994 年之後，媒體對於婚姻暴力現象的報
導，開始由個人因素轉向社會價值變遷的探討。好笑的是，我們可以進一步
從媒體的報導中，看到一齣齣荒謬可笑的性別政治鬧劇。許多平日並不怎麼
關心婦女身體權益的男性政客，此時卻又跳出來在媒體中高談闊論，指出社
會價值扭曲才是導致婚姻暴力的主因。在這些政客的眼中，那些所謂好的、
優良的傳統價值，無非就是傳統父權社會中所依持的「父慈子孝、兄友弟
恭」「男主外、女主內」的性別分工架構。這些媒體的報導，總是讓我覺得
好似走入社會學功能派的論述中，家庭和諧是社會穩定發展的基礎，而女性
則是永遠要扮演家中那位溫婉嫻淑的良妻。除了傳統家庭倫理觀念淪喪之
外，現代社會中兩性自由戀愛的愛情觀，也被指控為是導致婚姻暴力的元
凶。

◆兒童、婦女保護專線指出，多年來「甜蜜家庭」這首歌一直為人所傳唱，
　但隨著社會的變遷，不少家庭卻愈來愈走樣，雖然家家有本難唸的經，
　但身為家庭支柱的夫婦，在面對難題和意見不合時，應該相互溝通支持，
　共同尋找解決之道，而不是將暴力發洩在配偶身上，唯有在婚姻中彼此
　成長，才能再創幸福美滿的家庭生活。（中華，1998.2.23）
◆社會局長陳光榮表示，婦女受虐原因相當複雜，夫妻感情不睦、生活壓
　力、經濟問題都是原因之一，另外值得注意的是年輕受虐婦女有日益增
　加的趨勢，這和時下年輕人「速食愛情觀」有關連，年輕夫婦在衝動下
　結婚，婚後才發現個性、觀念不合，婚姻暴力也就層出不窮。（中時晚
　報，1998.6.2）

　　無論是 1990 年代的初期或中期，媒體對於婚姻暴力現象的報導，幾乎
一面倒的從功能論的家庭暴力觀點，來剖析婚姻暴力的成因與影響，明顯的
忽略了婚姻關係中兩性權力不平等的事實。除此之外，衝突論的觀點也不時

映照在婚姻暴力的論述中。資本工業社會中，雙薪核心家庭面對外界人際與工作的壓力，往往成為婚姻暴力的觸媒；而暴力與色情的電視節目與錄影帶，更是對婚姻暴力起了不良的示範作用。

◆民進黨立委蔡煌瑯、陳其邁在立法院與行政院記者會指出，充滿暴戾、色情的不良港片，已淪為重大刑案的教學錄影帶……任何人一打開電視就輕易觀看到，容易對青少年，甚至成年人產生不良影響……。（中時，1996.12.7）

◆廖正豪指出，近年來接二連三重大刑案，應該是過渡時期現象。……這些不法份子不是因為活不下去才犯案，最主要的原因是價值觀扭曲，相信過渡時期之後，社會應該會回歸正常秩序。（聯合，1997.4.29）

◆彭婉如基金會及多個社區媽媽治安委員會昨天召開記者會，指責媒體色情暴力氾濫才應為近來兒童及青少年的殺人案件負責……。（台灣新生，1998.4.3）

許多時候，婚姻暴力也會淪為政治人物炒作議題的工具。當政治人物為了炒作媒體關注或執政焦點之議題，總是不著痕跡的將婚姻暴力議題，與其他社會議題連結一起。這種搭便車的詮釋方式，透過其高曝光率的影響之下，往往對婚姻暴力現象做了最壞的詮釋，同時也扭曲了婚姻暴力的本質。舉例來說，在檢討婚姻暴力推動成效的時候，首長卻輕易的轉換到打擊色情行業與色情報導的方向。如此做法，不只無法協助社會大眾認清婚姻暴力的本質，同時更容易誤導社會大眾以為婚姻暴力是受到觀賞太多色情影片所致。

◆馬英九聽取完婚姻暴力相關之簡報後，要求各相關單位對於報紙刊登誘導性的色情廣告，應依法處理，以免青少年誤入陷阱。馬英九強調要以

雷霆萬鈞之勢打到色情業者抬不起頭來，也要將刊登色情廣告檢視為共犯，強力掃蕩色情業者。（台灣新生，1999.6.1）

在此一時期中，有許多學者與實務工作者也進一步觀察到，以男性父權思維所建構的《民法》親屬篇，往往成為女性在遭受婚姻暴力之後，選擇遠離暴力關係的絆腳石。然而，在傳統勸和不勸離的婚姻價值觀之下，卻又看到法律對男人與對女人，根本是採取雙重標準。

◆ 陳若璋指出，形成婚姻暴力的原因之一就是「處女情結」，在婚前被強暴了就以為解決之道就是嫁給他，遮羞。……許多婦女在婚姻中苦不堪言，並不是不想跳出來，而是逃不掉，《民法》對判決離婚採高標準，許多婦女根本被卡死，除非被打死或殺夫，否則逃不出去。（聯合，1994.3.6）

◆ 婦女新知基金會組織部主任指出，從《民法》熱線諮詢中，婦女新知基金會已可歸納出「從夫居」衍生出的「合法休妻三部曲」，一開始不外是丈夫外遇，進而打太太，再去告太太「不履行同居義務」……。（聯合，1998.4.11）

◆ 馮燕表示：很明顯的女性在婚姻中仍是絕對弱勢，而且女性提出離婚訴訟成功率遠低於男性提出者。（中時，1991.9.10）

從上述媒體資料分析中，我們可以看出在《家暴法》通過之前的媒體，似乎亟欲扮演揪出婚姻暴力元兇的偵探家，透過各種脈絡抽絲剝繭，企圖說明「婚姻暴力」究竟是如何產生的。婚姻暴力果真是一個難以理解的現象嗎？套一句女性主義的語言：雖然，婚姻暴力本身是一個複雜的現象；不過，只要我們將「性別」和「權力」兩個因素納入詮釋架構，那麼婚姻暴力就不再是一個難解之謎。很可惜的是，受到父權意識污染的媒體人，是沒有多少人有性別敏感的反省能力，往往用複製的思維來報導婚姻暴力事件。

二、家庭暴力暨性侵害防治中心建立之後

到了 1999 年 6 月，各縣市建立家庭暴力暨性侵害防治中心之後，媒體對婚姻暴力的社會學功能論的論述觀點，是否有任何的改變呢？在媒體文本資料分析中，我們觀察到在防治中心成立之後，媒體對婚姻暴力的報導，明顯的呈現迴然不同的態度。在家庭暴力防治制度建立之前，媒體可以說是罹患了集體焦慮症，強迫式的要找出婚姻暴力原因，並且努力創作出一幅「現代模範妻子」的角色範本，歌頌傳統三從四德婦德的可貴。然而，在防治中心成立之後，這種集體焦慮症突然消失了；取而代之的，卻是積極扮演檢警把關的角色，積極監督婚姻暴力防治網絡中各種角色與功能是否充分發揮。

整體而言，台灣的家庭暴力防治制度的建立，可以說是相當弔詭，而家庭暴力防治制度的建立，大致可以用「倉促成軍」一詞來形容。這種趕鴨子上架、由上往下推動的方式，迫使各縣市家庭暴力防治中心在人力、經費與經驗皆不足的情況下，勉強實施運作，結果卻處處鑿痕可見。在此一時期，媒體的報導傾向於事實的陳述，大都著重於探討家庭暴力防治工作推動成效不彰及服務品質令人擔憂的現況。

◆《家庭暴力防治法》施行約七個月，婦女團體對於警察機關、法院執法成效抱怨連連，由於缺乏專人專責，各地警局執行成效不一，落差很大……婦女救援基金會研究員指出，警察機關受理受暴個案的數量有逐月遞減的趨勢，但她認為數量不是重點，反倒是法院核發保護令之後，警察機關執行保護令的態度太過消極被動，以致保護令發揮不了太大功能，形同虛設。（民生，2000.1.27）

◆……宣傳與人力均不足，受虐婦女不知向何處求援，警政單位也多不願插手處理……。（台灣新生，1999.4.17）

◆……防治家暴，錢景堪憂，受限地方財政困難，配合執行能力打折……。（中央，1999.6.25）

《家庭暴力防治法》的實施，衝擊到的不只是防治中心的社會工作人員而已，由於相關單位透過媒體的教育與宣導，使得在短短時間內，湧向各縣市防治中心求助的個案量快速膨脹。個案量快速的增長，最直接衝擊到的是警察與醫療單位；而後續保護令的申請，卻也同時影響到司法單位。然而，體制與專業人員的行為模式，卻無法因應家庭暴力防治制度建立所帶來的衝擊與需求，而進行適度的調整，導致防治工作推動過程各種問題叢生。有趣的是，媒體此時在不知不覺中，卻又成為各項專業的代言人。

◆司法院官員表示……未來如果成立「家事及少年法院」專責辦理相關案件，法院在審理相關案件時，可以整體且兼顧家庭和諧考量，針對案件特性找出最合適的解決方式……改變傳統法院的審訊流程與形式等較富溫暖的做法，不但能夠有較周延的調查觀點處理複雜的家庭問題，並期盼藉由法院的介入調解，即時化解家庭糾紛。（民生，1999.12.30）

◆台北馬偕醫院急救加護科主任表示，該院過去平均一星期接獲兩、三例家庭暴力個案，但七個月以來大幅成長……再加上通報警政單位處理後，醫護人員還得配合警方詢問工作，平均每一個個案都要花上兩、三個小時，有時甚至影響到急診作業流程，擠壓到其他重症患者的救護工作。……對身心俱創的受暴者而言，人來人往、隱閉性不足的急診室，也不是好的庇護所……。（民生，1999.10.28）

從上述幾則媒體報導中，我們看到不同專業機構，可以從實務的立場，說明防治工作實施之後的衝擊，並點出未來可能改善的空間與策略。在此一時期中，可以看出媒體對司法、醫療與社工專業的報導，都較傾向於支持性的正面報導；不過，對第一線提供受虐婦女緊急救援相關服務的警察人員的報導，則是負面報導多於正面報導。

誠如女性主義所言，任何社會政策背後總是隱藏著特定的性別價值意

識，而在第一線提供直接服務的相關專業人員，其性別意識往往也會左右服務的內涵與品質。從媒體對於警察負面的報導中，可以說是活生生的印證了女性主義的觀點。站在第一線提供受虐婦女緊急救援及保護令執行的警察人員，受到父權意識的作祟，無法澈底落實婚姻暴力防治的理念與目標，致使防治工作推動的成效相當有限。制度成了父權體制的幫凶，形成受虐婦女脫離暴力關係、尋求獨立自主的另一個絆腳石。

◆婦女團體表示，保護令是受虐婦女及兒童所引頸期盼，但它會激怒強暴者或制止暴力發生，關鍵在於保護令的執行是否落實；如果公權力搖擺不定、墨守舊習，反而加重加害人帶來的傷害，嚴重影響此法的成敗。（中央，1999.6.24）

◆高鳳仙表示，傳統對婚姻勸合不勸離的觀念，是家庭暴力受害者最大的壓力來源，社會應該多給受害者鼓勵、尊重，讓「法不入家門」的觀念有所改變。……陳若璋呼籲從事家庭暴力防治工作的相關工作人員，要能夠加強專業知識、訓練及團隊觀念，最重要的是要在心態上能澈底改變社會上根深蒂固的父權觀念，從應如何救助受害者，轉移到如何有效制止和治療加害者。（中央，1999.6.25）

◆經實施半年後，各界對於警察在處理家庭暴力事件時始終存有部分錯誤觀念，包括將家庭暴力案件視為是家務事，與治安無關，因而輕忽，造成民眾不快；員警對被害人存有偏頗的認知，未具有兩性平權觀念，致被害人向警方求助時，反遭員警奚落；員警受理案件時，未能深刻體會被害人的處境，予以轉介或通報其他單位協助處理。（自由，2000.1.27）

家庭暴力防治制度在建立之初，是期待能充分整合醫療、警政、社政與司法等專業資源，提供給受虐婦女完善的多元服務內涵。可是，這樣的理想在碰到各自為政的官僚體系之後，卻是走得荒腔走板。整個家庭暴力防治工

作的運作，往往只是看到社政工作人員獨撐大局，其他單位可以說是應景式的被動配合。加上許多第一線的員警人員，腦中仍殘留著婚姻暴力是「家務事」的迂腐觀念，總認為婚姻暴力只是夫妻之間「床頭吵、床尾和」的戲碼，導致受虐婦女在遭受先生暴力相向，而求助於警察人員時，不是被曉以大義，就是被奚落而經驗到二度傷害。社會政策絕對是價值中立的嗎？制度建構之後兩性的問題就得以解決了嗎？從上述媒體對 1999 年台灣家庭暴力防治制度建立之後相關的報導中，卻如此真實的讓我們體驗到——兩性權力的不同是如此的無所不在！

伍、專業建構下的婚姻暴力——社會工作人員的觀點

從上述媒體報導中，我們看到媒體對於社會工作人員的報導，大都傾向於正面評價；不過，我們卻很難從媒體報導中，建構社會工作專業人員對婚姻暴力的詮釋觀點。不可否認，在婚姻暴力防治工作中，社會工作人員可以說是扮演著主要關鍵角色；不僅提供受虐婦女緊急救援與庇護之服務，同時也提供各項後續追蹤服務，協助受虐婦女達到獨立生活的目標。從女性主義的觀點，婚姻暴力防治制度的建立，並非保證兩性平權的萬靈丹；而社會工作人員本身的性別角色價值觀及其對婚姻暴力的看法，往往會影響其專業服務內涵及專業關係的建立，進而影響受虐婦女尋求獨立生活的可能。因此，透過深度訪談過程，讓我們深入檢視社會工作人員的性別意識、對婚姻暴力的看法與專業服務之關連。

一、婚姻暴力的兩性關係

　　誠如女性主義者所言，婚姻暴力是一個複雜的現象，除非我們將它放在「性別權力」的放大鏡下觀察，否則難以理解此一現象。從訪談過程中發現，這種婚姻關係中兩性權力不平等的事實，卻是不斷的被突顯出來。社會工作人員在協助受虐婦女的過程，總是看到婚姻關係中，兩性受到「家庭」牽制的程度是不一樣的。「家」對男人而言，只是生活的一部分而已，男人可以瀟灑的來去自如；然而，「家」對女人而言，卻是一個必須用盡心力去經營與維護的生活空間。

◆比較多看到的就是，先生通常都是比較自由自在，然後太太就是受限比較多……反正你就可以看到怎麼男人好像都自由自在，可以做自己的事，然後婦女花了很多力氣，不管是她的家庭或者是什麼事，她都花了很多力氣去生活，可是還是免不了，好像男人回到家如果要打妳、對妳不滿意的時候，他就可以摔碗或幹嘛的……。（受訪者5）

　　對女性主義者而言，經濟獨立是女性通往身體自主之路。可悲的是，經濟獨立卻不能讓女性免於婚姻暴力的威脅。從訪談中，我們看到「家庭主婦」是婚姻暴力的最大受害族群，而實際上「職業婦女」遭受婚姻暴力的比例也不低。傳統「男尊女卑」的性別角色觀念，深深影響這些在經濟上稱得上是獨立自主的女性，必須屈就在配偶暴力的威脅下；而面子文化對「離婚」所塑造出的污名化，使得女性唯恐自己必須背負起破壞家庭完整的罪名。

◆其實我那邊還有一大部分就是先生不工作，就靠老婆養……有些根本就是吃定老婆，因為有人養家養慣了，他會說：「如果妳不繼續養，要離開的話就會殺妳全家……」像我們這樣的個案都是因為先生厚臉皮，就

這樣來著，可能他本身也常會用一些言語恐嚇；會這麼心甘情願去養一個家的那些案主，通常也都比較是書念的沒那麼多，也比較傳統一點，她覺得嫁到這個老公，老公跟她要錢，她可能就是給嘛！又配合先生的言語恐嚇，這麼久下來，她就會覺得其實先生好像天一樣。（受訪者 9）

◆我是覺得……她們……還是有一個迷思想說，我如果提出離婚，我就是破壞這個家，那就對不起孩子，也許是這樣子，那她們想說孩子都還沒有成家立業，都還沒有成家、結婚，台灣人都有的這種觀念，父母都要在、都要有，把家裡的孩子都養成了，這種狀況，才是完成了當父母的一個任務，我在想應該是這樣子啦！（受訪者 4）

在「男尊女卑」「男爲天、女爲地」的父權社會中，男人的尊嚴往往都是建立公領域中事業成就的基礎，而女人的尊嚴卻是無關乎她個人的努力或社會成就。無論女人在公領域的表現如何，女人永遠只是男人的附屬品，男人就像是放風箏者，永遠掌握著風箏的命運。「語言威脅」與「暴力」就成爲男人施展其雄性權威最佳的表現方式。

◆不會因為她們是不是成功的女人，原因是不是一樣，其實大概就是那種男生想要控制她的女孩子嘛，而且特別是妳在外面有成就的啦，他就會吃定妳的；或者是說，他覺得妳在外面很棒，他在家裡更要把妳控制到滴水不漏。（受訪者 7）

◆有工作在職場的人，她的生活圈就會比較廣，她先生可能懷疑她有外遇，比較容易因為太太的人際關係或是先生本身的那種……就是他可能從這部分或者是金錢部分，去跟太太發生衝突。然後，在家裡的，就可能是太太不聽話，控制慾之類的……。（受訪者 9）

在父權社會中，女性身體「物化」的現象比比皆是。婚姻關係則是父權

意識與社會制度充分結合，展現對女性身體合法操控最具體的典範；而婚姻暴力只不過是父權社會中，男性宰制女性的一種方式而已。從Foucault的觀點，婚姻暴力是現代社會，人類經由綿密的、理性的設計過程，將父權意識融入家庭制度中，合法化男人對女人身體的控制。從社會工作人員訪談中，可以看出暴力是男人展現其「權力」與「控制」的最佳方式，受虐婦女經常被視為是施虐者的財產，施虐者可以為所欲為的將受虐婦女視為是出氣孔、受氣包。

在父權社會中，女人之所以內化了無助感（helplessness），其實是經由學習過程不斷強化而來，無關乎其天性或本質。讓遭受婚姻暴力的女人感到無力的，不只是婚姻關係中權力資源的不平衡，同時也是父權社會所建構的各項制度，根本無法充分給予受虐婦女應有的支持與協助。當受虐婦女長期處於暴力的陰影下，無形中也內化了自我貶抑價值觀，加上四周環境所提供的支持不夠，使得許多受虐婦女在沒有選擇之下，不得不依附在這種權力不平等的婚姻關係中。

◆你剛講到個性不和，像是就不知道，他也不知道說，ㄟ……他專找太太，他覺得太太是一個出氣筒，是一個最安全的人，是一個最能夠承受這些……承受他的壓力發洩的這一個對象；那很多東西他就挑這個太太的毛病，一言不合就開始吵了；有時候太太也不願意，不能回他的嘴，那導致說：「如果回我的嘴，我就打妳」。（受訪者4）

◆……因為這就是一個中國文化。……男孩子的能力一直很明顯的被突顯出來，可是女孩子雖然她有能力，但是在我們這樣的一個傳統家庭裡面，她們的能力沒有被表現出來，變成是說男孩子會一直覺得女孩子是弱勢的，是可以被控制的，當失去這樣一個平衡的時候，男孩子會想說用暴力的方式。（受訪者1）

◆應該就是男性做丈夫，很多人都覺得他有權力去宰制他太太，然後當妳不聽話的時候，我就用那種方式來控制妳，或者說他在外面他沒有辦法繼續扮演那種強悍男人的角色，他回到家裡就會靠打太太來取得一些權力地位，然後讓他自己能夠平衡下來。很多打人的男人，你看到的就是體制內失敗的男人，他就是失敗了，然後回到家裡就益發地要當國王。（受訪者5）

◆我這邊的案主……就是酗酒還沒成癮之前，會有很強的占有慾……就是很會控制，就是對案主很會控制……控制太太的行為或是怕太太……。（受訪者9）

當我們經驗到女性是家庭經濟主要支柱者，卻又要不時忍受配偶暴力相向的事實，又如何能接受Straus與Gelles所提出的資源決定權力的論點呢！這種「資源決定權力」的觀點，本來就是資本社會的產物，而資本主義又有多少觀點是看到女性的不利情境。資源決定權力只適合運用在男人的世界，卻不適合運用在兩性互動的私領域。在訪談過程中，當我們聽到社會工作人員說：「經濟獨立自主與受虐程度是成正比時」，那種驚訝是很難形容的。就婚姻暴力的模式與頻率而言，當施虐者是長期失業而受虐婦女是家庭經濟的主要負擔者時，婚姻暴力發生頻率往往是非常密集且不斷循環；當施虐者是家庭經濟的主要提供者，受虐婦女是家庭主婦時，那麼暴力發生往往是偶發性的。可悲的是，在「男強女弱」的文化中，當男性在經濟上無法呈現優勢，那麼他往往就會以「拳頭」向女人展示他的優勢。

◆其實也說不上特別的原因，我印象比較多的是，一個施虐者如果經濟狀況不穩定，他失業的情況很容易就會導致暴力比較頻繁或比較嚴重；然後……都一樣受暴。那有工作的太太的話，可以看到就是說，在先生不穩定的情況下，其實太太是負擔家計的大部分，可是男性向來還是會比

較大：那如果說太太沒有工作沒有收入的情況，就感覺更弱勢。（受訪者 5）

◆是不一樣，如果是女性有工作、男性沒有工作的話，那個就是男性多伴著情緒不穩，然後又酗酒，那……那樣的問題……就是我剛說的，暴力不停地循環、依賴女性經濟，其實情緒又控制不好、又喝酒，又……然後又依賴女性經濟，就跟太太要錢之類的，那如果……。有種是太太沒有經濟能力，男性有工作收入的話，那種常常是偶發性的暴力。（受訪者 4）

男性與女性社會工作人員對於婚姻暴力中兩性權力運作關係的詮釋，明顯的呈現出兩極化的差異。整體而言，男性社會工作人員是比較同理男人的處境，而女性社會工作人員卻是比較能同理女人的處境。男性社會工作人員認為，在父權社會中男性總是被賦予「負擔家計」的重擔，當男性無法繼續扮演這種社會期待的角色，而又落到由女性配偶來承擔時，總會覺得相當沒面子，同時也覺得權力被剝奪了，所以「暴力」就成為掩飾自己的無能與權力失落的手法。

◆從小……我們都還是會接受到這樣一個教育啦！男孩子好像就是應該要多做一些事情，然後要來養家活口啦！或是什麼啦！因為在這樣的一個觀念上，其實如果男孩子本身的權力又被剝奪，就是他的控制能力又被剝奪，他很難去適應啦！那他如果適應不過來的話，就會出現很多的一些危機，會引發一些暴力的衝突。（受訪者 1）

男性社會工作人員認為在「面子文化」的作祟下，讓受虐婦女比較容易向外求助，而男人卻是不容易向外尋求協助，但這並不表示男性受虐現象就不存在。受到這種重視面子文化風氣的影響，社會政策的內涵與制度設計，往往都會將女性定位為「弱勢」，積極提供女性受虐者各項緊急庇護與支持性服務，進而阻礙了男性向外求助的機會。

◆因為女孩子比較會有對外求助的一個能力，比較能夠對外求助，男孩子比較不敢，因為他的「面子問題」，男孩子真的比女孩子還要面子。……那女性這部分的話，一方面是真的覺得是……報章媒體，女性的能力真的是我覺得逐年慢慢愈來愈懂得說怎麼去尋求協助、愈來愈知道機構在哪裡、她們的權利在哪裡，變成說會求助的女性愈來愈多；可是，會求助的男性還是永遠幾乎都保留在那樣一個比例，比例上幾乎都沒有提高，變成我會覺得說，在社會政策部分的話，一直會把女孩子當成是一個比較弱勢。（受訪者1）

相反的，女性社會工作人員卻是比較能同理女性在婚姻中的不利處境。她們指出，在推動婚姻暴力防治工作的過程，都曾經協助過男性或女性受虐個案；不過，就受暴的嚴重性與頻率而言，男性受虐的程度根本無法與女性受虐的程度相比較。在婚姻暴力的個案中，約有九成以上的受虐者是女性，男性受虐者僅占不到一成的比例。往往男性受虐，都是發生在「老夫少妻」的婚姻模式，或過去曾是施虐者，但是現在老了，所以配偶以牙還牙。在婚姻暴力發生之際，男性往往善用他生理上的優勢，致使受虐婦女受到身體上傷害相當嚴重；相反的，受虐男人所遭受到的傷害，往往只是語言上或精神上的暴力而已。

◆其實男性受虐的內容，跟女性也大不相同，女生多的是真正被拳打腳踢，打到肋骨斷的、流血……都有的；可是很多男性來投訴的內容，有比較多的情況是屬於精神虐待，譬如說太太……像那個生活不能自理的，他就會說太太不管他吃飯，然後會敲他的頭或者是推他，就是那種傷害實在……不大。（受訪者5）

二、婚姻暴力的處遇

　　社會工作經常被界定為是女性的專業，由於其服務的對象大多數是女性，所以有人說這是女人服務女人的專業。既然如此，是否站在第一線提供受虐婦女直接服務的社會工作專業人員，都具有性別敏感的價值觀呢？從受訪社會工作人員對婚姻暴力的詮釋，我們彷彿看到 1970 年代那種「責備被害人」的論調活靈靈再現，人格特質、個性與溝通不良等，都被視為是婚姻暴力形成的因素。當社會工作人員對婚姻暴力的看法，朝向個人因素解釋時；在專業服務過程，就明顯的偏重於透過角色扮演來學習「男陽剛、女陰柔」的性別互動模式。

◆可能太太有一些不好的特質，會造成他脾氣不好或因為工作壓力，我就會比較體諒他，……他其實會覺得說，你比較願意聽他講話，然後他就說：「我老婆如果像你一樣聽我說話就好了，我就不會打他。」就變成說是溝通不良，就會這樣，除非他是很難溝通的人；不然，通常跟他談的話，其實他都蠻願意。也沒有人家想像的說加害人都是很恐怖，就是很怎麼樣。……我覺得應該就是雙方那個個人的特質，還有成長的背景，還有……常常都會看到，在跟太太談的過程當中，常常很多太太都這樣，你要慢慢的講就沒有辦法，然後很大聲，然後就是用一些比較低階層的話，然後把她壓下去。（受訪者 2）

◆沒想到這樣講會傷到先生的自尊，所以先生才會打她，她比較沒有想這麼多。我以前就這樣，我想這也是沒錯啦！有時候會跟她講：「妳有沒有覺得說像我這樣講話，就是很平靜？雖然妳那麼大聲，我還是很小聲，妳不會覺得比較好嗎？」她就會說：「我也不知道，我先生就不可能……」「不然妳聲音小一點，他會不會就比較小聲？」她就說：「不然我就試試看，但是問題試試看，蠻難的。」……如果我是妳的先生，我

　　聽起來也是想打你，但是我不敢打妳，因為打人就是不對，我是有時候會這樣想。（受訪者2）

　　在婚姻暴力事件中，到底是施暴者的行為需要被譴責，或是受暴者的行為需要被矯正？從訪談資料中，我們看到少數社會工作人員無法從「權力關係」的基礎，來分析婚姻暴力的本質，而是不斷的強化「男為主、女為客」的主從觀點。男人即使是施暴了，也有一千萬個理由可以原諒；然而，即使女人受暴了，也必須不斷的自我學習如何察言觀色，來奉承逢迎男人的情緒與滿足他們的需要。

　　從專業的立場而言，社會工作人員在提供受虐婦女專業服務過程，必須遵守價值中立與尊重案主自決的原則。然而，受訪社會工作人員清楚指出，在提供受虐婦女專業服務的過程，難免會受到自己的價值判斷，而影響與受虐婦女的互動關係。影響社會工作人員與受虐婦女互動的關係，主要的兩個因素是「年齡」和「經濟自主」。就「年齡」因素而言，當受虐婦女是長期遭受婚姻暴力，且屬於中老年婦女，那麼在專業互動的內涵上，就比較只是透過會談過程提供「情緒上」的支持，或視個案需要而協助申請保護令。當受虐婦女受暴的歷程不久，且年紀尚輕，那麼社會工作人員往往願意花較多的時間，不斷的鼓勵受虐婦女走出婚暴關係，同時也會積極協助受虐婦女朝向獨立自主的生活目標。

◆其實這可能跟我自己的價值觀有關，像我如果特別碰到比我年輕的，或者說學業都還沒讀完就結婚的受到暴力，我就會覺得我必須花更多力氣去幫忙她，……因為她還這麼年輕，她其實還有很多的可能，如果今天沒有及時的有一些幫忙的話，她將來受暴更久，小孩更多的時候，她要走過來就更難。……那如果是老年婦女的受暴，就會覺得常常都是很長年的，已經二、三十年了這樣子……這個很難去……怎麼樣去幫忙她呢？

她已經到了幾乎快老年階段了，妳再去從她的意識上去改變她什麼也都很難了，然後她要去建立她其他的這種能力也是不太可能。（受訪者 5）

◆年輕的，我就會很明確的跟她們說：妳們要什麼，因為她們比較容易去釐清這些男女關係、夫妻、婚姻關係，她們可以很快，她們可以比較清楚這些，而且比較容易改變吧！然後，如果說到了五、六十歲的，我可能跟她們說：妳應該要怎麼去避免暴力，因為也知道她們並不樂見自己離婚，可能不會著重說妳要怎麼離婚，而是妳要怎麼保護自己……。（受訪者 9）

除此之外，社會工作人員也看到「經濟因素」往往也是影響受虐婦女的選擇之關鍵。社會工作人員也觀察到，當受虐婦女在選擇是否要拋開長期依附的婚姻關係時，她所面臨的壓力與恐懼，可能比我們想像的還要深沉複雜，而「經濟因素」往往就成為了抉擇的關鍵。通常，有穩定經濟收入的受虐婦女，會比沒有固定收入或甚至沒有收入的受虐婦女，容易選擇中止暴力的婚姻關係。

◆就是她們比較容易溝通，會談引導之後，她們比較容易比那些沒有收入的婦女更容易走出這個婚暴家庭……我有一個案主，她其實是沒有收入的，就是很傳統、沒有工作、沒有收入，只是在家裡帶小孩，她其實保護令已經拿到前面了，她還是不願意離開那個家，甚至我們請她來參加支持團體或心理諮商，都可能很難被拉出來……。（受訪者 09）

社會工作專業人員在提供受虐婦女專業服務的過程，所憑藉的專業判斷是什麼呢？在美國，第一線提供受暴婦女直接服務的社會工作人員，最主要的功能就是協助受虐婦女做好危險程度的評估，提供給受虐婦女參考；然後，再根據受虐婦女個人意願與選擇，提供多元的配套措施與服務方案。台灣社會工作人員所依持的專業判斷又是什麼呢？根據社會工作人員的觀察，

在提供受虐婦女相關協助過程，最大的困擾就是工作人員與受虐婦女，在對婚姻暴力的處理策略之認知有明顯的落差。在「案主自決」的專業原則下，社會工作人員只能「尊重」受虐婦女的選擇，無奈的陪著案主慢慢的看清婚姻暴力的問題，其實是有許許多多的困境。

◆其實我覺得我想到的困難就是每個案主遇到的困難，因為有時候變成是陪著她去看她的困難；然後，就是你好像也可以看得出來，如果除去道義之外，她在婚姻裡面她的很多其他地方都優於她離開婚姻，有時候你也會覺得對於她選擇繼續留在婚姻關係裡面的決定可以瞭解……。（受訪者 5）

◆如果說婦女大概二十幾歲到三十歲這種年齡，大概小孩子對她來講是很多困難的……因為如果說她還要再一個婚姻的話，小孩子基本上來講對她是一種不利，那……那種價值觀，那本身也是很……那大概是一種……這個問題可能是價值觀上很重要的一個部分，……如果還要再次婚姻，那個小孩其實是拖油瓶……。（受訪者 06）

陸、結論

台灣家庭暴力防治制度的建立，是否為婚姻中的女性身體自主帶來新契機？家庭暴力防治工作推動之後，是否進一步影響社會大眾對婚姻暴力的看法？社會工作人員在提供受虐婦女相關服務過程，是否受到個人的性別意識影響？從媒體資料分析與社會工作人員深度訪談過程，我們的確讀到了一些耐人尋味的現象。就某種程度而言，這些現象或許可以說是台灣社會中兩性

權力的縮影吧！

一、婚姻暴力的社會建構：媒體詮釋

在研究之初，研究者原本假設家庭暴力防治制度的建立，將會是影響社會大眾對婚姻暴力看法的契機，但這樣的假設似乎是太天真了。從媒體資料分析過程中，再次體認到性別的身體建構過程中，這些性別偏見的父權意識可以說是如影隨形般的附著在各種論述中；而被放在這個父權放大鏡下檢視的，卻是那個沒有聲音的女性身體。

從媒體分析中發現，台灣社會對婚姻暴力的論述，約可分為三個時期：1.彭婉如遇害前；2.彭婉如遇害到家庭暴力防治制度建立之間；3.家庭暴力防治工作實施之後。在這三個時期中，媒體對婚姻暴力事件的報導，無論是篇幅、數量或內容，均有明顯差異。綜合整理，此一時期媒體論述是相當多元，大致可以歸納出三種立場，分別代表媒體報導人、政治人物與婦女團體的觀點。

（一）傳統女性角色失落 vs.女性缺乏資源

1.媒體觀點：婚姻暴力是女性不遵守女性角色、放縱私慾的悲劇

在 1996 年彭婉如遇害之前，媒體對於婚姻暴力事件的報導，可說是少之又少。通常，只有在發生妻子殺丈夫時，或丈夫殺妻子明顯構成刑事案件的要件時，媒體才會大肆報導。整體印象中，婚姻暴力事件或受虐婦女的經驗，一直都是乏人問津的議題。在彭婉如遇害之前，曾經發生了幾件殺夫事件，媒體對於這些事件的報導，大多不是透過媒體新聞眼，幫助社會大眾瞭解父權社會中兩性關係失衡的肇因是什麼；反而，報導內容武斷的認為是台灣女權高漲，破壞了傳統「男尊女卑」的互動模式。部分媒體報導更將這些

事件，污名化爲是女性放縱私慾或爲了滿足個人物慾，所釀成的人倫悲劇。整體而言，媒體報導可以說是毫無批判的複製了父權的性別偏見，成爲父權意識的最佳的傳聲筒。

2.婦女團體觀點：婚姻暴力是個人特質與社會支持不夠的宿命

學術界與婦運團體對於婚姻暴力的論述，可以說是依循著美國發展的路徑。在彭婉如事件之前，有少數學者與婦女團體已經開始關注婚姻暴力的議題；不過，一如美國的發展經驗，初期主要是著重於瞭解婚姻暴力的流行率與暴力發生的原因。當時，婦女團體彙整學者的研究與實務經驗，透過媒體有系統的披露婚姻暴力現象與其詮釋觀點。明顯的看出，婦女團體企圖從歸因論中，找出施虐者與受虐者的人格特質與社會背景因素，提供未來在推動婚姻暴力防治工作之參考。當然，婦女團體也注意到女性在父權社會中，無論是在私領域的家庭或公領域的職場，均處於不利的弱勢地位，而性別偏見正是陷女性於不利社會地位的元凶。相較於媒體，婦女團體對於婚姻暴力的詮釋，是比較少落入「責備受害人」的微視觀點中。從婦女團體公開的論述中，雖然讓我們看到了「性別」與「權力」的概念隱然浮現；不過，各項論述中仍舊缺乏對社會制度的批判與反思。

（二）社會變遷價值失序 vs.婚姻制度的箝制

1.政治人物的觀點：婚姻暴力是社會變遷失序的結果

有人說：台灣女性的生命是不值錢的，唯有犧牲了一位婦運健將，才會讓這個充滿父權思維的台灣社會稍加反省。在鄧如雯殺夫事件發生後，婦女團體串連之後提出了《家庭暴力防治法》，可是這個法案一直被冰封在以男性爲主體的國會中，卻又在彭婉如事件之後死裡復活，成就了《性侵害犯罪

防治法》。這麼曲折離奇的發展過程中，所呈現的就是對家庭內的暴力刻意忽略，因為家庭是私領域，而法應不入家門才對。

這段期間，台灣男性政治人物正上演著一齣齣荒謬的性別政治鬧劇。這些平日不怎麼關心婦女身體權益的男性政客，在國會議員的大帽子下，加上媒體春藥的催化，足足讓他們搶盡了對婚姻暴力的詮釋權。在政治人物林林總總的論述中，色情媒體的猖狂、拜金主義及現代速食愛情觀，都被列為是婚姻暴力的主因。彷彿色情媒體氾濫與色情行業林立是導致婚姻暴力的元凶，所以色情行業如果消失了，那麼婚姻暴力也會跟著消失。現代自由戀愛的愛情觀也被視為是婚姻暴力的元兇，回歸舊式媒妁之言的婚約關係是解決婚姻暴力的良策。

這些男性政治人物對婚姻暴力的詮釋，無論是基於哪一種觀點，都是圍繞著「女性身體」的主軸。無論是色情行業中被物化的身體，或是虛華奢靡生活的物慾享受之主體，他們所要檢討的都是女性的身體。男性呢？男性則是像伊甸園中的亞當，受了不當的誘惑才犯罪，而罪魁禍首仍是女人。這種對父權社會中兩性權力不平等的事實缺乏反省能力的現象，不也就是台灣社會中性別偏見的縮影嗎？

2.婦女團體的觀點：傳統父權婚姻制度讓女人擺脫不了婚姻暴力的威脅

父權體制是如此盤根錯節，透過各種社會制度，深入社會角落侵蝕著女性的身體自主。從婦女團體對婚姻暴力的詮釋，無論是突顯家庭制度性別偏見，如：「處女情節」或「勸合不勸離」，還是《民法》親屬篇中「從夫居」的規定，都讓我們深深體驗到Foucault所說的：權力是如何透過社會制度的運作，進一步規訓化身體。如果我們進一步將Foucault「身體政治」的論述，擺在婚姻暴力的脈絡來討論，就可以發現兩性的身體經驗其實是相當不一樣的。當婚姻關係只是為了建構「男尊女卑」的圖像所訂製的制度，那

麼在這種共犯結構中，女性又如何能擺脫婚姻暴力的陰影，追求身體自主呢？

（三）制度設計不良 vs. 父權意識作祟

1.媒體觀點：婚姻暴力防治工作成效不彰導因於制度不良

在防治中心建立之後，媒體對於婚姻暴力的報導出現了大逆轉。之前，是明顯的患了集體焦慮症，強迫式的要找出婚姻暴力的「元凶」；而現在，則是扮演起把關角色，監督著每個專業團隊的運作效能，並不時充當這些部門的權益倡導者。在此一時期，媒體大量引用來自警政、司法與醫療單位，對於《家庭暴力防治法》匆促實施所造成的各種不便之處，例如：司法人員就抱怨只要法院審理制度設計得當，那麼婚姻暴力就可以透過家庭糾紛調解來解決；而醫療人員則抱怨花費數個小時來協助受虐婦女，是一種非常不經濟的設計。當媒體報導不斷傳遞這種家庭暴力防治制度設計十分不當的訊息時，何曾思及當婚姻暴力個案像燙手山芋被拋來踢去時，受虐婦女的權益又該受到什麼樣的保障才適當呢？

2.婦女團體的觀點：根深蒂固的父權意識是婚姻暴力無法根除的主因

許多女性主義者都提醒我們：政策背後所隱藏的性別偏見，與制度實施過程相關人員的性別意識，都可能進一步左右女性的生命經驗。當媒體報導忽略了對專業人員進行性別檢視之際，婦女團體倒是能觀察入微的剖析，各種專業人員在執行相關工作過程所流露的性別意識。婦女團體發現，普遍瀰漫在社會中的性別偏見，才是影響專業人員在面對受虐婦女時之態度的主因。這種「打一下有什麼關係」「那麼強勢的女人，難怪被打」，或是「床頭吵、床尾和」的論點，相當普遍的存在警察人員的意識型態中，導致婚姻

暴力防治工作推動成效不彰。

　　整體而言，在過去十年來，媒體對於婚姻暴力事件的報導，完全是在「責備受害者」與「功能論」兩種論調中擺盪。在防治中心建構之前，微觀論調完全複製了父權思維，舊有的兩性道德鬼影幢幢的展現在婚姻報導中；在防治中心建構之後，社會學功能論突然再度呈現在婚姻暴力防治工作的檢討上，系統與系統的互動關係中，卻又明顯的缺少了對家庭系統的檢討，而「性別」更是系統論述中微不足道的部分。相較之下，婦女團體在媒體中對婚姻暴力的論述，頗能貫串女性主義對「性別」與「權力」的論述，視婚姻暴力為男性對女性權力控制的展現方式。一如Gelles所言，女性主義不僅將性別權力的核心概念，用來理解兩性互動的事實，同時也能將理念化為實踐行動。媒體報導的分析中，我們也具體的看到了婦女團體是如何用性別政治的顯微鏡，來觀察婚姻暴力防治工作的推動。

二、婚姻暴力的社會建構：專業人員的性別意識

　　誠如女性主義所言，婚姻暴力的確是一個複雜的現象，因為它交織著施虐者與受虐者雙方的人格特質、情緒、權力、希望、恐懼和威脅；除非，我們將婚姻暴力擺在性別政治的放大鏡來檢視，否則無法真正瞭解婚姻暴力的本質。從女性主義的觀點，婚姻暴力防治制度的建立，只是解構性別權力不平等的途徑之一而已；而制度建立之後，專業人員的性別意識才是影響防治工作推動成效的關鍵。一般而言，在婚姻暴力防治工作中，社會工作人員往往是直接接觸受虐婦女最多的專業成員，那麼社會工作人員在建立專業關係過程，本身的性別意識與對婚姻關係的概念，將會是引導專業服務方向的關鍵。

　　究竟在防治中心工作的社會工作人員，又如何覺察婚姻暴力中的兩性關係呢？從訪談資料中，我們看到社會工作人員的性別意識，其實是相當分歧

的。不僅，男、女社會工作人員對婚姻暴力的詮釋不同；在女性社會工作人員中，對婚姻暴力的詮釋也迥然不同。這種兩極的差異，彷彿就像是在家庭暴力與女性主義觀點擺盪的鐘擺，拉鋸著受虐婦女的生命經驗。

（一）女人是父權婚姻的犧牲者 vs.男人是面子文化的犧牲者

從訪談過程中，深刻的感受到男、女社會工作人員，對婚姻暴力的兩性關係，有著截然不同的詮釋觀點。女性社會工作人員，大都從父權婚姻的「主從關係」，說明婚姻暴力的本質。無論是家庭主婦或是職業婦女，女人的名字就是附屬在男人權力操控下的客體而已，無關乎個人成就與貢獻；兩性關係則是建立在雄性暴力的「控制」基礎下，無關乎平權或不平權。

在這裡我們不禁要質疑衝突派社會學的觀點，認為婚姻暴力是家庭資源分配不公平，讓擁有經濟資源的一方，對沒有資源的一方，施加暴力的結果。在訪談資料中，我們無法單純運用「資本主義」單一變項，來解釋所有受虐婦女的經驗。事實上，許多受虐婦女扮演著家庭經濟的支柱，但是，仍然無法揮去遭受暴力的陰影，而暴力來源正是來自那個長期仰賴她所提供經濟資源的親密枕邊人。

相較之下，男性社會工作人員是比較同理男性的處境。男性社會工作人員主要是從傳統社會的「面子文化」，來解釋男性的弱勢，認為男人在成長過程中往往被社會化為「經濟負擔者」的角色；但是，當男人無法全程負擔起這樣的角色時，「暴力」就成為掩飾自己無能的方式。「男人也是弱者，男人也需要幫助」這樣的論調，不斷出現在男性社會工作人員的訪談中；然而，這種「男強女弱」性別偏見的文化，卻又進一步阻礙了男性向外尋求協助的機會。

（二）性別是剝削的根源 vs. 女性化是緩和婚姻暴力的方式

同樣是女性社會工作人員，對於婚姻暴力的詮釋也有明顯不同。雖然，教育程度似乎是影響女性社會工作人員性別敏感度的關鍵；不過，由於受訪女性社會工作人員只有 7 位，所以有待未來研究進一步檢驗。具有碩士學位的社會工作人員，似乎較易看到婚姻暴力背後隱藏的兩性權力不平等的事實；加上受虐婦女對「家」的完整性的迷思，往往造成了暴力循環的命運。當家庭私領域被視為是男性展現權力的場所時，那麼女人就是男人的財產。在男性沙文主義的催化下，「暴力」就是「控制」財產——女人，及展現男人權威的簡便方式。誠如基進女權主義所言，性別是一切壓迫的根源，父權制度才是根深蒂固的規訓化了女人命運的銘文。

當社會工作人員對於婚姻暴力的詮釋，傾向於性別權力不平衡的觀點，這種對婚姻暴力的性別敏感，往往也左右了她在提供受虐婦女相關服務過程的態度和內涵。在訪談過程中，我們也發現性別敏感度較高的社會工作人員，在提供專業服務過程中，也會受到受虐婦女的年齡與受暴史等因素，而影響專業關係與服務方向的發展。對於年輕、受暴史較短的婦女，社會工作人員往往都會花較多的時間與之會談，並透過提供各項協助的陪伴過程，一步步的幫助她們釐清婚姻關係中的性別權力不平等的事實，激發受虐婦女自我充權的力量；並盡可能提供相關資源，協助這些年輕婦女脫離暴力關係，追求獨立自主的生活。相較之下，對於中高齡且長期遭受暴力的受虐婦女，社會工作人員比較會自我設限與被動，往往只是透過會談關係中提供初層次的同理與支持，再視受虐婦女是否要提出保護令申請而決定協助與否。

從社會學功能論的觀點而言，任何家庭衝突的發生都是導因於資源分配不均，當家庭成員溝通能力不良，卻又缺乏改變的動力時，那麼暴力就容易發生。少數女性社會工作人員認為，婚姻暴力是導因於個人特質或夫妻溝通技巧不良；持有這種想法的社會工作人員，對「甜蜜家庭」往往有較高的期

望，認為「家庭和諧」是婚姻關係中，兩人必須努力經營的方向。當然，我們也看到當社會工作人員將婚姻暴力歸因於溝通不良等個人因素時，背後卻隱藏著強烈的性別偏見；而這種性別偏見主要是建立在生物論的基礎，那就是「男主外、女主內」「男陽剛、女陰柔」「男尊、女卑」的父權意識。

當主張功能論觀點的社會工作人員，在面對受虐婦女時，其專業關係與服務策略的基準是甚麼呢？從訪談過程中，我們發現當抱持著傳統性別刻板角色的社會工作人員，在面對婚姻暴力的現象時，會堅持「女性化」的溫柔特質是降低婚姻暴力的良好策略。當婚姻衝突發生時，女人不妨先順從男性的意願，不要傷害男性的尊嚴；然後，再察言觀色找個適當時候討論，才能改變婚姻暴力的現況。除此之外，社會工作人員會協助受虐婦女，從個人特質、個性或溝通模式，來分析婚姻暴力的本質，並善用社會學習論的角色模仿觀點，讓受虐婦女學習女性化的特質與溝通方式。

本研究主要是延續女性主義對身體政治的論述，並透過質性研究之文本資料分析與深度訪談法，深入探討在《家庭暴力防治法》通過與防治中心成立之後，是否為受虐婦女身體權益的保障帶來新氣象？過去十年來，台灣在面對內、外在的環境變遷與理論思潮的衝擊之下，是否也影響了社會大眾對於婚姻暴力現象的詮釋？在家庭暴力防治制度建構之後，位居第一線的社會工作人員是如何詮釋婚姻暴力現象中的兩性關係？社會工作人員的性別意識是否影響了專業服務的內涵與專業關係的建立？這些都是本研究透過上述研究方式企圖回答的問題。

整體而言，我們無法從媒體對婚姻暴力事件的報導中，展讀到深刻、有內涵的性別意識的詮釋觀點。媒體報導內容總是不斷地複製著父權思維，從1990年代初期的性別偏見論述；到後期，卻是對婚姻暴力中的女性身體經驗視而不見。從過去十年媒體的報導中，讓我們對婚姻暴力的認識，只是停留在責備受害人的框架中而已。

　　在眾多論述中，婦女團體的觀點是少數不複製父權意識的立場。婦女團體對婚姻暴力的詮釋，自始至終鎖定「性別」與「權力」兩個概念，從「性別政治」的論點，論述婚姻暴力中女性的身體經驗。從訪談過程中進一步印證，女性主義對性別政治的論述，不僅可以提供給社會工作人員清晰的分析架構，同時也可以做爲專業服務的實踐動力。不過，令人隱憂的是，男、女社會工作人員對於婚姻暴力中，兩性權力關係的解釋是如此的不同；而社會工作人員對於婚姻暴力的處置，往往也會受到個人價值所左右，而影響其服務內涵與策略。

〔致謝：本文乃是根據 89 年度國科會經費補助研究計劃（NSC 89-2412-H-037-005）之部分資料改寫而成。同時，本文亦已發表於 2003 年 5 月《女學學誌》，15 期，頁 195-254。〕

第 六 章

新移民婦女、
公民權與婚姻暴力

壹、緒言

　　這幾年來，新移民婦女（過去稱之為「外籍新娘」，現在通稱為「外籍配偶」）一直是媒體報導的焦點，而社會大眾也逐漸的由媒體報導中，對新移民婦女產生概括性的印象。由於媒體報導的內容，導致大多數人對新移民婦女的印象，總是在不甚瞭解中帶著些許敵意或是少許同情。在這些糾葛的情緒中，隱約也透露出「我們」和「她們」之間的區隔。然而，「我們」和「她們」之間的區隔，又是建立在什麼樣的基礎呢？從文化人類學的觀點而言，「他者」是相對於「自我」的概念，如果「他者」不存在，那麼「自我」便會不存在。這種因婚姻關係而產生的跨國移民現象，所建構出「我們」與「她們」之間的矛盾關係，不只是展現在語言與文字方面的差異，同時也呈現在移民政策中對公民身分的認定。這種對公民身分的認定，往往以護照、出入境許可證、身分證或戶籍登記等實體形式呈現，而這些正是所有現代資本福利國家中，每一位公民行使其社會福利權（citizenship of social rights）的基本要件。

　　對所有的國家而言，國境管理往往是伸張主權的方式之一。因婚姻關係所產生的跨國移民現象，是目前最直接衝擊台灣的國境管理機制，迫使政府進一步思考如何由非移民國家轉型到移民國家的關鍵因素。當然，這些變遷也都突顯出台灣雖是典型的移民社會，但是政府一直沒有做好成為移民國家準備的事實。在面對全球化所形成的跨國移民浪潮，如何發展出一套有效的國境管制的機制，又可以確實保障移民者在移居國享有英國社會學家 T. H. Marshall 在公民權（citizenship）的論述中之社會福利權，可以說是對福利國家最嚴峻的考驗。

　　本文對新移民婦女在台灣生活經驗的關心，源自於六年前田野研究的經驗。當時，我正在幾個婦女團體及家庭暴力防治中心，進行一項有關本籍婦女婚姻暴力的訪問工作，幾位社會工作人員告訴我有關新移民婦女受虐現象的嚴重性，以及在第一線提供緊急庇護與後續服務過程的無奈。因而，我開始關心新移民婦女遭受婚姻暴力的現象，並搜尋國內外相關資訊，才發現有部分女性主義福利學家，已經開始注意到新移民婦女在移居國的婚姻暴力現象與求助經驗。根據 Menjivar 與 Salcido（2002）的觀察，新移民婦女往往比本籍婦女更容易遭受婚姻暴力，而且遭受婚姻暴力的嚴重程度也更甚於本籍婦女。在 "Male-order" Brides: Immigrant Women, Domestic Violence and Immigration Law 一文中，Narayan（1995）指出，新移民婦女之所以容易經驗到這種更為惡質的婚姻關係，主要源自於國家對於國境管理的機制與規範，迫使新移民婦女在未取得永久居留權之前，容易因公民身分（citizenship）的不確定，落入婚姻暴力循環的不利處境。在本篇文章中，我將要延續女性主義福利學家，對當代福利國家以 Marshall 的社會權為核心所建構的婚姻暴力防治制度之批判，並深入論述因婚姻關係移居台灣的東南亞籍婦女，在遭受婚姻暴力後之求助經驗，以及其與婚姻暴力防治體系的互動關係，進而檢視國境管理機制與社會福利權之間的弔詭關係。

貳、跨國移民現象、公民權與婚姻暴力

　　雖然跨國移民是歐美國家非常普遍的社會現象，卻不是亞洲國家共同的經驗。根據 S. Castles 與 A. Davidson（2000）的觀察，亞洲國家的人口組成同質性相當高，日本人口中，約有 99%是由日本人組成；約有 98%的香港

人是漢人；而南韓與中國的漢人比例分別是 98%與 93%。在種族高度同質的社會中，政府也逐漸發展出一套對單一種族的保障制度，而逾越者往往被嚴峻懲罰，在這種氛圍下，無形中就建構了種族歧視的文化邏輯（趙彥寧，2003）。自 1990 年代之後，全球化發展趨勢所建構的區域經濟（regional economic blocks）卻讓國與國之間的勞力、貨物與資本的流動更為頻繁，並逐漸打破了過去國家主權的概念，對公民身分的界定形成巨大衝擊。

對大多數的亞洲國家而言，全球化帶來的衝擊不只是國際分工關係的重組，隨著跨國人口移動形成的多元文化（multiculture）與族群問題，也正挑戰著亞洲地區經濟條件較好的國家，如：日本、南韓、台灣與新加坡等國家。許多學者指出，近二十年經濟生產模式的巨變，成就了全球性的跨國人口移動，當三級產業逐漸兩級化時，這些來自同一區域內經濟較弱勢國家的人士，就逐漸填補本國原來之勞動力資源。通常這些工作的形式，都是屬於較低階的服務業或非正式經濟生產的工作，如：醫院看護、清潔或家務照顧等工作；傳統對於這些類型的工作，都認為理所當然應該由女性擔任，所以就造就了「女性化跨國流動」的事實（Sassen, 2001）。

跨國移民現象要追溯到二次世界大戰後之際，在當時，歐洲流亡人士大量湧入美加地區，同時在亞洲地區經濟條件較好的國家的年輕子弟，有機會前往歐美國家留學，之後高科技人才為美國企業與研究機構吸納，而留在美國服務所形成的移民現象。在 1980 年代以後，歐美國家部分學、經歷與職業較為弱勢的男性，開始透過郵購方式與東歐及亞洲地區女性結婚，於是造就了這種透過「郵購新娘」（mail-ordered brides, MOD）方式而產生的第二波跨國移民現象（Castles & Davidson, 2000; Ishii, 1996; Narayan, 1995）。第一波的跨國移民行為主要是建立在經濟生產的基礎，而第二波跨國移民現象卻是建立在婚姻關係基礎。許多婚姻移民婦女往往只能在家中擔任照顧者（caregivers）的角色，或在自營生產單位擔任生產與再生產合而為一的工作。

　　當許多人口學家將跨國遷移現象視為是人口學的議題時，Lewis、Gut-ierrez 與 Sakamoto（2001）卻主張跨國移民不只是一種簡單的人口流動，其實它隱含著更深刻的文化意涵。過去我們總是習慣以種族國家（nation-state）的概念來論述移民現象，可是許多文化人類學家，如：Castles 與 David-son（2000）、Pateman（1994）和 Sassen（1990）等人，卻主張必須從多元文化的觀點（multiculturalism）來理解後現代社會的跨國移民現象。後現代社會對於跨國移民現象最大的爭議，主要是環繞在公民身分的界定，而目前所有關於公民身分的論述，仍舊以英國社會學家 T. H. Marshall（1977）　在 1949 年所提出的「Citizenship and Social Class」的概念為主軸。Marshall 強調，在現代社會中，公民權（citizenship of social rights）主要是由民權（civil right）、政治權（political right）和社會權（social right）三者所組成，這三者的演進是隨著資本主義社會發展的歷史進化而變遷。在十八世紀封建社會瓦解之初，人民期待透過爭取個人自由，而有民權的事實；在十九世紀，人民所追求的是爭取政治上的平等與自由的權利，因而有所謂的政治權；到了二十世紀，每個人所追求的是在資本主義社會中，都能享有基本的生活水準，此稱之為社會權（Bussemaker, 1999）。對所有現代社會而言，公民權的主張是建立在社會權的基礎，強調社會資產是共享的，所以每個人都應該擁有適度的經濟福利與安全，並能在一定水平條件中生活（Marshall, 1964）。當然，社會（福利）權的建構主要是建立在現代化國家中，政府如何思考透過國家的力量，來降低每個公民在日常生活中可能遭遇的風險，如：貧窮、健康或社會排除（social exclusion）等（Roche, 2002）。

　　Marshall 對公民權的主張，強烈的依附在國家政府對「公民身分」的界定及全職「工作」（full-employment）的基礎。這樣的論述，引發了許多學者（Castles & Davidson, 2000; Roche, 2002）的批判，認為 Marshall 的論述完全忽略了後現代社會中，全球化形成的跨國人口移動，所帶來的多元文化

與多元種族的衝擊；同時 Marshall 忽略了全球化形成跨國勞動力的流動，導致本國失業率（unemployment rate）與不充分就業的比率逐漸攀升，對公民權實踐的潛在衝擊。根據女性主義福利學家（Deacon, Hulse, & Stubbs, 1997; Lister, 2002; Pateman, 1994）的觀察，Marshall 對於公民權的論述，仍局限於市場（經濟）與國家（政治）的互動，較少著墨私領域（家庭）家庭關係與家庭照顧的討論。這種強烈依附在核心家庭「男主外、女主內」的父權價值思維，很容易讓公民權的實踐落入工作決定論的框框，忽略了女性在資本主義社會中，可能因家務勞動而影響其工作權，進而限制了社會權的實踐。Marshall 的公民權雖爲資本福利國家建構一套清楚的福利制度架構藍圖，可是在這套美麗的福利藍圖中，卻缺乏對社會階級（social class）以外的視野，忽略性別（gender）與族群（race）的議題。

當代女性主義福利學家對於社會福利的論述，著重於關照性別與福利國家之間的互動關係。長期以來，社會大眾普遍認爲女性是福利資源的主要受益者或消費主體；事實上，許多福利資源或服務方案的使用，都是建立在全職工作（full-employment）的基準，當女性因爲家庭照顧而必須放棄全職工作，或是選擇較不具競爭性的工作，往往會進一步影響到女性社會權的行使。因此，女性主義福利學家（Mullard, 1999; Sainsbury, 1994; Siim, 1999）呼籲，對於社會權的論述應該回歸到家庭、市場與國家三者互動關係的討論，才能避免國家政府淪爲資本主義進行社會控制的手段。

Sainsbury（1994）將這種以 Marshall 的公民權理念所建構的福利國家，稱之爲「養家模式」（breadwinner model）的社會福利制度。所謂「養家模式」的社會福利制度，是指福利國家對於社會福利制度的設計，根本就是建立在資本主義對核心家庭的假設，強調「男主外、女主內」的性別分工基礎，主張男人是家庭經濟的支柱者，而女性必須扮演家庭成員情緒支持與家庭照顧的角色。Sainsbury 主張要將女人從資本父權社會中解放，就必須對

公、私部門的互動關係，以及社會福利所強調的普同主義，進行全面性的檢視工作，才能落實沒有性別區分的社會福利普同精神。Sainsbury 企圖從獨立自主的觀點，解構這種必須建立在家庭連帶的公民權理念，那就是所謂的「獨立自主」（individual model）的福利模式。在「獨立自主」福利模式中，Sainsbury 延續女性主義強調的性別平等概念，企圖解構傳統「男主外、女主內」的性別分工模式，將女性在福利國家中的公民權，從男性依附觀點解離，從個別立場思考社會福利權。雖然，女性主義福利學家開始注意到，資本主義福利國家中性別對公民權的影響；不過，卻忽略了在 1980 年代末期所吹起的全球化風潮，跨國移民現象中性別與族群交織而成的社會不平等現象。婚姻移民婦女在移居國由於語言隔閡及文化疏離，自然而然形成的社會隔離現象，往往讓這群婚姻移民婦女成為福利國家的三等公民。誠如Castles 與 Davidson（2000）在"Being a citizen"一文中所言：「對於少數族群而言，有關公民權的論述是必須要超越Marshall 的公民權理論的思維，因為剝削與社會隔離往往和性別與文化因素相互連結，可是在傳統的公民權論述中，卻嚴重忽略這些因素的互動關係」（p. 121）。

　　在大多數移民國家中，政府都會制訂一套明確的國境管理機制，區分公民與非公民身分的權利、責任與義務，這就是所謂移民政策（immigration policy）（Drachman & Ryan, 2001; Sancar-Fluckiger, 1996）。不過，Y. Padilla（1997）在"Immigrant Policy: Issues for Social Work Practice"一文中卻主張，移民政策並不等於移民者政策（immigrant policy）。所謂「移民政策」是移民局對於移民者如何取得暫時或永久居留權的規範，屬於Castles 與 Davidson（2000）在 Citizenship and Migration 中政治公民權（political citizenship）的範圍；而「移民者政策」偏重於社會公民權（social citizenship）的概念，重視公民身分的取得是經由合法路徑取得，並透過一套社會福利、健康、教育、住宅及工作服務等方案，來幫助新移民（new immigrants）融入

主流社會，並穩定其個人與家庭經濟及生活之政策。從台灣的發展經驗，我們可以窺視出國家對於移民者公民身分的界定與社會福利權的行使，兩者之間明顯存在著既互補，卻又相互排斥的矛盾關係。

1990 年代以後台灣的跨國移民現象，可以說是全球化發展趨勢下國際分工的產物。這種跨國移民行為，迥然不同於傳統以男性為主體的移民行為，那麼傳統的移民政策規範，是否符合新的移民型態之需求，是很值得觀察的現象。從傳統以男性養家的社會福利觀點，來看新移民婦女的公民權，會發現這種邊緣者與邊緣者結合的婚姻關係，很容易讓新移民婦女落入性別與族群雙重的壓迫。如果從女性主義福利學家強調獨立自主的觀點，由於沒有良好的移民者政策，使得新移民婦女在移民政策的規範下，很容易就被排除，成為社會福利制度的化外之民。

Narayan（1995）在"Male-order" Brides: Immigrant Women, Domestic Violence and Immigrant Law 一文中，就是從實證研究結果深入論述，美國移民政策對新移民婦女在遭遇婚姻暴力之後可能的影響。Narayan 觀察到每年大約有二千到三千五百位東南亞女性，透過郵購方式與美國男性結婚；其中，有許多新移民婦女在移居美國之後不久就遭受婚姻暴力。可是，因為擔憂報案或訴請離婚後會使自己喪失合法居留身分，加上語言隔閡、社會支持系統不足，以及經濟依賴先生等諸多事實，使得新移民婦女大都採取隱忍做法。如果福利國家沒有一套完善的移民者政策，從獨立自主的觀點建構社會福利制度，又如何能幫助婚姻移民婦女，去除這種因移民政策所造成的無力感呢?!

目前無論是國內或國外，對於婚姻暴力相關研究之論著都相當豐富，但對於新移民婦女婚姻暴力現象，卻著墨不多。根據美國醫學會（American Medical Association）的研究報告指出，在三個美國婦女中就有一位遭受婚姻暴力之經驗，而跨國婚姻婦女遭受婚姻暴力的比例遠高於本國婦女。在一項研究中，Narayan（1995）就指出：未取得永久居留權的跨國婚姻婦女

中，就有 77% 曾遭受配偶虐待與暴力行為。其他研究也顯示，在遭受婚姻暴力的婦女中，高達 90% 是跨國婚姻婦女。當一般婦女在遭受婚姻暴力之際，往往可以透過社會福利機構的協助，尋找適當住所與工作機會，透過經濟生活的獨立，逐漸遠離婚姻暴力的陰影與威脅。可是跨國婚姻婦女往往因為永久居留身分未確定，不具有合法的工作權力，一旦離開配偶，就會面臨「被驅逐出境」的命運，加上語言與文化適應的困難，在這雙重壓迫之下，迫使跨國婚姻婦女必須持續忍受配偶的暴力行為，無法擺脫婚姻暴力的陰影，施虐者也看準了這種無奈，更是肆無忌憚對配偶加以施暴（Menjivar & Salcido, 2002; Narayan, 1995）。

　　跨國婚姻婦女婚姻暴力現象，可以說是在現代資本福利國家中，在資本主義與父權體制雙重壓迫下，最具體的表徵。就移居國的立場，移民法的制定主要是在對非法移民者進行嚴格把關的工作；可是，在實際運作過程中，卻忽略對經由婚姻管道取得移民的女性，提供合理的保障。在面對資本全球化所帶來新的國際分工秩序，進而形成的跨國移民現象，所有的福利國家都有必要，重新檢視與調整移民法對公民身分之界定，進而對新移民人口提供合理的制度，確實保障這群合法跨國婚姻婦女的生存權益。

參、研究設計與方法

　　本研究主要目的，是結合女性主義福利學家對「公民權」的論述，以東南亞籍婚姻移民女性之婚姻暴力議題為切入點，透過質性研究之深度訪談（in-depth interviewing）方式，深入瞭解新移民婦女在遭受婚姻暴力之後的求助歷程，以及其與婚姻暴力防治體系的互動經驗，進而說明國境管理機制

對公民身分的規範，如何與Marshall公民權的論述中之社會福利權產生弔詭的互動關係。藉此，反思台灣在邁向移民國家之路，應如何建構出一套適應移民社會的婚姻暴力防治體制，以及符合多元文化需求之婚姻暴力處遇模式。

一、研究對象與抽樣

本研究訪談對象的選擇，主要是依據出入境管理局所提供的東南亞籍婚姻移民婦女，在二十五個縣市的分布狀況，同時也考量研究時間、經費及各縣市社會福利資源分配不均的發展現象，先將台灣地區分為北、中、南三區。再分別由三區中，抽選出婚姻移民婦女人口數較高的三個縣市，包括：北區的台北縣、桃園縣與台北市，中區的台中市、彰化縣與南投縣，以及南區的台南市、高雄市與屏東縣，共九個縣市。最後，直接與這九個縣市之家庭暴力防治中心與警察局取得聯繫，確認受訪名單與接受訪問意願之後，開始進行深度訪談的資料蒐集工作。

在本研究中共訪問了 11 位服務於不同縣市家庭暴力防治中心之社會工作人員，與 9 位服務於警察局的外事警員與家防官（請參考表 6.1）。

二、資料蒐集方式

本研究主要是以質性研究之深度訪談方式，對於上述 20 位受訪對象進行深度訪談之資料蒐集工作。首先，研究者將文獻討論的概念融入研究目的，分別發展出對社會工作人員與對警員的訪談大綱；再進一步透過所屬機構之主管的推薦之後，直接與受訪者取得聯繫，在徵得受訪者接受訪問的意願之後，於約定好的訪談時間與地點，由研究者本身或研究者與研究助理，前往訪談地點進行實地訪談資料蒐集。

針對各縣市家庭暴力防治中心社會工作人員的訪談大綱，主要是著重於

表 6.1　訪談對象之區域分布狀況

縣市別	社會工作人員	外事警察	家防官
台北市	3	4	
台北縣	1	1	
桃園縣		2	
彰化縣	2		
台中市			1
南投縣	1		1
台南市	1		
高雄市	2		
屏東縣	1		
合　計	11	7	2

實際協助東南亞籍受虐婚姻移民婦女的經驗與困難，並進一步瞭解社會工作人員對於婚姻移民婦女遭受婚姻暴力現象之看法，及如何建構完善的婚姻暴力防治體制之建議。對各縣市警察局之外事警察或家防官之訪談大綱，除了瞭解實際協助受虐新移民婦女的經驗與困難之外，同時也進一步瞭解這些男性警員，如何詮釋新移民婦女的婚姻暴力現象及對婚姻暴力防治體制之建議。

三、資料分析與詮釋

在訪談資料蒐集之後，研究者將進一步運用文本資料分析方法，針對這20位受訪者之訪談資料進行分析與詮釋。基本上，訪談資料的蒐集與分析是同步進行的，隨著資料蒐集的飽和度，調整訪談問題與資料蒐集之方向。首先，在完成每一位受訪者的訪談工作之後，就由研究助理與工讀生將訪談錄音帶，進行逐字轉譯的工作。然後，再由研究者針對各個訪談文本逐字

稿，進行文本資料的歸納、比對與分析工作。最後，透過跨個案的文本資料
對照與比較過程，進行概念萃取工作，逐步建構出本研究的主軸概念架構，
形成對婚姻移民婦女婚姻暴力現象，以及其與婚姻暴力防治體系互動的經驗
之瞭解。

肆、婚姻移民的緣起與變調

　　全球化在東南亞地區形成的國際分工關係，進而建構出以女性為主體的
跨國移民現象。這種跨國人口流動現象，無論是源自於勞動力需求或婚姻關
係的結合，背後所突顯出的是頗耐人尋味的種族與文化意涵，同時也關係著
移民者公民身分的界定及其權利的行使。對大多數人而言，現代婚姻已經不
再是一種形式關係，而是親密關係與個人自主的延展；然而，新移民現象卻
讓我們對婚姻的本質與內涵，有更多的反省與思考。從新移民現象中，深深
的體會到政治、經濟與文化等更深層的結構，如何交織出女性在婚姻中的生
活經驗。

一、婚姻移民的緣起

　　在 1990 年以來，以東南亞籍女性為移民主體的跨國移民現象，到底呈
現出何種社會文化意涵？新移民婦女對於這種遠渡重洋的跨國婚姻關係，又
是懷著什麼樣的情懷？從訪談過程中，感受到新移民婦女的婚姻形成，明顯
的受到「國籍」的影響。對中國籍婦女而言，跨國婚姻的形成大都導因於台
灣男性前往中國經商或旅遊過程，而有機會進一步認識，進而結婚〔「大陸
籍也是滿多的，因為就等於有在通，那自己也認識的比較多，仲介的反而比

較少，我接到的大部分是自己在那邊經商、認識再帶回來」（社工員8）〕。這些事實可以從陳淑芬（2003）在〈「大陸新娘」的擇偶、受虐與求助歷程〉一文中，對 7 位中國籍受虐婦女的訪談中獲得印證。相較之下，東南亞籍婦女大都是為了改善原生家庭的生活條件，而接受仲介的婚姻介紹，或是受到親朋好友嫁到台灣，返鄉後對台灣生活形容的激發，才與台灣男性結為夫妻。這種婚姻關係，由於婚前認識不足，加上文化習俗不同與語言溝通不良，很容易就導致婚姻關係適應不良的現象。

　　為什麼這些台灣男性會捨近求遠，到東南亞地區，如菲律賓、泰國、印尼與越南等國家，尋找婚姻的另一半呢？經濟生產模式改變區域經濟分工的關係，是促使跨國人口流動的原動力。從訪談資料或媒體報導可以看出，大多數會前往東南亞地區尋找另一半的台灣男性，其本身條件都不是很好，普遍有年紀大、身心障礙、教育程度不高、經濟或工作不穩定的現象〔「我們這邊會娶外籍新娘的，通常啦！通常絕大多數也都是……比如說他的經濟狀況不是很好、他的年紀很大、他可能健康狀況或是身體上有一些殘缺，所以也就是說在這樣子一個大前提下要維繫這樣的一個婚姻，本質上我們就覺得我們不是很看好」（社工員 11）〕。這種建立在經濟交換基礎的多元文化婚姻關係，握有經濟資源的男性往往是扮演家庭中權力的掌控者，而經濟弱勢的新移民婦女，只能落入以家務勞動或再生產活動交換日常生活所需的處境〔「本來你娶外籍新娘的目的，就是要認定她們沒有謀生能力，只能在家煮飯、洗衣服」（外事警察 1）〕。所以無論就主觀或客觀因素，這種建立在經濟交換基礎的跨國婚姻關係本身，其實就充滿著權力的不平衡。

　　在這種邊緣者與邊緣者結合的跨國婚姻關係中，經濟權力的不對稱很容易醞釀成婚姻中的生產交易關係，進而將婚姻關係窄化為物質基礎，而「錢」就成為日常生活中論斷新移民婦女在家庭中的價值與地位的放大鏡〔「我去訪視的時候，他就大剌剌的在警員面前說她是買來那樣，外籍新娘

的奶奶就大剌剌的這樣：我這媳婦不是沒有用錢請回來的」（社工員9）〕。這種交易行為其實是建立在「身體貿易」的基礎之上，新移民婦女透過從事家務勞動或再生產工作，獲得日常生活所需的物質滿足。對夫家而言，新移民婦女只不過是夫家用「三、五十萬」買回來的商品，既然是物品就必須物盡其用。而物盡其用的算計則是建立在這些婚姻移民婦女大都是來自窮鄉僻壤，應該比本籍婦女更能吃苦耐勞，所以理所當然成為無酬家庭勞務的主要提供者〔「他們會認為：妳是我花了那麼多的錢娶來的，應該為我們家做些什麼什麼」（社工員5）〕。同時，這些跨國婚姻家庭大都屬於傳統型態的家庭，因此透過「生育」以延續父權意識的傳宗接代，就成為婚姻關係中物質交換的籌碼〔「你知道中下階層的娶外籍新娘喔，他的傳統觀念都是希望，我娶妳來，是希望傳宗接代（嗯嗯），妳如果有了，我想他會好好的待她，（嗯嗯）只要這個女孩子不要有出什麼差錯」（外事警察2）；「她在懷孕的時候還可以吃東西，因為阿嬤會覺得說肚子裡面的孫子要吃，然後生完之後就沒得吃了，只給孫子吃」（社工員10）〕。這種跨國婚姻關係，根本無法提升對多元文化的理解與認識，物質交換的事實使得這種跨國婚姻關係，充斥著資本主義生產關係的階級權力與宰制。

二、婚姻關係的變調

　　台灣在 1970 年代開始經歷了幾次的經濟變遷，隨著都市化發展程度的深化，傳統的折衷家庭形式逐漸式微，取而代之的是核心家庭。近年來，由於女性接受高等教育現象普及，加上參與勞動市場的比例也逐漸提高，在經濟自主的催化下，對於婚姻選擇也有了較多的自主。女性對婚姻自主權的提高，相對卻對死守著傳統家庭觀念或父權思維的男性，造成相當大的衝擊。對於那些死守著傳統父權價值而不肯罷手，或是因為居住在偏遠的農、漁村等，較不受本籍女性青睞的居住環境之男性，隨著政府南進與西進政策的發

展，反而找到了婚姻的出口。

　　什麼樣的動機成就了跨國姻緣呢？在陳淑芬（2003）對中國籍婚姻移民婦女婚姻暴力的研究中，發現飄洋渡海來台，可以獲得較好的物質生活條件；而趙彥寧（2003）文中發現，中國婚姻移民婦女受到瓊瑤浪漫小說的影響，誤以為台灣男人都像瓊瑤筆下的男主角那樣既溫文又儒雅，是成就跨國婚姻主要動力。這些現象也呈現在本研究的訪談資料中，許多東南亞籍婚姻移民婦女受到當地媒體片面資訊傳遞的影響，將台北的繁榮與都市化的程度，概化為台灣普遍的生活型態，進而對台灣的異國生活，充滿著美麗遐想與虛幻憧憬〔「新娘子最常遇到的就是把台灣想像成金銀島，因為台商給她們的印象，還有電視都是報導台北，所以她們會覺得自己是嫁到台北」（社工員1）〕。當新移民婦女來台之後，發現這種美麗虛幻的印象根本無法與實際生活產生連結時〔「她覺得台灣的生活一定比她們那邊好很多，可是她們沒有想到嫁過來的地方是這麼偏僻」（社工員11）〕，夢碎之後的挫折往往成為阻礙生活適應的另一重要因素。

　　當然，這種建立在物質交換基礎的婚姻關係，原本婚姻關係的穩定度就不高。加上媒體對於「外籍新娘」的負面報導，任何外在刺激都可能引起配偶的不安全感，擔心妻子會逃婚〔「她們通常都會滿排斥讓這些外籍太太接觸外面，因為一旦接觸就會有比較，一旦有比較，她們就會很難配合他們」（社工員11）〕。在懷疑、焦慮、嫉妒與擔憂等多重情緒下，「暴力」往往就成為跨國婚姻關係中，男性對女性進行控制的最直接手段。從訪談資料中，歸納出造成跨國婚姻關係婚姻暴力現象的原因有下列幾項：

（一）婆媳妯娌──暴力的共犯

　　許多新移民議題之研究報告都指出，新移民婦女其夫家的家庭型態大都是屬於大家庭或折衷家庭，同時家人的意識型態也都維持著男尊女卑的保守

性別意識。在傳統父系的家庭關係中，「媳婦」的地位原本就不高，很容易淪為家庭中最弱勢的成員，何況是這種建立在金錢交易基礎的跨國婚姻關係。對夫家而言，婚姻移民婦女是用「錢」買回來的一項物品，她是來家中幫傭的、照顧人的，而不是娶進來當媳婦的〔「沒有這樣的一個婚姻概念，所以他們就到那邊去找新娘來幫她們生小孩、照顧他、照顧公婆，……他們現在對於外籍新娘的觀念還是這樣，她們是來照顧人的，不是把她們娶進來當做一個媳婦看待，而是當做傭人」（社工員 6）〕。在資本主義與父權主義意識型態作祟下，夫家的婆媳妯娌很自然就成為維繫父權權力結構的共犯，而施予婚姻移民婦女身體上的暴力，也成為最簡單的控制手段。許多有關本籍婦女婚姻暴力的研究都指出，婆媳或妯娌之間的施暴行為並不常見；對大多數的新移民婦女而言，婆媳與妯娌的互動關係往往是婚姻暴力的導火線，甚至成為對婚姻移民婦女施暴的主要對象。

他媽媽老實講是一個很強勢的人，她早年喪偶，小兒麻痺的是她的獨子，……這個媽媽就開始介入他們，她煽動她的兒子不要讓外籍新娘出去，否則外籍新娘會出軌啦！兒子就會很信任媽媽的話，像監視器一樣無時無刻都在監視她，跟她兒子打小報告，夫妻感情就不好，不好的時候就會動粗。（外事警察 1）

我是覺得她問題的癥結是在她婆婆，……阿嬤教她自己的孫子，隨便拿一根棍子往這個越南新娘，就是他媽媽的身上打，然後說「去死、去死」這樣子。（外事警察 9）

除了她先生對她施暴外，婆婆也會對她施暴，她會用椅子丟她之類的……。她先生酗酒後向她施暴，這其實也很常見，或者是說她會說她先生都不去工作，那她想去工作，那這樣也被她先生打或被先生罵……。（社工員 6）

（二）金錢──載舟、覆舟

　　「經濟」可以說是成就 1990 年代以後，台灣跨國婚姻移民發展趨勢的主要動力。當台灣的男性以錢做為誘餌，經由婚姻關係來建構合理的性交易時，不也期待新移民婦女能透過家務勞動的提供，達到經濟邊際效益的目的？當新移民女性在思索是否接受台灣男性的求婚時，不也盤算著如何透過婚姻關係中的性交易，獲取對原生家庭生活條件改善的貢獻？與東南亞籍婦女結婚的台灣男性，所從事的職業大都不屬於主流經濟範圍，通常不是留在故鄉中務農或出海捕魚，就是從事較低階之藍領工作，如開計程車、修水電或擺地攤，而且工作的穩定性也不高。從資本主義生產交易的觀點而言，花大錢娶老婆是為了傳宗接代，並附帶提供免費的家務勞動；而女性則是透過身體的交易，犧牲自己的婚姻幸福，達成原生家庭生活條件改善的機會〔「滿多是經濟，她們會認為我嫁過來，至少有一些錢可以幫助我的娘家」（社工員 2）；「金錢上的婚姻，感情本來就很薄弱，所以她們過來都是為了改善家庭經濟，男方這邊可能就是要傳宗接代，要不然就是要持家，女方過來可能是要幫助家庭經濟狀況」（社工員 1）〕。

　　在資本主義社會中，金錢與物質條件往往被視為是社會地位的象徵。然而，無論是媒體報導或研究報告中，對於新移民婦女對金錢與物質生活條件的需求，都冠以道德的高帽，在「我們」與「她們」之間透過道德批判築起一道種族與文化的藩籬（趙彥寧，2003）。交易行為原本就是資本主義社會的形式與內涵，當上層階級人士透過聯姻，來擴大彼此的經濟實力時，對於這種透過身體交易來擴大經濟結盟的婚姻形式，我們總是習慣以欽羨的眼光給予讚許。對於下層階級的人，透過婚姻關係來抵制資本經濟對命運的擺布，往往卻被譏之為「愛慕虛榮」或是「缺乏思考」的行動。從訪談資料中可以發現，當新移民婦女選擇跨國婚姻時，其實都經歷過相當多層次的考

量，例如：留在故鄉是否有適當的工作機會或是合適的對象？什麼方式才可以幫助原生家庭改善生活情境？這種新移民婦女絕非無能力的弱者之事實，同時也可以在夏曉鵑（2000，2003）的研究中獲得印證。

當成就這樁跨國婚姻的金錢基礎產生了變化，大男人的自卑及失去金錢權力的焦慮，往往讓這些男性回歸人性的最基本面，開始對新移民婦女施暴以掩飾自我的焦慮與害怕。

> ……先生是表裡不一的人，然後嫁過來之後，好像都是家裡經濟狀況出問題，先生失業，然後就是開始經濟上有些爭執之後，就開始動手打……先生是報社駐泰國的辦事處。兩個學歷都不錯，經濟能力也都算很好，回來台灣之後，先生的性格就有點變……事業上有低潮，就開始會對新娘子動手……。（社工員 1）
>
> 平常他們只要是有一些……那生活習慣也不太一樣，有一些不高興他就一腳，他就會踢案主的小腿，平常一有什麼一些不好聽的或是怎麼樣的不合他意的，他就會踢她……。（社工員 11）

（三）語言──人際溝通的藩籬

全球化的源頭來自資本工業國家將現代化向外擴張，整個擴張過程所形成的影響卻是相當廣泛，舉凡政治、經濟、社會、文化、自然生態與生活環境等，無一不受全球化發展趨勢的波及。全球化所帶來的跨國人口流動，對移居國往往產生巨大的多元文化之衝擊，迫使移居國政府必須思考如何建構有效的文化機制，以建立多元文化之國家。雖然文化不只是「語言」而已，但「語言」卻是在文化內涵中扮演著重要角色。當新移民婦女初來乍到陌生的台灣，語言往往成為她與生活世界溝通的媒介；然而，在語言溝通能力相

當有限，加上對外在環境的陌生與生活不適應等因素，「家」成爲孤立婚姻
移民婦女的牢籠〔「講到受虐部分，因爲大部分教育程度不高，而且婚姻關
係是建立在買賣基礎，語言溝通和生活方式又不同……最重要的是心態的問
題……他的心態是：妳是我買回來的，妳要跟我要錢，一天給一百，還可以
打電話回家」（外事警察4）；「最大的困難以夫妻來講還是語言的問題」
（外事警察2）〕。

誠如夏曉鵑（2003）在〈實踐式研究的在地實踐——以「外籍新娘識字
班」爲例〉文中所言，語言本身不是目的，而是一種媒介，讓弱勢者藉由
語言發聲。因爲語言溝通的障礙，使得婚姻移民婦女在日常生活中，必須處
處仰賴配偶或配偶家人的協助，不僅造成新移民婦女對配偶的依賴，同時也
容易讓新移民婦女與外界資源產生隔離，這種疏離正是弱化權利的關鍵。對
中國婚姻移民婦女而言，語言溝通比較不會影響日常生活的適應；但對絕大
部分的東南亞籍婚姻移民婦女，在移居台灣之前可能只會幾個簡單生字或輔
以比手畫腳，進行簡單的溝通而已，來台灣之後如果沒有進入「識字班」或
學習語言的機會，將會讓許多婚姻移民婦女孤立無援，與整個社會的互動疏
離。

雖然，東南亞籍婦女無論是膚色或外表，與台灣婦女並沒有太大的差
異；可是，無論是文化習俗或是生活習慣，卻與台灣有相當明顯的差異。舉
例來說，許多菲律賓籍新移民婦女主要是信奉基督教，而越南則是信奉傳統
佛教，這些與大多數台灣人的民間信仰，無論是理念或祭祀習俗都有很大的
差異。在日常生活中的飲食習慣，無論是口味或菜色，東南亞與台灣之間也
都有明顯的區分，東南亞國家通常是口味較重，酸、鹹、辣並重，但是台灣
卻是較淡但油膩。大至國家、法律的理念，小至生活習俗與互動，都需要語
言做爲溝通的媒介，當語言無法成爲溝通的橋樑時，就很容易成爲衝突的來
源。

　　這些男性配偶及其家屬，往往將新移民婦女視為是購買回來的商品，所以在日常生活互動過程中，無論語言或態度都很容易流露出輕視與敵意。加上男方無論是外表、學識或年齡，可能都與女方相差一大截，很容易在父權意識的作祟下，產生懷疑與擔憂。當挫折情緒油然興起之後，就很容易導致以施暴來控制婚姻移民婦女的現象。

伍、公民身分與抉擇

　　由於新移民婦女在台灣普遍缺乏社會支持系統，加上文化隔閡與語言溝通不良，讓新移民婦女與台灣主流社會產生相當大的疏離。何況許多新移民婦女來自東南亞地區，這些國家對於人權與社會福利遠不及台灣，加上語言溝通能力不好，以及對社會福利資訊的不瞭解，使得新移民婦女在遭受婚姻暴力的威脅時，無法善用各項婚姻暴力防治網絡之資源，讓自己脫離婚姻暴力輪迴的悲劇。受訪的社會工作人員都提及，當新移民婦女遭受婚姻暴力時，很少主動求助各縣市家庭暴力防治中心或警察單位，大都是被雇主、鄰居或朋友發現受虐事實後，協助通報到家庭暴力防治中心或打 113 保護專線，再由家庭暴力防治中心的社工員，進一步瞭解婚姻暴力狀況及提供適當協助〔「比較少接到的是本人自己打電話來，……基本上，可能本身知識水準並不是這麼高的話，她不知道有這樣的資源，幾乎都是由旁人、朋友幫她們通報，要不然就是雇主」（社工員1）〕。

　　由於《入出國及移民法》規定，各地外事警察必須與移居台灣的移民者，保持定期與不定期的接觸，以瞭解移民者在台灣的生活適應狀況。因此，當新移民婦女在遭受婚姻暴力之際，向外事警察求助的機會，往往比直

接向家暴中心社工員求助的機會高出許多。由於地緣關係，許多婚姻移民婦
女在遭遇婚姻暴力之後，往往會直接向當地的派出所或警察局求助。從訪談
資料中顯示，受虐新移民婦女最常求助的單位，就是附近的派出所或警察局
〔「自從她生了第一個小孩之後，對她就開始拳打腳踢……這個新娘子她到
台北縣，她是先到警察局求助，她並不是到家暴中心，她先到警察局看警察
局能不能給她保護」（社工員1）〕。當然，也有部分社工員與警員提及，
有少數警察局或派出所會吃案〔「她們大部分第一線都是先找警察。……因
為先生跟警察關係不錯，所以這個案件就一直被壓下來，她就覺得不甘心，
她還是又問到另一個警察，另外一個警察說妳跑遠一點的警局去報案，不要
在自己的轄區範圍之內，她就跨基隆那邊去報，基隆那邊警察幫她處理之
後，才連結到家暴中心，整個過程是繞了一大圈……」（社工員1）〕。當
警察吃案，就很容易讓受虐新移民婦女陷入更大的暴力危機，部分新移民婦
女為了尋求生存管道，在友人建議下會採取越區報案的方式，如此才能獲得
較為洽當的協助。從訪談資料中發現，住家附近的行政系統，如里長或區長
等，對於婚姻移民婦女遭受婚姻暴力後之緊急救援工作，的確發揮了不少功
能〔「她好像已經求助過里長，還是某個區公所了，區公所的人員告訴她，
我們萬華有這樣的一個婦女中心，那她就找了地址，就騎過來……」（社工
員6）；「那天她被打的受不了了，就跑出來，剛好里長就在對面，就跑到
里長家躲一下，請里長協助一下、報警，然後我們才正式介入」（社工
8）〕。

　　從許多研究報告（邱方晞，2003；陳淑芬，2003；趙彥寧，2003）看
出，無論是中國籍或東南亞籍婚姻移民婦女，嫁到台灣的主要目的不是為了
自己的生活尋找出路，就是為了改善原生家庭的生活條件。當然，這些都與
「錢」脫離不了關係，而台灣的經濟繁榮與工作機會，正提供給新移民婦女
對「錢」與「前途」的想像空間，而「公民身分」則是進一步落實新移民婦

女對生活世界想像的基本要件。一般而言，當東南亞籍婦女與台灣男性結婚之後，要取得台灣的永久居留權，就必須要等至少二至三年以上，或甚至四五年之久。在過去，新移民婦女要在台灣擁有合法的工作權，就必須要取得永久居留權。可是，勞委會為了符合移民潮流之需要，進一步修改《就業服務法》之規定，規定只要雇主願意僱用，那麼東南亞籍婚姻移民婦女不一定要具有永久居留權，也可以擁有合法的身分外出工作。然而，新移民婦女無法在短期之內快速改善語言溝通與識字能力，加上學歷認證問題，往往都是阻礙雇主僱用婚姻移民婦女的意願，進而影響導致新移民婦女在經濟上必須長期依賴配偶，無法追求獨立生活。

從訪談資料中，約略可以將新移民婦女遭受婚姻暴力後之求助行為，區分為兩大類型：婚姻暴力行為剛發生不久或婚姻暴力發生很久了。當新移民婦女來台不久即遭受婚姻暴力，通常會主動或半主動的向外求助，在異國婚姻夢醒之後的醒悟，往往希望趕快結束如惡夢般的婚姻關係。然而，許多新移民婦女會隱忍不向外求助，主要是忌憚破壞了婚姻關係，可能導致自己無法取得永久居留權，進而阻礙自己在台灣生根工作〔「她很清楚，她是要拿到身分證……其實她們是被打很多年了，那為什麼她們到了後面才來，那是因為她們已經拿到身分證了，所以她可以選擇留在台灣，可以留在台灣找工作」（社工員7）〕。

長期隱忍配偶暴力相向的動機，主要是希望有朝一日能夠取得台灣的身分證，合法外出工作，賺錢養活自己，也改善原生家庭的生活條件〔「其實我覺得經濟因素影響很大，就是沒有辦法回去，所以只能選擇留下來，可是這種個案通常都會失蹤，就是如果說是這種身分問題，就是說我後面是沒有辦法聯絡上她」（社工員7）；「從大陸那邊對婚姻的看法，她們回去不是怕離婚沒面子，而是因為回去很窮、很潦倒，所以很多大陸的幾乎在我們那邊（指庇護中心）都是等身分證的」（社工員2）〕。當然，也有一部分的

婚姻移民婦女是為了第二代，而隱忍配偶長期暴力相向的生活經驗，將人生的規劃寄望在下一代孩子身上。無論是何種原因，這種透過身體交易來達到經濟交易目的的跨國婚姻關係，在在突顯出婚姻關係對婚姻移民婦女而言，並非生命中重要的事件。

　　如果新移民婦女尚未取得永久居留身分以前，選擇離婚做為婚姻暴力的結局，那麼婚姻移民婦女將會面對被驅逐離開台灣的命運。在公民身分未定的前提下，許多受虐婚姻移民婦女認為台灣的法律絕對是站在男方這一邊，當遭受暴力透過司法程序訴請離婚時，法官也都會將孩子判給男方，使她永遠失去和自己的小孩接觸的機會〔「因為那關係到身分證對她到底重不重要，……那我離婚了我不能留在這邊，那小孩子怎麼辦？如果今天這個外籍新娘，因為她有身分證嘛！所以離了婚之後，她還是可以選擇要留在台灣，那就會回到好像本土新娘離婚一樣，可是今天如果她沒有拿到身分證，她唯一的路就是離開台灣」（社工員7）〕。為了能夠與自己親生的小孩生活一起，或是為了即將要核發下來的身分證，而隱忍配偶加諸在自己身上的暴力控制。這種加諸在新移民婦女身上的痛苦，突顯出父權社會中的性別權力與經濟地位不平等的無奈，卻被部分警察人員誇大為是台灣女性身上消逝的美德〔「這個婚姻先生對她不好，但是她覺得為了小孩，她願意維持這個婚姻；她的觀念，可能比我們台灣的漢人還要有那些傳統美德」（外事警察9）〕。當然，男方或男方家庭也抓住了這項弱點，肆無忌憚的以暴力加諸在婚姻移民婦女身上。說實在的，當婚姻移民婦女在遭受婚姻暴力之際，如果尚未取得身分證，那麼她們在遭受暴力之後的抉擇，其實都是相當受到限制的。

　　大多數新移民婦女都是來自中國或東南亞窮鄉僻壤的農、漁村地區，由於民風純樸，加上傳統價值觀對鄉民的約束力強，使得鄉民對「離婚」往往投以異樣眼光，更容易形成社會集體的譴責〔「回去覺得說很丟臉的，……

她們在當地甚至覺得到台灣來是滿光榮的事,所以再回去丟臉的程度會很大,而且別人會怎麼看她?」(社工員7);「那麼女方回國沒有面子,自尊都沒了,尊嚴都沒了,而且都嫁人了,回高棉整個村莊都知道她嫁過來,所以她沒辦法回去」(外事警察2)〕,因此許多新移民婦女擔心離婚事件造成的污名化,以及在傳統社會面子文化的作祟下,往往進一步阻礙了婚姻移民婦女在遭受婚姻暴力之後的抉擇。既使新移民婦女在遭受婚姻暴力之後,選擇離婚做為結束婚姻的方式,返鄉之後為了顧及原生家庭在鄉里的面子,必須面對鄉民對她離婚之事議論紛紛,往往都會選擇飄零流落在外地,在一個人生地不熟的都會地區落腳生根,〔「她就是回去,也不會回那個鄉村了,會在別的地方工作(社工員7)」〕。

陸、公民身分與社會福利

　　Marshall(1964)主張在現代工業國家中,每一位公民都應該享有完全的公民權(full citizenships),所謂完全的公民權是包含民權、政治權與社會權三項內涵。從Marshall的觀點,任何一個現代化民主國家都應該保障每一位國民擁有這三種權力,而民權與政治權更是國民行使社會權之前提要件。當我們將Marshall對公民權的論述,擺在全球化所造成的跨國人口流動現象的鏡頭下檢視,卻發現Marshall的論述其實是充滿著互動又互斥的矛盾關係。舉例來說,當台灣的《入出國及移民法》規定移入者必須在一定期間與一定條件之下,才能取得移居國的永久居留權(或國民身分證);在這些移民者取得國民身分證之前,是不具有Marshall所謂的政治權,也就是投票權或選舉權。可是,這些移民者又是具有合法身分拘留在台灣;因此,政府

必須提供部分的社會福利以保障其需求。然而，目前台灣大多數的社會福利資源的使用，都是建立在以家戶爲單位或以身分證爲主之資格要件，對於未取得國民身分證的新移民婦女而言，往往因爲公民身分未定而未能使用社會福利資源與服務。

一、公民身分與福利資源使用

到底公民身分與受虐婚姻移民婦女的社會權之間的互動關係爲何？在本研究的訪談資料中，我們正好可以透過第一線提供受虐新移民婦女相關協助之工作人員的觀點與經驗，來檢視 Marshall 對公民身分與社會權之論述。從訪談資料中發現，大多數的社會工作人員經常會因爲新移民婦女未取得國民身分證，而導致無法充分使用法定福利資源，來協助這些受虐新移民婦女追求獨立生活的目標〔「如果沒有拿到身分證，妳一離婚就要馬上回去，就是馬上要回去或是回先生那邊去……其實我們常常爲難，知道說如果她不離婚，又把她送回去，很可能隨時在受暴，甚至可能會把她打死，都不知道……那如果要強迫她們離婚，這又不是我們家暴中心成立的一個目的」（社工員8）〕。就目前台灣的《國籍法》規定，如果新移民婦女未取得永久居留權以前，因遭受婚姻暴力而協議或訴請離婚；在離婚之後，新移民婦女就失去合法繼續居留在台灣的權利，所以社會工作人員除了在緊急救援期間，提供緊急庇護安置與法律諮詢服務之外，幾乎很難運用其他的福利資源來協助受虐新移民婦女。

通常，未取得永久居留權而因婚暴訴請離婚的婚姻移民婦女，在緊急庇護安置之後，最需要的服務就是提供緊急生活扶助或籌措返鄉機票費用。然而，「身分證」仍是做爲審查婚姻移民婦女，使用緊急生活扶助或是後續服務資源的關鍵〔「經濟上的補助現在也放寬了，可是我給外籍新娘就是庇護的費用，好像其他都沒有了。有了身分證就可以透過低收入戶申請給予經濟

補助」（社工員3）〕。由於未取得身分證的新移民婦女，此時並不具有合法資格使用法定資源，所以大多數社會工作人員必須結合民間慈善團體的資源，來幫助新移民婦女解決生活困境〔「明明法律上沒辦法幫她申請到錢啊，這種人就是需要有些律師的協助，……我根本沒辦法申請到錢，真的很難去募款，可以幫忙申請一些民間的捐款」（社工員2）〕。

　　對於那些已經擁有永久居留權的受虐新移民婦女，雖不再因為訴請離婚而必須面對被驅除出境的命運，可是根據《社會救助法》的規定，如果新移民婦女是單身或未爭取到孩子的監護權，那麼也無法接受政府的生活津貼補助。這些新移民婦女即使可以以流利的國、台語溝通，但是對於漢字識字程度不足，很難在台灣的就業市場上找到較合適的工作〔「她的學歷、她的專長、她的語言，所以她會限制她找工作的類型，那工作就可能就落到比較服務業，還是生產線，還是說在家裡做幫傭照顧的工作」（社工員1）〕。即使找到了工作，也大都是局限於服務業、加工業或幫傭等較低階服務業，或是將生產與再生產結合的非正式經濟生產的工作，如擺攤子或經營小本生意〔「在工作的部分，她是很堅持的一定要做，她是自己去弄一個麵攤，自己賣，所以她也不用有雇主」（社工員5）〕。

　　這種缺乏支持系統，加上語言文字的限制，讓新移民婦女在追求生活獨立自主的過程，必須面對重重荊棘。就目前台灣家庭暴力防治網絡的運作，對協助受虐新移民婦女追求獨立生活及經濟自主的部分，原本就備受忽略。即使社會工作人員提供就業服務，也大都是局限於與勞工局的就業輔導站或輔導中心的連結，至於轉介之後新移民婦女的職業媒合，或工作的穩定度與滿意度等，幾乎是不去進一步瞭解的。

　　對本籍受虐婦女而言，台灣地形狹小、人口稠密，加上非正式支持系統連結關係較為綿密，所以當遭受婚姻暴力時，非正式支持系統往往都能發揮相當高的協助功效。相較之下，由於新移民婦女遠度重洋跨國移民來台，在

與原生家庭支持系統中斷關係之際，在人生地不熟的環境中，對台灣政府提供的福利服務訊息所知有限，所以在遭遇婚姻暴力時，緊急或短期的庇護安置往往就成為受虐婚姻移民婦女的唯一保護場所〔「可能是因為她們每一案子，幾乎會成案，所以會感覺她們使用的比率就高。只是說她沒有一個地方可以去問的時候，沒有支持系統的部分，她當然就是要到公部門啊！所以外籍進去庇護所的比例高」（社工員 10）〕。

根據訪談資料顯示，目前受虐新移民婦女是各縣市緊急或短期庇護中心的高使用人口群，而中國籍新移民婦女要取得永久居留身分，要停留在台灣的期間遠比東南亞籍新移民婦女要多出好幾年，所以中國籍新移民婦女就成為目前各縣市緊急或短期庇護中心的長期住戶。在有限資源的限制下，無論是緊急庇護或其他資源的使用，往往會面臨相互排擠的效應；加上第一線工作人員對婚姻移民婦女的負面刻板印象，無形中將自己形塑為社會資源的把關者，以著更嚴厲的規範制約受虐新移民婦女的行為〔「對我們台灣的婦女而言，她可能庇護一晚、兩晚，就可以很自由的離去……可是在外籍新娘的部分，就有點拘謹了。她的自由我們會有較大的限制……對外籍新娘的緊急庇護絕對會提供，……因為他們沒有什麼資源，我們安置所目前也較符合外籍新娘的需求……保護令要三個月才會核發，我們庇護不可能讓她住到三個月」（社工員 4）〕。

對在第一線提供相關服務的工作人員而言，「公民身分」原本只是一道簡單的符碼或一個標籤，並不帶有任何社會價值或道德判斷的色彩。事實上，當第一線提供直接服務的工作人員在面對新移民婦女之際，在種族的情結作祟下，加上資本經濟優勢者的階級與性別意識等複雜情緒交織下，竟然醞釀出「道德審查」的角色，逐漸建構出「我們」以對抗「她們」的社會控制機制〔「我覺得滿矛盾的，到底要不要幫助她們，她們來台灣可能就是要撈錢……」（外事警察 3）〕。經濟的優勢更讓第一線提供服務的工作人

員，無形中以著異樣眼光，審查這些來自經濟較爲落後地區的新移民婦女，進而盤算出如何透過控制手段，達到「我們」與「她們」之間的區隔〔「她們的階層如果要分，也是比較下階層，所以還是讓她們回去比較好，因爲她們留著勢必要影響本國人工作」（外事警察1）〕。

在訪談資料中，我們更看到父權意識充斥在男性工作人員的價值思惟中。就男性工作人員的立場而言，新移民婦女離婚之後如果繼續留在台灣，不僅會成爲台灣社會的問題製造者，加上女性不慣於理性思考與判斷，更容易陷入受到外在利誘影響，而做出傷風敗俗的行爲〔「坦白講，還是要走，因爲她留在台灣還是會有問題會產生，即是單親、又是外國人，又爲了工作她可能會受到利誘或一些不好的事情」（外事警察1）〕。這種充滿道德價值判斷的意識型態，又如何能成爲社會正義的化身呢？從訪談資料中，不禁懷疑，第一線提供受虐新移民婦女相關服務之工作人員，到底是正義的化身或是道德的守門員？

二、非關公民身分

自1990年以來，全球化發展趨勢在台灣形成的跨國移民現象，已使台灣成爲一個具有多元種族與文化的移民社會。不過，無論是從近兩年移民署或移民政策的討論，或是從婚姻暴力防治網絡的宣導與服務推動，都可以看出國家政府對成爲移民國家的遲疑緩慢。除了公民身分之外，哪些會是影響第一線工作人員推動婚姻暴力防治工作成效之因素呢？

（一）語言——問題理解的媒介

在日常生活中，「語言」是人與人之間溝通的媒介，當人際溝通無法經由語言達成時，就會產生許多溝通上的障礙。如果這種障礙是發生在助人服務過程中，更會影響專業服務的成效。從訪談資料中明顯的看到，提供東南

亞籍受虐新移民婦女相關服務的第一線工作人員，都經驗到語言溝通障礙，成為理解婚姻移民婦女遭受暴力的歷程與經驗的關鍵，進而影響婚姻暴力防治工作服務的品質與成效〔「我覺得在服務的過程中，最大的困難還是語言，比如說我家訪的一個表格出來了，那裡面有很多題目嘛，如果說我都按照這些題目下來問的話，如果說她們語言都能夠對答如流，那就沒什麼問題了，今天中間要是有很多東西，第一個她的字彙，要是誤解的話，出來的答案可能就是整個是歪的」（社工員 1）；「我會覺得外籍新娘很難做的部分，第一是在語言溝通上真的有困難」（社工員 7）〕。

雖然，通譯或翻譯大使可以稍解語言溝通的障礙；可是，總是讓這些溝通流於表面形式上的對話。社會工作人員很難用有限的語言溝通內容，結合專業會談技巧，來減輕新移民婦女對暴力的恐懼與擔憂，或進一步深入討論如何做好人身安全計畫準備，以及結合社會資源幫助自己邁向獨立生活目標。這種語言溝通的困難，讓社會工作人員在面對受虐新移民婦女之際，深深的感受到無力感。

> 我覺得真的很無力，然後永遠好像都在同樣的一個問題──語言。事實上我覺得我真的可以給的東西很有限，除非在語言上真的可以溝通。……我覺得沒辦法去瞭解她比較深層的部分……她所表達的又是什麼？而我所理解的，這中間到底她要傳達的訊息跟我實際上……還是很難完全達成。我覺得這一部分對我是有很大的無力感……我覺得對我來講最大的困難還是在語言，因為沒有語言，我後面的部分還是沒辦法溝通，頂多我只能針對目前我手邊的資料來做一些行動，可能透過一些協助之後，然後我去做一個確認，之後看妳需要些什麼。（社工員 7）
>
> ……說真的，我們可能要跟她溝通真的是很困難，國語不通、台語不通、英語也不通。……因為語言溝通上真的是有困難……。（社工員 11）

（二）法律認知不同

在第一線提供受虐新移民婦女相關服務的第一線工作人員，普遍發現東南亞籍新移民婦女對台灣的法律認知非常有限，更害怕與司法體系有任何接觸。她們相信司法是用來控制每個人，而不是用來保障每個人的權利，她們更相信司法永遠是站在男性這一方，所以總是不願意走上司法訴訟之路，寧願以私下和解的方式來解決婚姻暴力衍生的糾紛〔「她們不懂台灣的法律，不懂得保護自己，一受虐的話就只想到回到自己的國家，她們也不曉得台灣警察能為她們做什麼」（外事警察3）；「法律知識的訊息，這一方面是最困難的，因為這些東西她們聽得不是很懂，因為她們在那邊也比較少有法律上的接觸，比較少用到法律的問題，所以在跟她灌輸一些法律常識時，很困難的……不是很懂，那這樣就無法去使用她的權利」（社工員8）〕。相較之下，中國籍新移民婦女對台灣的法律認識較為清楚，也比較能主動的運用各種法律來保護自己的權益。

三、婚姻暴力防治網絡的連結與建構

從訪談資料中發現，在第一線提供受虐新移民婦女相關協助的社會工作人員，經常遭遇到的困難主要是來自政府法規或服務使用的資格條件限制。許多政府部門或單位，仍舊抱持著舊官僚的習性，被動的配合與提供服務，完全不是站在解決問題的立場，主動協助受虐新移民婦女適應台灣的生活環境〔「戶政單位上它開放非常多外籍新娘課程嘛，她們人數都非常多……大部分，他們只是把這些課程教給她們，然後教完之後，這一期上完之後，可能就沒事了。如果新娘子私底下有什麼暴力啊、家庭有什麼問題的話，他們一律採不處理的態度」（社工員1）〕。其實，無論是本籍或新移民婦女之婚姻暴力防治工作，都相當重視專業整合的概念；然而，目前婚姻暴力防治

網絡在運作過程中，仍看出各單位的各自為政的官僚心態相當強烈。當社會工作人員與派出所的警察人員或家防官聯繫時，發現許多的警察人員仍舊對新移民婦女的婚姻暴力現象，存有許多性別迷思，甚至認為新移民婦女只是為了「錢」才結婚，根本不會忠於婚姻，所以在處理過程都明顯偏袒男方。這種「性別」意識左右專業服務內涵的現象，更因為家防官本身的性別而有不同的影響。普遍而言，女性家防官在處理新移民婦女的婚姻暴力事件時，都遠比男性家防官更細緻；在問話筆錄過程，女性家防官比較會仔細詢問新移民婦女遭受暴力的過程與經驗，而男性家防官卻仍舊局限在官僚形式與表面主義〔「男女家防官處理態度很不同。詢問受理案件過程也不同，女性較男性問得多，女性會花時間去瞭解整個受暴狀況，男性會逐條問或會自己寫安全計畫書，再給我做紀錄。我覺得男性家防官整個處理對被害人的耐心，還有扮演主動的角色都有點不夠」（社工員 4）〕。

　　從 Padilla（1997）的觀點，現代資本工業國家對國家主權的宣稱，主要是建立在對主權領土範圍的國境管理政策之上，這是屬於移民政策的範圍；然而，就福利國家而言，更重視的是這些跨國移民的公民身分與社會福利體制的互動關係，這就是 Padilla 所指涉的移民者政策。當新移民婦女因婚姻關係而移居台灣之後，無論是移民局、外事單位與警政系統，或社區中的社會福利、衛政、勞工與其他各項資源，就必須形成綿密的資源網絡，有效的協助移民者在移居國的生活適應與融入。就婚姻暴力防治工作而言，首先應溯及婚前及婚後的防治宣導，其次才是婚姻暴力發生時的緊急救援及後續追蹤輔導與支持性服務。因此，政府如何整合駐外單位與政府相關部門，積極加強跨國婚姻的婚前教育與宣導工作，讓新移民婦女的婚姻暴力現象能防範於未然，而不是當婚姻暴力問題發生之後，才亡羊補牢，根本無助於減緩新移民婦女婚姻暴力問題之嚴重性〔「政府如果願意的話，就是辦一些訓練營，現在有在辦，不夠推廣，辦個學校，讓他們去學，從教育做起。你要跟

她講，告訴她們我們台灣人的觀念怎麼樣，做一個洗腦，老公是怎麼樣，老婆是怎麼樣，教她一些好的東西」（外事警察4）〕。受訪警察人員指出，對於跨國婚姻的語言溝通困難，政府應透過法規強制規定移民者在移入台灣之前或是開始階段，都應接受至少為期一年左右的語言、生活與文化適應等課程的訓練。唯有對移居國的文化有了初步的瞭解及語言的基本溝通能力之後，才不至於讓新移民婦女經驗到文化不適應及語言溝通障礙，而形成與台灣主流社會疏離的命運〔「我認為應該要強制、立法強制，所有的外籍配偶來台灣，最起碼也要上課上一年，就好像國民義務教育一樣，我認為這樣子才有效。……我是認為事前的教育總比你事後花費那麼大的社會資源，去做這種補救的工作還要好的多」（外事警察2）〕。

目前大多數的縣市政府教育局，大多會透過補教系統提供新移民婦女識字教育訓練課程，而社會局與民政局等單位也會提供生活適應等相關課程與訓練活動，來幫助新移民婦女快速融入台灣的生活環境。從各縣市實施的經驗中發現，大多數被允許外出參加識字班、華語班課程或生活適應班相關活動的新移民婦女，相較之下都是與配偶的關係較好，同時婆家家人的支持系統也都較強。那些無法走出家庭來參加教育局舉辦的識字班，或是參加民政局與社會局所舉辦的生活適應活動的新移民婦女，無論是家庭經濟狀況或婚姻關係的和諧，才是政府相關單位最需要關注或甚至介入協助的成員。

隨著全球化的跨國人口流動現象，形成的多元文化與種族問題，正挑戰著一直以漢民族自居的台灣社會。當台灣島內各界對於婚姻移民的公民身分歸屬爭論不休之際，我們似乎忽略了移民現象背後所隱藏的文化意涵，當國家的移民者政策是朝向以經濟優勢主導文化發展的內涵時，又如何期待我們的社會能發展出移民社會的風貌呢？〔「有部分的中心會針對外籍新娘或是大陸新娘辦一些所謂的烹飪課……我覺得他們的用意是很好，可是我們是不是也可以換一個角度來思考，台灣人要去娶他們的時候，總不能一味的教人

家要學我們，我們是不是也要多知道人家……」（社工員5）〕除了建構合理的資源網絡系統之外，幫助新移民婦女建立屬於自己文化的非支持系統，也是目前相當急迫的工作〔「問題就是說她那邊的朋友非常少，她有時候希望就是說她能下去找找朋友，但是因爲公公婆婆會不同意，那先生也不同意，所以……她沒辦法去忍受這樣一個日子」（社工員9）；「她們能找到她們的同籍伙伴，而且總有人可以協助她們在這裡的生活更順利」（社工員6）〕。

　　然而，許多時候由於專業之間缺乏溝通所形成的隔閡，或是各單位本著各自爲政，以及多一事不如少一事的官僚心態，形成跨部門與跨專業之間的溝通障礙，進而阻礙了婚姻暴力防治資源網絡的建構〔「我們想說是警政單位，可是有的時候我覺得我們也不是這麼方便說，他們就會覺得我們隱瞞訊息什麼的，要透過公部門的機制跟他們用公文往返……反正有關保護的案件我們都無可奉告這樣子，我覺得外事警察似乎也需要瞭解我們社政的系統」（社工員6）；「當我們去等於說幫她去申請保護令之後，法院要傳出庭，法官就希望我們要帶通譯人員，那我們那時候就透過外事科的人員去找，但是後來他們回過來的答案都是找不到，找不到柬埔寨籍的。……剛開始就很激動爲什麼要找他啦！我就說沒辦法，因爲法院也是這麼講，那我們這邊中央的也是告訴我們，需要翻譯人員的時候就是要找外事科」（社工員11）〕。這樣的說法也在外事警察的訪談資料中進一步獲得印證了，多位接受訪問的外事警察提到，處理「婚姻暴力」事件並非外事警察主要的任務〔「我們時間太少、勤務又雜，例如說我現在是外事，但是也要支援行政上的或刑事上的案子，拆除房子啊、查戶口啦、國人的性侵害……，這些我們都要去處理，選舉活動我們也都要去。所以我們的勤務太雜，沒有辦法太專業化。像我們外事警察就是要專門到底，不要去摻雜太多……」（外事警察3）〕；甚至質疑台灣有處理婚姻暴力的專屬機構，爲什麼需要外事警察的

協助？〔「我們一直覺得社會局的人員多，他們服務的項目也多，而且他們比較專業啦」（外事警察3）〕。建議無論是外籍或本籍的婚姻暴力，都應該採取一條鞭法，回歸各縣市家庭暴力防治中心處理，並由各分局的家防官受理通報。

在因應資本全球化所形成的新的國際分工關係，進而形成的以女性為主體的跨國移民現象，是目前台灣社會發展經驗中，不可被忽略的事實。由於跨國移民現象所衍生的語言溝通、生活適應、下一代的教育、工作權利以及其他諸種問題，都嚴厲的挑戰著我國當前移民者的政策。如何建立一套完善合適的移民者政策，提供給新移民婦女及其下一代，充分的配套措施，以強化其適應能力，可以說是當前台灣社會發展經驗中相當重要的課題。是否需要在原有的婚姻暴力防治網絡之外，另行建構一套針對受虐新移民婦女的服務網絡呢？大多數受訪的警察人員均認為，考量到現有資源的有限性，不需要在現有制度之外，再成立另一套提供新移民婦女的婚姻暴力防治網絡，只需要補強現有防治網絡功能不足的部分即可。

因為婚姻的這種東西很難去……我想即使是本國人來說，也很難去瞭解，外人都很難去瞭解，差異性是一定有的；只是我想說，警察最主要不是社工員嘛， 最主要是在處理刑事案件，涉及刑案的部分，就是要移送法院的部分，我們才介入。至於說他需要社會，就是需要協助服務的地方，我想需要社工員的部分，真正遇到狀況，才會通知社工員這樣子，請家暴官去通報，因為我們不需要開闢第二個管道，因為這樣反而會讓整個系統亂掉，我覺得這並不是一個合適的方法……我想開闢更多的管道並不適合，可以做一個小的調整，就是做一個越南語、泰語的小紙條，讓她們能夠……到時候我們這邊會提供一種服務。（外事警察6）
還是要一條鞭啦，我想這樣整個流程會比較順暢一點，因為你進入司法體

系的話，他也不會管你什麼的一套，他一定是你進入司法系統，……設計
愈多就會亂掉，因為人員可能會更替，但是制度設計是一定的。不要因為
人員的更替，而讓這個制度阻止了，或是這個有點阻礙了，我想最主要是
這樣子，因為要去設計制度而不是用人來配合制度，而不是制度來配合
人，我想應該是這樣子。（外事警察 6）

柒、結論與建議

　　做為移民國家的一員，我們應該以何種視角來觀照台灣風起雲湧的新移
民現象呢？在媒體負面報導的氛圍下，我們又如何理解遭受婚姻暴力的新移
民婦女的處境？在跨國人口流動的發展趨勢下，我們又如何能在多元文化與
族群之間，建構集體的想像與認同？在這一篇文章中，主要是延續女性主義
福利學家，對 Marshall 公民權理念的批判，以新移民婦女婚姻暴力的議題為
主軸，並重新思考全球化發展趨勢下，公民身分的界定與婚姻暴力防治資源
的互動關係。

一、結論

　　近幾年，新移民婦女遭受婚姻暴力的事實不斷的被露，從婚姻暴力防治
相關單位的回應及幾個實驗方案陸續開展，可以看出國家政府逐漸意識到重
視移民者的社會（福利）權的重要性，而移民者的社會權就是 Padilla
（1997）所強調的移民者政策。然而，台灣在邁向移民國家的歷程，許多關
於移民政策的論述仍舊是擺盪在國族認同的矛盾意識型態中。當政府不能對

國境管理提出單一的政策（移民政策），做為移入者取得公民身分的規範機制，那麼就容易讓提供後續服務的相關工作人員，無法規範出一套可行的服務方案（移民者政策），而陷入不知所措的窘境。這種移民政策與移民者政策之間的矛盾關係，讓我們再次思考Marshall在公民權論述中強調的政治權與社會權兩者之間的線性關係，是否必然存在跨國人口流動的後現代社會中？對許多現代化國家而言，社會權的實踐主要是建立在全職工作的基礎；換句話說，社會權與每個人在社會上所占據的階級地位息息相關，卻無關政治權的實踐。到了後現代化的社會，階級已經不再是社會權實踐的唯一要件了，移民政策所建構的認同與排除作用，「公民身分」總是交織在階級與種族認同的複雜情緒中，建構著婚姻移民婦女在移居國的社會權的實踐。就如Kojima（2001）的批判，亞洲國家一直生活在同文同種的生活圈中，往往忽略了跨國移民趨勢所帶來的多元文化與種族的衝擊，由於缺乏明確的理念發展具體的移民者政策，因此許多國家都無法有效的幫助移民者融入在地主流社會。近年來，當台灣主流論述砲口一致的環繞著國境管理機制的議題時，明顯的忽略了婚姻移民婦女移居來台之後，政府應如何發展出一套機制幫助婚姻移民融入台灣社會，這些都驗證了Kojima對亞洲地區移民政策的批判。

　　從本研究對新移民婦女在遭受婚姻暴力後之抉擇與經驗，更讓我們深刻體會雄性暴力是如何與父權體制及資本主義產生共生關係。由於全球化在東南亞地區所建構的新的階級分工關係，讓原本屬於半邊陲國家，因資本經濟條件優於邊陲國家，而有機會透過跨國婚姻關係，對這些來自經濟條件落後國家的女性，透過生產機制進行再生產的交易行為。這種以身體實踐生產交換的現象，不只鞏固了父權，也成就了新移民婦女擺脫貧困的願望。這樣的婚姻關係，原本就是建立在經濟權力不平等的基礎，這種階級的差異很容易讓掌控經濟的一方（男方），成為婚姻關係的支配者，而讓經濟弱勢的一方（女方），落入被宰制的命運，而身體馴化就是成就男性對女性權力控制的

最直接手段。

　　新移民婦女遭受婚姻暴力的情形之所以如此普遍與嚴重，很明顯的受到移民政策的影響，而父權意識也是形成婚姻暴力的主要共犯結構。從訪談資料中發現，由於《入出國及移民法》之規定，當新移民婦女在取得永久居留權之前，她所擁有合法居住在台灣的權利，主要是依附在配偶關係之上，如果這層關係消失了，當然她的身分也會跟著消失。再加上，台灣有關社會福利法規與資源使用，幾乎都是建立在「家戶」的概念，導致未取得永久居留權的新移民婦女，無法獨立行使社會福利權；而取得永久居留權的新移民婦女，則必須視她是否獲得未成年子女監護權，才能決定其社會福利權行使的範圍。這種完全依附在「男人養家、女人持家」的思維，所建構的社會福利權的內涵，完全是違反現代福利思潮中強調獨立自主的思維。

　　加上跨國婚姻關係中的男方家庭，都抱持著強烈的「傳宗接代」的父權思維，使得「生兒育女」成為影響新移民婦女在婆家中的地位之關鍵因素。許多台灣男性在透過仲介進行跨國婚姻媒合之際，就已經考慮到傳宗接代與家庭勞務的重責大任，所以東南亞籍新移民婦女來台之後，大都是留在家中照顧年邁生病的長輩、病弱的配偶、家務勞動或下田幫忙農事。由於大多數婚姻移民婦女缺乏足夠的避孕知識，加上夫家傳宗接代的觀念，通常在婚後很快就會懷孕生子，跨國婚姻關係可以說是澈底的將資本經濟的生產與再生產充分結合一起。

　　由於新移民婦女離鄉背景而缺乏足夠的支持系統，加上語言與文化適應上的問題，很容易讓她們淪為家庭暴力的犧牲品。許多新移民婦女是為了改善原生家庭生活條件，才遠嫁到台灣，當她們遭受到婚姻暴力時，不僅失去原生家庭的支持；而原鄉社會對失婚婦女的污名化，更成為阻礙她們返鄉的意願。在暴力的陰影下，這些新移民婦女總是宿命的認為：「如果回去了，家人的生活條件沒有辦法改變」或是「再也看不到小孩了」。為了取得永久

居留權，可以讓自己合法留在台灣工作，賺錢寄回娘家改變娘家生活條件，或是留在這裡就可以見到小孩，一直都是讓這些新移民婦女採取不斷忍受不堪的暴力婚姻關係之主因。

　　新移民現象是屬於個人的選擇行為，或是資本經濟強權建構下的產物？從主流媒體的論述中，新移民婦女的形象被扭曲、被污名，使得我們很難理解新移民婦女真實的生活圖像。在長期研究婚姻移民婦女在台灣的生活經驗之後，趙彥寧（2003）與夏曉鵑（2000，2003）都呼籲新移民現象必須擺在社會結構的脈絡下剖析，才能真實的理解到婚姻移民的現象、問題與需求。在這一波以女性為主體的跨國人口流動趨勢，澈底的反映出全球化所形塑的國際新秩序關係，在經濟生產力的加持之下，使得父權意識的影響力更深遠，同時也在國境管理機制的操作下，讓現代資本工業國家的社會福利權的實踐更顯複雜。誠如在「我的強娜威」紀錄片中，強娜威與黃乃輝發生爭吵時，對著黃乃輝吶喊：「如果不是窮，我會嫁給你嗎？如果不是窮，我會嫁到這裡嗎？」沒錯！是經濟資源的匱乏，成就了這段跨國婚姻關係；這種結合原本就不是建立在異國浪漫情調基礎，而是物質基礎決定了婚姻交易籌碼。對這些遠度重洋、離鄉背井，來到人生地不熟的婚姻移民婦女而言，婚姻連結著原生家族的命運與未來婚姻，卻是無關乎女性自我感受與選擇，這種與自我生命經驗產生斷裂關係的婚姻關係，讓婚姻移民婦女成為失根的浮萍。

　　在資本主義與父權意識雙重的壓迫下，當婚姻移民婦女在遭受婚姻暴力之際，由於缺乏非正式的支持系統，只能仰賴正式支持系統所提供的緊急庇護安置，這也就是為什麼東南亞籍婚姻移民婦女，對庇護中心的使用率或居住期間，都要遠比本籍婦女高出許多的理由。除了危機處置過程所需要提供的服務，如緊急庇護、醫療服務與法律諮詢之外，受限於新移民婦女「公民身分」條件的限制，很難有效的連結其他公部門的資源，幫助受虐新移民婦

女走出婚姻暴力的陰影，追求獨立自主的生活目標。對福利國家而言，「公民身分」不只是一種資格要件而已，同時也關係著Marshall在公民權的論述中的政治權與社會權的實踐。然而，從訪談資料中，我們卻看到當第一線工作人員在面對婚姻暴力防治資源的有限性時，種族情結與階級優越感總是在那裡隱約發作，最後醞釀出以「道德審查者」取代「服務提供者」的角色，甚至成為國家社會秩序管制的一環。難怪Narayan（1995）要嘲諷資本主義社會的移民政策，政府大都是扮演者國境監控的角色，忽略移民者在移居國應享有的政治權與社會權。試想，這種建立在種族主義的移民政策，又如何能有效的因應全球化所形成的跨國人口流動之福利需求呢？

二、建議

就一篇對新移民婦女婚姻暴力的建構論述而言，在受限於研究時間、語言溝通與研究樣本難以獲得等因素限制，轉而以從事婚姻暴力防治工作之第一線工作人員為研究對象。這種藉由旁觀者詮釋的方式，未必能完整的掌握跨國婚姻關係中婚姻暴力背後的真實面貌，卻可以藉由旁觀者的觀點，再次瞭解對於新移民的主流論述，如何活生生的被複製在日常生活中的微處所中（microsites）。然而，我們也必須敏感察覺，無論是社會工作人員或警察人員，在婚姻暴力處理過程中都是政府執法單位權力的代表，這些權力又如何展現在互動的脈絡中？在面對全球化發展趨勢所形成的跨國人口流動，所帶來的多元文化與種族的衝擊，我們準備好做為一個移民國家了沒？除了在國境管理機制的移民政策的爭論之外，是否也考量過如何幫這些由合法管道移居來台的新移民婦女，能快速融入台灣主流社會？而這套機制又應該建立在什麼樣的基準？以下僅就研究過程的發現，提供相關單位參考。

（一）移民國家的移民政策

　　台灣的移民政策可以分爲政策與管理兩個層面。就政策面而言，規範來自東南亞籍或中國籍的新移民之法源非常不同，對於東南亞籍新移民婦女的規範主要是依據《國籍法》，而中國籍新移民婦女的規範主要是依據「大陸地區與台灣地區人民關係條例」（簡稱「兩岸人民關係條例」），兩者取得台灣公民身分的途徑不同；就年資而言，前者約三年，而後者約八年左右。就管理層面而言，負責東南亞籍新移民婦女的管理單位是「內政部警政處外事課」（簡稱「外事課」），而負責中國籍新移民婦女的管理單位則是「內政部警政署入出境管理局」（簡稱「境管局」）。這種兵分二路的國境管理機制，無論就理論面或就實務面，都是一種資源的浪費。

　　對於每一個現代民主國家而言，國境管理當然是國家主權的延伸，所以建構一套有效的國境管理機制與規範自有其必要性。然而，台灣受到與中國糾隔不清的歷史因素影響，有關移民政策的規範與管理機制，一直呈現出紛亂不一致的現象，這也就是爲什麼只要是移民政策的討論，往往就會落入國家認同的爭論中。在面對全球化跨國人口流動的發展趨勢，台灣必須重新檢視這些過去的歷史包袱所建構的移民政策的適切性。如果台灣是一個實體主權的國家，那麼移民政策就必須擺脫與中國糾隔不清的關連，建構出屬於移民國家的移民政策。

　　當然，許多人擔憂快速成長的中國新移民婦女的人口群，可能會影響台灣未來主權改變的事實，更有人對以假結婚而取得合法來台工作，所可能對台灣的政治與經濟產生衝擊而擔憂不已。不可否認的，這些現象都是存在台灣社會的事實，然而，這不也是所有西方移民國家都需要面對的課題嗎？我們絕不能因噎廢食，要杜絕上述的擔憂，必須發展出一套明確、單一的移民政策，同時輔以有效的配套管理措施，才能讓台灣成爲一個名符其實的移民

國家。

（二）政治權與社會權分離的移民者政策

在現代民主國家中，公民身分的界定關係著 Marshall 公民權論述中的政治權（選舉與被選舉權）與社會（福利）權，政治權是現代民主國家中每個國民都享有的權力，且政治權與社會權兩者之間具有線性的互動關係。可是，當我們將這樣的概念擺在全球化的脈絡下剖析，卻發現 Marshall 公民權的論述充滿著許多的矛盾。根據《移民法》的規定，婚姻移民者必須在取得永久居留權（有國民身分證）之後，才有選舉與被選舉的政治權，而非天賦人權；而婚姻移民者的社會福利權，往往也隨著公民身分狀態而改變，所以公民身分不只影響政治權，也關係著社會權的實踐，當然更關係著婚姻移民婦女在台灣的生活品質。

許多人擔憂假結婚真移民的結果，可能很快就會動搖台灣的主權。在這種憂慮的情結下，使得目前有關是否開放移民政策的論述，都環繞在政治權的討論，不僅忽略了對合法移民者的權益保障，更阻礙了台灣邁向移民國家的發展腳步。如果現在我們不去正視婚姻移民對社會福利、教育、就業與醫療等各項制度所形成的衝擊，那麼未來台灣社會將會付出巨大的成本來彌補。因此，當我們在爭論婚姻移民者的政治權之餘，是否可以思考如何將政治權與社會權切割開來討論，切實的思考什麼樣的移民者政策內涵，才能確實的幫助婚姻移民者融入台灣主流社會，也幫助本籍人士發展出尊重多元文化差異與種族的胸懷，建構一個多元文化並存的移民國家。

（三）符合多元族群需求之婚姻暴力防治模式

目前台灣的婚姻暴力防治模式已運作多年，無論是資源網絡的整合或婚姻暴力防治的理念都已步上軌道；然而，新移民婦女婚姻暴力的現象，卻成

爲目前婚姻暴力防治體系最大的考驗。除了因公民身分與語言限制，對實務工作者在專業服務過程所造成的困境之外，實務工作者本身對新移民婦女的偏見與迷思，往往讓他／她們成爲道德審查機制的一環。加上婚姻暴力防治資源有限性的局限下，實務工作者在無形中就醞釀出排除主義，以消極的服務取代積極尋求問題解決的對抗策略。

如何因應新移民發展趨勢，建構一套有效的婚姻暴力防治體制呢？目前「內政部家庭暴力防治委員會」主要是著重於服務輸送與資源網絡的討論，卻忽略實務工作者本身的文化敏感度的培育。除了目前積極的推動識字教育、生活教育、通譯人才培育及 113 志工諮詢專線之外，我們應該進一步思考如何突破公民身分的限制，發揮社會工作所強調的倡導功能，建構一套眞正符合新移民婦女需要的婚姻暴力防治模式。同時，有關單位也應該思考應透過何種在職教育或訓練之機制，培育第一線提供實務工作者對多元文化的敏感度與覺察力，建立一個符合多元文化差異需求，而不是以主流意識抑制多元差異的婚姻暴力防治模式。

〔註：本文主要是根據 90 年度國科會經費補助之研究計劃（NSC 90-2412-H-003-001-SSS）之資料整理而成，同時也發表於 2004 年 6 月《社會政策與社會工作學刊》，第 8 卷第 1 期，頁 85-132。〕

第 七 章

智能障礙者家庭暴力 : 現況與盛行率

壹、緒言

　　「暴力」可以說是與人類歷史共存，即使進入二十一世紀文明社會，暴力仍舊不斷的在每個角落上演。在所有暴力形式中，以「家庭暴力」最為根深蒂固，也最難介入處理。許多時候，「家」被視為是安全避風港，「甜蜜的家庭」歌頌著「父慈子孝、兄友弟恭」的家庭和樂景象，理所當然認為夫妻應該要相親相愛，而父母都應該要對子女善盡照顧責任；然而，經由媒體不斷披露的家庭暴力與兒童虐待事件，卻戳破這些甜蜜假象面具化的殘酷事實。同時也由於傳統文化認為家庭暴力是「家務事」及「法不入家門」迷思的影響下，類似邱小妹妹事件只不過是冰山一角，許多家庭暴力事件並未被披露，導致許多遭受家庭暴力的被害人必須隱忍而長期生活在暴力陰影下。雖然大多數學者專家對於「家庭暴力」一詞及其普遍性與嚴重性都有一定程度共識，由於家庭暴力是發生在私領域及家庭成員的多元差異，導致無法正確推估出家庭暴力的「盛行率」（prevalence）。就社會福利的觀點而言，推估家庭暴力的盛行率關係著投入多少資源從事家庭暴力防治工作的適當性，瞭解家庭暴力的類型、社會背景與結構因素，則關係著不同弱勢人口群服務方案或工作模式的建構。

　　無論國內外對於家庭暴力議題的研究，主要是針對不同家庭暴力關係類型分別進行研究，全面性的家庭暴力概況或盛行率推估幾乎是寥寥無幾。大多數學者專家都指出「性別」（gender）與「年齡」（age）是個人成為家庭暴力受害者的關鍵因素，但是也有學者專家指出「身心障礙」（disabilities）是另一個隱而不易見的因素（Carlson, 1997; Furey, 1994; Marchetti & McCartney, 1990; Nosek, et al., 1997; Sobsey, 1994; Sobsey & Doe, 1991; Solomon, Cavanaugh, & Gelles, 2005; Strickler, 2001; Welner, 2000; Zirpoli, Snell, & Loyd, 1987）。目前國內尚未有任何實證研究，探討身心障礙者遭受家庭暴力相關議題。雖然國外針對身心障礙者受暴虐相關議題之研究並不少，但是大多以智能障礙者或精神障礙者兩種障礙類型為研究對象，而研究議題也大都集中在性侵害現象，僅有少數幾篇是著重於身心障礙家庭暴力相關議題，例如：P. Cambridge（1999）、Marchetti 與 McCartney（1990）、Zirpoli 等人（1987）及 H. Brown 與 V. Turk（1994），主要是研究機構（包括學校與養護機構）中工作人員對智障者的施暴虐現象；Strickler（2001）則是以個案研究方式探討智障者與家庭暴力之動力關係；Chang 等人（2003）則是探討身心障礙婦女遭受婚姻暴力之概況與相關服務方案；Solomon 等人（2005）則是以精神障礙者之家庭暴力為議題。

　　目前國內外對於「家庭暴力」成因的解釋，雖然可以歸納為四種類型，包括：病理學觀點、社會學觀點、社會情境理論觀點及生態系統觀點（Zirpoli, et al., 1987），但是大多數學者對於智能障礙者受暴虐議題之探討（包括家庭內與家庭外受暴虐及性侵害），大都採取個人觀點（individual perspective）或生態系統（結構）觀點（Carlson, 1997; Strickler, 2001; Tharinger, Horton, & Millea, 1990）。個人觀點傾向智能障礙者本身的認知能力與生活適應力，說明日常生活必須依賴家人提供相關協助，導致容易成為家庭暴力的受害者，或為有心人利用的藉口，進而透過威脅、利誘或脅迫方式加以性侵害（Balogh, et al., 2001; Furey, 1994; McConkey & Ryan, 2001; Strickler, 2001）；而結構觀點則強調社會文化存在的負面刻板印象，塑造出對智能障礙者不友善的生活環境，而專業工作人員普遍缺乏性別敏感及足夠的專業訓練瞭解智能障礙者的特性與需求，導致不僅無法判斷智能障礙者是否受暴，甚至在提供服務過程中成為施暴者，加上許多政策、制度設計與服務方案的缺乏，使得智能障礙者在社區中的生活充滿受暴虐的可能（Carlson,

1997; Sobsey, 1994; Tharinger, et al., 1990; Zirpoli, et al., 1987）。

根據我國《家庭暴力防治法》第二條規定：所謂家庭暴力是指「家庭成員間之身體或精神上不法侵害之行為……，所謂騷擾者，謂任何打擾、警告、嘲弄或辱罵他人之言語、動作或製造使人心生畏怖情境之行為」；換言之，家庭暴力之類型應包括身體虐待、心理情緒或精神虐待與性虐待。由於智能障礙者本身特性使其日常生活中必須由其他家庭成員協助，所以國外學者在探討智能障礙者家庭暴力相關議題時，往往也將照顧者之照顧行為（如：疏忽）納入考量（Sobsey, Randall, & Parrila, 1997）。綜合歸納，家庭暴力之類型應包括：身體虐待、心理虐待、性虐待及疏忽等四種類型。雖然我國《家庭暴力防治法》第三條對於家庭成員採取廣義界定，凡是現有或曾有四等親以內旁系血親或姻親都稱之為家庭成員，但是這是從法律觀點定義家庭成員，卻比較不適合運用於研究過程，國外學者對於家庭成員大都採取簡單定義，主要是指同住一起的家庭成員。在本研究中對於家庭成員的定義，將採取歐美國家普遍接受的定義，強調只要是同住一起的具有血親或姻親關係的成員，都稱為家庭成員，同時對於家庭暴力類型的定義，則包括精神暴力、身體暴力、性暴力與疏忽等四種類型。

本研究為一描述性研究，研究者運用結構式訪談調查法（structured interviewing survey research），以領有身心障礙手冊之智能障礙者（截至 2005年第三季為 83,375 人）的主要照顧者為訪談對象，透過訪談過程瞭解智能障礙者遭受家庭暴力之概況與盛行率，做為建構本土智能障礙者家庭暴力防治工作相關政策與服務模式之參考依據。整體而言，本研究的目的有下列幾項：

1.瞭解智能障礙者遭受家庭暴力之概況與盛行率。

2.瞭解遭受家庭暴力之智能障礙者的社會背景。

3.瞭解遭受家庭暴力之智能障礙者的區域分布。

4.透過研究結果作為建構本土智能障礙者家庭暴力防治工作相關政策與工作模式之參考依據。

貳、文獻回顧

　　本研究主要是探討智能障礙者遭受家庭暴力之現況與盛行率，有關文獻討論分為兩部分：第一部分著重於智能障礙者家庭暴力的理論觀點；第二部分則著重於智能障礙者家庭暴力現況與盛行率之實證研究。

一、智能障礙者家庭暴力之理論觀點

　　無論國內外學者專家均指出，智能障礙者遭受家庭暴力或性侵害的發生率（incidence）或盛行率（prevalence）均比一般人口群高，而其形成原因也相當複雜多元。Zirpoli 等人（1987）認為，目前對於家庭暴力或性侵害議題之討論，主要可以歸納出四種觀點：1.病理學觀點：從精神動力觀點探討具有哪些特質者，較容易成為家庭暴力的施暴者（或相對人）；2.社會學觀點：從家庭、社區和文化觀點說明哪些社會文化因素容易形成家庭暴力；3.社會情境觀點：從施暴者與受暴者日常生活的互動狀況與動力關係說明家庭暴力的成因；4.生態理論觀點：從社會系統觀點說明家庭暴力的成因。

　　目前國內外對於智能障礙者遭受家庭暴力或性侵害相關議題的論述，大致存在著兩種理論觀點與立場：（個人）病理觀點或（結構）生態系統觀點。（個人）病理觀點將智障者受暴虐的普遍性，歸因於智障者本身的認知能力與生活適應力較差，導致在日常生活中需要依賴家庭成員給予協助，否

則無法獨立於社區中生活，加上智能障礙者本身大都缺乏溝通能力、社會化程度亦不足，不僅與原生家庭溝通不良，與外界互動也有許多隔閡，導致智能障礙者容易淪為受暴虐對象（Furey, 1994; Muccigrosso, 1991; Nosek, et al., 1997; Sobsey, 1994; Sobsey & Doe, 1991; Strickler, 2001; Strong & Freeman, 1997; 尤美女，1998；胡雅各，2003；張文英，2002）。雖然智能障礙者本身的特質，的確比較容易讓智能障礙者暴露在較高危險情境中，但是病理觀點將智能障礙者受暴虐現象歸咎於智能障礙者特性的觀點，明顯的落入責備受害者（blaming victims）的立場，忽略在民主社會中《憲法》保障弱勢人權的價值理念。Sobsey（1994）、Tharinger 等人（1990）及 Zirpoli（1986）等批判病理觀點忽略了智能障礙者及其家屬是社會弱勢的事實，加上社會文化對智能障礙者普遍的刻板印象，影響了學校老師與機構專業工作者對智能障礙者的錯誤認知，加上這些專業人員在提供教學或專業服務過程，因為缺乏相關或足夠訓練而無法有效的發揮專業角色，導致讓智能障礙者暴露在受暴虐威脅的生活情境中。McConkey 與 Ryan（2001）以自填式郵寄問卷調查方式，調查位於 Northern Ireland 一個有 14 萬居民的社區，其中有 800 位居民是智能障礙者，而在社區心理衛生中心、非營利組織或其他私人相關機構提供服務的工作人員共有 150 位，該研究是針對這 150 位工作人員，瞭解日常工作情境中處理智能障礙者遭受性侵害或與性有關之經驗，發現有三分之二的工作人員曾經有處理智障者性侵害或與性議題有關之工作經驗，這些研究對象同時指出，需要更多的訓練幫助他們在第一線提供專業服務過程，以便能對相關議題具有更高的敏感覺察力及判斷力。Marchetti 與 McCartney（1990）也注意到智能障礙者在養護機構遭受忽略或不當對待的現象相當普遍，所以在四個州立智能障礙機構中進行為期三十三個月的研究，在研究期間共有 1,000 名智能障礙者住進機構，通報之受虐個案為 55 名，平均每個月有 1.6 名遭受第一線工作人員不當對待，其中有 40 位智障

者遭受生理虐待，其他15位遭受語言、性虐待與忽視，這些施虐者約有88%是在第一線提供照顧服務的非專業人員。由此可知，加強第一線工作人員相關訓練及敏感度，讓工作人員能夠重視智能障礙者的基本人權，以便降低智能障礙者在公共場所受暴虐的發生率（incidence），可說是防治工作當務之急（Marchetti & McCartney, 1990）。

然而，結構或生態系統觀點則強調，主流社會雖然倡導回歸主流概念，但是並沒有積極創造友善的社區生活環境，也沒有積極回應智能障礙者的需求，加上社會上普遍瀰漫著刻板印象，成為智障者回歸主流社會生活的阻力，或甚至許多在相關機構提供服務的專業人員也呈現出負面態度，影響智能障礙者的生活權利（Sobsey, 1994; Carlson, 1997）。Carlson（1997）在 "Mental Retardation and Domestic Violence: An Ecological Approach to Intervention" 一文中提出生態系統觀點，分析智障婦女婚姻暴力現象，以及建構相關服務模式的可能，此一生態系統理論的分析架構包括：1.微視系統（microsystem）：主要從被害者的認知能力、順從與依賴特質、加害者（perpetrators）的人格特性，以及機構工作人員的刻板印象和疏於通報的態度，說明智能障礙者受暴虐之現象；2.中介系統（mesosystem）：強調社會因素在智障者受暴虐現象所扮演的角色，例如：智障者普遍缺乏與主流社會互動的經驗，社會孤立與疏離（social isolation）導致人際關係貧乏，加上部分智障者童年可能居住於教養院中而缺乏與人互動及溝通與問題解決能力，導致容易成為受暴對象；3.鉅視觀點（macrosystem）：從社會文化與制度面觀點討論智障者受暴虐的成因，例如：社會上普遍存在的性別歧視（sexism）影響人際互動行為與制度設計，加上社會中普遍存在對智能障礙者的標籤化，而對智障者有許多錯誤認知，導致忽略培養智障者獨立生活的能力，加上相關資源與措施的不足，使得智障者受暴虐時無法獲得適當的協助而擺脫暴力威脅（pp. 80-83）。

　　研究者在本研究中主要是採取社會結構觀點，討論我國智能障礙者遭受家庭暴力之現況與盛行率。雖然本研究是屬於描述性研究，並未論及相關制度、政策與服務方案，但是研究者在討論相關現象與研究發現時，採取立場以避免落入責備受害者的價值判斷。

二、智能障礙者受暴虐之相關研究

　　目前國內並無任何實證研究以智能障礙者受暴虐為研究議題，與智能障礙者受暴虐有關之討論主要是來自國外實證研究報告，這些研究報告大多是以探討智能障礙者遭受性侵害為研究議題，關於智能障礙者遭受家庭暴力之相關研究僅有少數幾篇。討論如下：

　　在 1990 年代初期，Sobsey（1994）曾系統性彙整 1967 年到 1992 年之間，英語系國家身心障礙與兒童虐待關係之相關研究，結果發現相當高比例曾經遭受虐待的兒童都有明顯的發展遲緩、行為異常或肢體障礙的現象，且身心障礙兒童遭受性侵害的比例大約是一般兒童的 2 至 3 倍左右。智能障礙者成為家庭暴力與性侵害的被害人機率是一般人的 3 至 4 倍，而超過四分之三的智能障礙者曾經有家庭暴力或性侵害的經驗，加害人（相對人）大多是主要照顧者、熟識親人或鄰居等現象，在許多學者論述與實證研究中不斷被證實，例如美國與加拿大的研究報告都指出，智能障礙兒童遭受性侵害的比例是一般兒童的 3 至 7 倍，有 69%女性智能障礙者在十八歲前曾經遭受性侵害，而男性智能障礙者在十八歲以前遭受性侵害的比例是 30%（引自 Briggs, 1995）。

　　部分研究以分析全國性資料庫為主，例如：Sobsey 等人（1997）以 1988 年美國全國兒童資料庫為資料分析來源，瞭解受暴虐兒童之身心障礙與性別關係，研究結果發現，在 803 位受暴虐的男童中，有 140 位（17.4%）是身心障礙；而在 801 位受暴虐女童中，有 76 位（10%）是身心障礙，身心障

礙男童的受暴虐率是身心障礙女童的兩倍。Sobsey 等人（1997）進一步分析性別、障礙與受虐類型之互動關係，發現非障礙女童遭受性侵害、心理虐待的比例高於非障礙男童，但是非障礙男童遭受忽視的比例比女童高。相較之下，身心障礙男童遭受肢體暴力、性暴力、心理虐待與性虐待的比例都比非身心障礙男童的比例高，例如：身心障礙男童遭受性虐待的比例（38%）是沒有身心障礙男童（18%）的兩倍。

　　大多數研究都是以機構之個案紀錄或專業工作人員的訪談為主，例如：Balogh 等人（2001）主要以過去五年來，在兒少精神科醫院的住院病人（5 至 21 歲，共 300 位）中之智能障礙者為研究對象，以醫療團隊成員回溯訪談方式篩選出在過去五年中有受暴經驗之智能障礙者，篩選結果共有 43 位智能障礙者有遭受性暴力經驗（14.3%），受暴時之年齡從 9 歲到 21 歲。其中，有 50% 的加害人是智障者的家人或親戚，62% 的智障者都是在青春期遭受性暴力；在 34 位受暴者中有 21 位（49%）智障者是被害者，6 位是加害者，而其中有 16 位既是加害者也是被害者（11 位是男性、5 位是女性）。

　　Marchetti 與 McCartney（1990）也是在四個州立機構進行為期三十三個月的資料蒐集工作，在研究期間這四個機構共有 1,000 位智能障礙者住進，但是有 55 位智障者被通報為受暴者（5.5%），平均每個月有 1.6 個受暴虐個案，其中有 40 位（72.7%）是遭受身體虐待，其他 15 位（27.3%）是遭受語言、性虐待及忽視。Rusch 等人（1986）以 Virginia 州五個智能障礙機構中，曾經通報主要照顧者施虐的 91 位智能障礙者進行醫療與個案紀錄的檢視，研究結果發現，智能障礙者的障礙程度與受暴虐成正相關，不過極重度智能障礙者因為與照顧者較少互動，且缺乏溝通技巧，所以受暴的程度較少。Zirpoli 等人（1987）在 Virginia 州五個機構所進行的五年資料整理（1980 到 1985 年），研究中發現有 91 位智障者有受暴虐之經驗，平均年齡為 28.5 歲，其中男性有 57 位、女性有 34 位，Zirpolit 等人（1987）同時

在機構中也選擇 91 位條件相類似但非智障者的受暴者為控制組，進行比較分析，研究結果也發現障礙程度和受暴程度成正比。

 參、研究設計與方法

　　本研究主要是針對智能障礙者遭受家庭暴力之現況與盛行率進行結構式訪談調查研究，下列針對本研究之研究架構、問卷設計、訪問調查進行步驟、資料整理與分析逐一說明。

一、研究架構

　　本研究架構主要是參酌國內外相關文獻與理論觀點，並融合本研究目的。本研究理論架構包括兩部分（請參考圖 7.1）：

（一）依變項之操作性定義

　　在本研究中，所謂「家庭成員」是指任何具有血親或姻親關係，且曾經或目前同住一起的家庭成員。1.「家庭暴力類型」：定義為肢體暴力、情緒或心理虐待及疏忽行為等三種暴力類型。由於資料初步分析結果，發現只有一位遭受家庭成員的性暴力，未避免於與性侵害產生混淆，因此先剔除家庭成員間的性暴力類型。為考量日常生活語言使用習慣，在本研究中對於「疏忽」一詞的定義主要以「日常生活中是否曾明顯的該受到照顧而卻沒有受到該有的照顧」，而「情緒或心理虐待」則是以「是否曾經遭受家人無緣無故責罵、威脅或恐嚇」，「肢體或生理虐待」則是以「是否曾經無緣無故被家人打」；2.「關係類型」：以施暴者與受暴者的關係為父母、兄弟姊妹、親

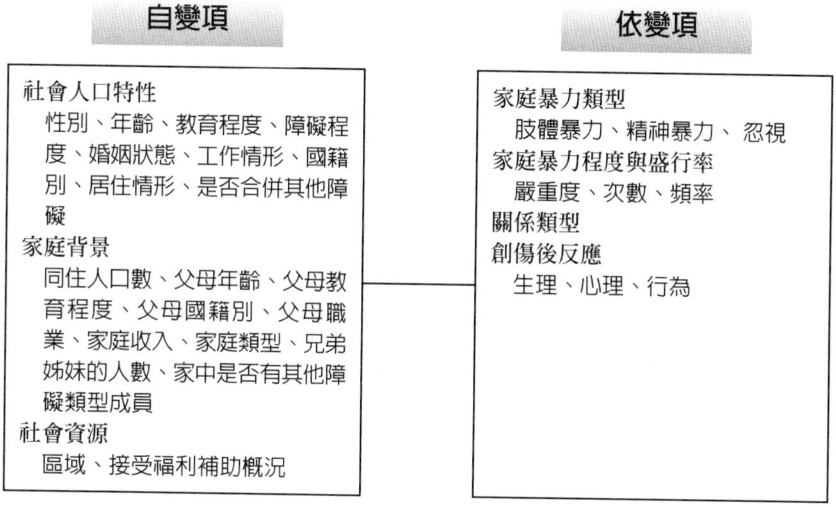

```
┌─ 自變項 ─┐                                    ┌─ 依變項 ─┐

社會人口特性                              家庭暴力類型
    性別、年齡、教育程度、障礙程              肢體暴力、精神暴力、 忽視
    度、婚姻狀態、工作情形、國籍          家庭暴力程度與盛行率
    別、居住情形、是否合併其他障              嚴重度、次數、頻率
    礙                                  關係類型
家庭背景                                  創傷後反應
    同住人口數、父母年齡、父母教              生理、心理、行為
    育程度、父母國籍別、父母職
    業、家庭收入、家庭類型、兄弟
    姊妹的人數、家中是否有其他障
    礙類型成員
社會資源
    區域、接受福利補助概況
```

圖 7.1　研究架構

戚、配偶、子女或其他等關係定義之，因此關係類型包括：親子暴力、手足
暴力、婚姻暴力與其他家庭成員暴力；3.「創傷後反應」：被定義爲智能障
礙者在遭受家庭暴力後是否出現生理、心理或行爲適應困難等現象；4.「家
庭暴力之盛行率」：採取三種計算方式包括：一年以內、五年以內及終身盛
行率。

（二）自變項之操作性定義

　　在本研究中，有關智能障礙者本身之社會特質包括：1.性別：男、女；
2.年齡：指智障者的實際年齡；3.障礙程度：以身心障礙手冊核發時之障礙
程度爲主，分爲輕度、中度、重度與極重度四種障礙程度；4.教育程度：包
括不識字、小學、國中、高中、大學、研究所等；5.婚姻狀態：主要是瞭解
智障者已婚與否、是否分居或離婚等；6.工作狀況：主要是瞭解智障者目前

是否有全職、固定兼職、非固定兼職、家庭主婦（夫）或賦閒在家；7.同住家庭人口數：則是指目前同住的家庭成員共幾人。在家庭背景部分主要包括：1.家庭類型：分為大家庭、折衷家庭、小家庭與單親家庭等；2.父母教育程度（同上定義）。社會資源則包括：1.居住區域：依據本研究抽樣來源分為七大區域；2.社會福利資源使用情況：包括是否使用社會福利資源及使用類型。

二、問卷設計

本研究問卷內容之設計，主要是參酌國內外相關文獻與本研究之目的。問卷主要以封閉式問題為主，包括：表頭、問候語、智能障礙者之基本資料，與受訪者基本資料、家庭暴力的經驗及福利資源使用情形等三部分。問卷設計之問題內容包括：

（一）基本資料

基本資料主要由個人特性、家庭背景與社會資源等三部分組合而成。在個人特性部分包括：智能障礙者本身的性別、年齡、智能障礙程度、教育程度、婚姻狀況、配偶國籍、工作狀況、是否合併其他障礙與居住情形；在家庭背景部分包括：同住人口數、兄弟姊妹人數、是否有其他障礙類型的家庭成員、家庭類型、父母教育程度、父母是否有外籍者、父母身分別、父母職業與家庭總收入；在社會資源部分則包括：居住區域、福利補助概況、資源連結及資源使用類型及資源使用經驗與資源使用需求。

（二）家庭暴力或性侵害的經驗

家庭暴力或性侵害經驗部分包括：暴力類型、發生頻率、嚴重程度、關係類型、遭受暴力後的反應、發生時間與場所、加害者有無被起訴、是否超

出平常人的程度、是否提出通報及是否進入警方調查處置程序。

（三）社會資源使用情況

　　社會資源使用情況主要是瞭解智能障礙者遭受家庭暴力或性侵害事件之後，智障者本身或親友家屬曾經向哪些機構尋求協助、獲得哪些協助及需求。

　　本研究工具設計完畢之後，研究者藉由三位專家鑑定方式，進一步確定問卷內容之合適性，做為問卷修改參考依據。並透過試訪方式，由訪談經驗與參酌受訪者的意見，做為最後版本之問卷修訂的參考依據。

三、抽樣與研究對象

　　本研究主要是根據內政部 2004 年第四季公布之全國身心障礙人口中（911,640 位）智能障礙者人數（80,918 位）為母群體。受限於研究經費與研究時間，本研究調查範圍限縮於台灣本島二十二個縣市為主，並不包含澎湖縣、金門縣與連江縣等三個離島縣市。雖然本研究是以智能障礙者之「主要照顧者」與「十八歲以上獨居且屬於輕度智能障礙者」為訪談對象，所謂「主要照顧者」是指日常生活中負責提供智能障礙者生活起居照顧的家人、鄰居或親友。但為考量研究資料分析的一致性，所以只保留受訪者是「主要照顧者」中的「家人」部分，刪除其他受訪者，包括：本人、親戚、鄰居、同學、朋友、同事、看護與其他之資料。由於本研究為描述性研究，研究者希望透過本研究結果能推論我國智能障礙者遭受家庭暴力之盛行率，因此抽樣工作首重「代表性」，所以抽出的樣本分布的重要變項必須符合母群體的特性分布，為了能在節省經費與維持研究效度兩者間取得平衡，研究者採「兩階段分層抽樣方法」。首先，依照台灣本島地區的都市化程度將所有的鄉鎮市分為：大台北都會區、中彰投、北縣與基隆、宜花東、桃竹苗、高屏

與雲嘉南等七個地區。分層抽樣的原則主要是建立在各層內同質性最大，不同層間的差異性最大，如此不僅可以降低抽樣誤差，同時也能讓樣本更具代表性。所以在抽樣過程主要是依據，每個分層中所占有的智能障礙人口數比例，抽出代表的鄉鎮市，最後再以隨機抽樣方式於每個抽出的鄉鎮市中，抽出智能障礙者（考慮到性別與年齡的分布）。在第二個抽樣階段，每個分層要抽幾個鄉鎮市及每個鄉鎮市要抽出幾人，都會依照研究訪員分布（分布愈廣則鄉鎮市可以較多）與研究經費（分布愈廣經費所需愈多，但樣本代表性也較佳）等因素交互考量後決定。考量到研究期間及訪員的負荷量，故本研究預定每個鄉鎮市抽出人數為 14 至 16 人，主要目的是在於使訪員可以同時在一個鄉鎮市中完成相當份數的成功樣本，節省訪問時間與交通上的成本支出（抽樣結果如表 7.1）。本研究共抽出 384 位智能障礙者，在 95%的信心水準之下，抽樣誤差為 ±5%（樣本分布如表 7.2）。

四、資料蒐集過程

　　本研究運用結構式訪談調查法進行研究資料之蒐集，由訪員攜帶結構式問卷於約定時間，前往受訪對象家中進行資料蒐集工作，每位訪員在參與訪問資料蒐集工作前都必須參與訪員訓練。由於本研究無論是研究對象或研究議題都屬敏感性議題，為了增加訪談成功率與正確性，研究者主要是邀請各區中智能障礙或身心障礙機構之個案管理人員，或各縣市家庭暴力防治中心社會工作人員參與訪談資料蒐集工作。並邀請相關機構之組長或督導擔任分區督導工作，藉由分區督導的協助在各區順利招募訪員，並進一步協調訪員訓練場地及相關器材之租借。所有訪員必須參與訪員訓練活動，藉著訪員訓練活動深入瞭解本研究目的及訪談過程應注意之事項。在訪談進行過程所有訪員必須與該區督導保持密切聯繫，有任何問題或困難都必須回報，並視實際情況參與督導活動。訪員完成所有訪談工作之後，必須仔細確認資料蒐集

表 7.1　抽樣分布表

層別	鄉鎮市區數	類別	母群體	母群體比率	分配樣本數		抽出鄉鎮區數	每鄉鎮抽出人數		調整後抽出人數	
大台北都會區	18	智能障礙者／男	7,958	9.83%	38	65	4	9	16	36	64
		智能障礙者／女	5,752	7.11%	27			7		28	
中彰投	68	智能障礙者／男	10,030	12.40%	47	81	6	8	14	48	84
		智能障礙者／女	7,105	8.78%	34			6		36	
北縣、基隆	30	智能障礙者／男	3,396	4.20%	16	27	2	10	16	20	32
		智能障礙者／女	2,317	2.86%	11			6		12	
宜花東	41	智能障礙者／男	3,180	3.93%	15	27	2	8	14	16	28
		智能障礙者／女	2,455	3.03%	12			6		12	
桃竹苗	47	智能障礙者／男	6,573	8.12%	31	54	4	8	14	32	56
		智能障礙者／女	4,933	6.10%	23			6		24	
高屏	71	智能障礙者／男	7,447	9.20%	35	62	4	8	14	32	56
		智能障礙者／女	5,619	6.94%	27			6		24	
雲嘉南	77	智能障礙者／男	8,248	10.19%	39	67	4	10	16	40	64
		智能障礙者／女	5,905	7.30%	28			6		24	
合計	352		80,918	100.00%	382	382	26			384	384

是否完整，在確定資料蒐集完整後，方可將問卷一併寄回給研究小組。

　　本研究的問卷調查工作於 2005 年 9 月初陸續進行北、中、南、東幾場訪員訓練之後，所有訪員立即開始進行調查訪問。訪談調查期間自 2005 年 9 月 13 日起至 2005 年 11 月 23 日止，問卷回收總數為 343 份（回收率為 89.3%），有效樣本數為 337 份。在 343 份回收樣本中，替代樣本數為 159

表 7.2　樣本分布表

序號	層別	地區	抽出數／男	抽出數／女	抽出總數
1	大台北都會區	台北縣永和市	9	7	16
2	大台北都會區	台北市中正區	9	7	16
3	大台北都會區	台北市內湖區	9	7	16
4	大台北都會區	台北市中山區	9	7	16
5	中彰投	台中縣大里市	8	6	14
6	中彰投	台中縣霧峰鄉	8	6	14
7	中彰投	台中縣豐原市	8	6	14
8	中彰投	台中市南區	8	6	14
9	中彰投	彰化縣秀水鄉	8	6	14
10	中彰投	台中縣烏日鄉	8	6	14
11	北縣、基隆	台北縣林口鄉	10	6	16
12	北縣、基隆	基隆市暖暖區	10	6	16
13	宜花東	台東縣太麻里鄉	8	6	14
14	宜花東	宜蘭縣羅東鎮	8	6	14
15	桃竹苗	新竹縣關西鎮	8	6	14
16	桃竹苗	新竹縣竹北市	8	6	14
17	桃竹苗	苗栗縣卓蘭鎮	8	6	14
18	桃竹苗	苗栗縣西湖鄉	8	6	14
19	高屏	屏東縣佳冬鄉	8	6	14
20	高屏	高雄市小港區	8	6	14
21	高屏	高雄縣燕巢鄉	8	6	14
22	高屏	高雄縣岡山鎮	8	6	14
23	雲嘉南	台南市北區	10	6	16
24	雲嘉南	雲林縣斗南鎮	10	6	16
25	雲嘉南	嘉義縣民雄鄉	10	6	16
26	雲嘉南	台南縣關廟鄉	10	6	16
		合計	224	160	384

份（47.2%），所有替代樣本中因受訪對象拒絕接受訪問而更換的比例相當少，大多數是因為資料庫登記住址不正確或住址更動導致必須更換受訪對象。

337 份成功樣本（在 95%的信心水準下，抽樣誤差為正負 5.33 個百分點）主要分布於 26 個地區，其中台北縣永和市、台北市內湖區、台北市中山區、台中縣霧峰鄉、台中縣豐原市、彰化縣花壇鄉、台中縣烏日鄉、基隆市暖暖區、台東縣太麻里鄉、新竹縣關西鎮、新竹縣竹北市、苗栗縣公館鄉、高雄市小港區、高雄縣岡山鎮與雲林縣斗南鎮等15個地區皆全部回收。有 6 個地區則是各有一個樣本換了三次仍無法成功，包括：台北市中正區、台中縣大里市、台中市南區、台北縣林口鄉、宜蘭縣羅東鎮與高雄縣燕巢鄉等；因此，回收份數比原先抽樣樣本數各少一份。有 5 個地區則是因為訪員個人因素，如：發生緊急突發事故、生病或因工作忙碌無法訪問但未告知，導致問卷未完全回收，這些地區包括：台南市北區、台南縣關廟鄉、苗栗縣西湖鄉、屏東縣佳冬鄉、嘉義縣民雄鄉等。

五、資料統計分析

研究小組之工作人員在收到各區督導回寄之問卷，重新確認問卷填寫之完整性後，將資料依據編碼簿之編錄逐一登錄（key in）；然後，再以SPSS統計套裝軟體進行資料分析工作。本研究主要是運用描述性統計、卡方分析、相關分析與單變異數分析等，進行相關資料的統計分析工作。

肆、研究發現

雖然本研究成功問卷為 337 份，但是為求資料一致性，所以主要是以主要照顧者為分析對象，除了保留受訪者是家人之外，刪除其他受訪成員，所

以有效問卷為 299 份。研究者先針對 299 份有效問卷進行樣本代表性檢定，然後再針對研究架構中幾個重要變數進行描述性統計分析，最後進一步將個人特質、家庭背景與社會福利資源等自變項與依變項，包括：家庭暴力與性侵害之類型、發生頻率、嚴重度與關係類型等，進行卡方與變異數統計分析。

一、成功樣本代表性檢定

本研究主要是針對智能障礙者之家庭暴力與性侵害概況進行調查分析，所以對於訪談對象之障礙程度、性別或地區都必須符合母群體分布，才能準確推論母群體的真值。從表 7.3 檢定結果顯示，本次調查結果在障礙程度上母群體與樣本具有顯著差異，但在「性別」或「地區」變項的分布上，樣本與母群體並無顯著差異（在 95%的信心水準之下）。針對這種狀況，一般在統計上的做法都是以加權的方式進行處理，然而因卡方檢定本身，卡方值之最大值是隨著樣本數增加而變大的，故只要樣本與母群體之間的百分比之間有些微差距，即可造成顯著性差異檢定結果，再者「加權」動作本身是人為操控的（manipulation）動作，因此為保有此經驗研究的客觀標準，本研究仍決定不採用加權方式處理，為此研究保有最原始乾淨的資料結構。

二、智能障礙者遭受家庭暴力之概況

在 299 位受訪者中，智能障礙者遭受家庭暴力的比例相當低，這可能因為本研究所探討的社會現象屬於敏感型議題，導致受訪者有較多防備心，以致於產生比預期低估的現象。下列針對幾個重要變項進行單變數描述性統計分析，以便瞭解智能障礙者遭受家庭暴力的現況與盛行率。

表 7.3　成功樣本代表性

程度	輕度	中度		重度	極重度	合計	檢定結果
母群體	25,795 (30.94%)	30,513 (36.60%)		16,746 (20.09%)	10,321 (12.38%)	83,375 (100%)	χ^2 (df=3) =10.21 P-value=0.017 樣本與母群體顯著差異
樣本	112 (37.5%)	94 (31.4%)		58 (19.4%)	35 (11.7%)	299 (100%)	

性別	男生數		女生數		合計		檢定結果
母群體	46,832 (57.9%)		34,086 (42.1%)		80,918 (100%)		χ^2 (df=1) =0.0321 P-value=0.858 樣本與母群體無顯著差異
樣本	174 (58.4%)		124 (41.6%)		298 (100%)		

地區	大台北都會	中彰投	北縣基隆	宜花東	桃竹苗	高屏	雲嘉南	合計	檢定結果
母群體	13,710 (16.94%)	17,135 (21.18%)	5,713 (7.06%)	5,635 (6.96%)	11,506 (14.22%)	13,066 (16.15%)	14,153 (17.49%)	80,918 (100%)	χ^2 (df=6) =10.09 P-value=0.121 樣本與母群體無顯著差異
樣本	54 (18.1%)	78 (26.1%)	28 (9.4%)	19 (6.4%)	39 (13%)	39 (13%)	42 (14%)	299 (100%)	

（一）家庭暴力類型

在本研究中，家庭暴力類型區分為三種類型：忽視、精神暴力及肢體暴力。在 299 個成功樣本中，在近一年中曾遭受「疏忽照顧」的有 5 位（1.7%），近五年中曾被「疏忽照顧」的有 5 位（1.7%），從小到目前為止，曾經受到「疏忽照顧」的則有 14 位（4.8%）；在心理或情緒暴力方面，最近一年中受到「無故責罵」、「威脅」或「恐嚇」的智能障礙者有 12 位（4.1%），在近五年中曾經受到「無故責罵」、「威脅」或「恐嚇」者有 10 位（3.4%），從小到目前為止曾經受到「無故責罵」、「威脅」或「恐嚇」者則有 11 位（3.9%）；有關肢體或生理暴力部分，近一年及近五年中曾經遭受「無緣無故暴力對待」者各有 13 位（4.4%）及 9 位（3.1%），

從小到目前曾遭受「無緣無故暴力對待」者有 9 位（3.1%）。

（二）家庭暴力之盛行率

除了針對各種家庭暴力類型進行分析之外，研究者亦針對各種家庭暴力類型盛行率進行統計分析。目前國內外對於家庭暴力盛行率的探討，大都是建立在一年內、五年內與終生盛行率等三種類型，所以本研究亦將家庭暴力盛行率區分為此三種盛行率類型。根據表 7.4 資料顯示，在一年內曾經受到「忽視」、「責罵威脅與恐嚇」或「毆打」之智障者約有 7.6%（22 位），而有 7.3%（21 位）是在近五年內曾經遭受一種以上的家庭暴力，有 7.3%（24 位）從小到大（終生盛行率）曾經遭受家庭暴力或性侵害。研究資料亦顯示，無論是一年內、五年內或從小到大曾經受到家庭暴力的智能障礙者中，大部分只受到一種家庭暴力對待，同時受到精神與肢體暴力者之比例並不高，在 15 位曾經遭受性侵害的智障者中，有 5 位同時遭受其他兩種以上的家庭暴力。

整體而言，智能障礙者遭受家庭暴力之盛行率，都遠比國外研究報告的低。本研究結果顯示我國智能障礙者遭受家庭暴力的盛行率與嚴重性都遠低於國外，或許我們可以歸因於是受到「家醜不可外揚」的面子文化影響，導致受訪者不願意暴露智能障礙者遭受家庭暴力或性侵害的事實，也有可能是因為家庭成員對於智能障礙者的包容力較高，所以對智能障礙家庭成員施暴比例較低。這些現象與事實有待未來透過擴大樣本數，或運用質性研究深度訪談方式，進一步深入瞭解智能障礙者之家庭動力關係，做為釐清本研究初步發現與國外相關研究資料的矛盾關係之處。

（三）受暴嚴重程度與頻率

在本研究中所謂受暴程度，包含：受暴嚴重性及受暴頻率兩種。本研究

表 7.4　**家庭暴力盛行率**

指標	選項	有效次數	有效百分比	累積百分比
一年盛行率： 最近一年內是否被「疏忽」、「責罵威脅與恐嚇」或「毆打」。	是	22	7.6	92.4
	否	267	92.4	100.0
	總和	289	100.0	100.0
五年盛行率： 最近五年內是否被「疏忽」、「責罵威脅與恐嚇」或「毆打」。	是	21	7.3	92.7
	否	268	92.7	100.0
	總和	289	100.0	100.0
終生盛行率： 從小到大是否曾被「疏忽」、「責罵威脅與恐嚇」或「毆打」。	是	24	7.3	92.7
	否	257	92.7	100.0
	總和	281	100.0	100.0
整體盛行率： 整合上述三個層次的盛行率，亦即受訪者在上述題目中曾經回答至少一題「是」者。	是	33	11.9	88.1
	否	245	88.1	100.0
	總和	278	100.0	100.0

結果顯示，智能障礙遭受家庭暴力，如：遭受疏忽、責罵（威脅恐嚇）及毆打的嚴重性不高，在 12 位遭受「疏忽」的智能障礙者，有 3 位（16.7%）受到疏忽的程度為嚴重或非常嚴重；而 17 位遭受「責罵、威脅或恐嚇」的智能障礙者中，只有 1 位（5.9%）的程度超出平常人範圍；而在 13 位遭受「毆打」的智能障礙者中，只有 3 位（23.1%）超出平常人能承受的範圍。

　　智能障礙者遭受家庭暴力的頻率中，在 14 位遭受疏忽的智能障礙者中，有 3 位（21.4%）「經常」被疏忽，有 6 位（42.9%）「偶而」被疏忽，有 5 位（35.7%）「很少」被疏忽。在 19 位遭受責罵、威脅或恐嚇的智能障礙

者中，有4位（21.1%）「經常」被責罵、威脅或恐嚇，有10位（52.6%）「偶而」被責罵、威脅或恐嚇，有5位（26.3%）「很少」被責罵、威脅或恐嚇。在15位遭受毆打的智能障礙者中，就有3位（20%）「經常」被毆打，有9位（60%）「偶而」被毆打，只有3位（20%）「很少」被毆打。

（四）關係類型

智能障礙者的家庭暴力施暴對象，主要都是父母或兄弟姐妹。在家庭暴力部分，「疏忽」源自於父母占六成（66.7%），其次為兄弟姊妹（13.3%）；父母與兄弟姊妹對智能障礙者的責備、威脅或恐嚇分別占四成左右，其次為配偶與親戚（10.5%）；對智能障礙者毆打的施暴者，父母占多數（43.8%），兄弟姊妹居次（37.5%），親戚為25%，配偶為6.6%。

（五）創傷後反應

智能障礙者遭受家庭暴力後，約有半數以上會出現創傷後反應，包括：生理反應、心理反應及適應行為等。明顯的，當智能障礙者遭受家庭暴力傷害之後，有半數以上都會出現心理反應（68.8%）與行為適應的反應（59.4%），約有四成左右會出現生理反應。在生理反應方面，以身體疼痛占最多數（21.9%），其次為飲食失調（12.5%）、頭痛（9.4%）與疲憊（9.4%）；在心理反應方面，以暴躁易怒占最多數（28.1%），其次為精神恍惚（25%）、缺乏安全感（21.9%）；在行為適應反應方面，則是以容易哭鬧（18.8%）以及退縮（15.6%）占多數，再者為說謊（9.4%）。

三、智能障礙者遭受家庭暴力交叉分析

上述單變數分析提供描繪智能障礙者遭受家庭暴力之盛行率，但對受暴者與非受暴者的基本特性、不同受暴事件之發生場域與時間、受暴者之家庭

背景、不同受暴者社會資源的使用情形等，卻不是單變數分析可以描繪的。因此，這部分將進一步以雙變數交叉分析，進一步釐清受暴者之基本特徵與非受暴者之智障者是否有明顯差異。

（一）基本特性

在本研究中，有關家庭暴力之盛行率，無論是「一年盛行率」、「五年盛行率」或「終生盛行率」的次數皆相當少，因此為了減低交叉表差異性檢定時的誤差，研究者整合上述三種盛行率，無論是智能障礙者在一年內、五年內或從小到大，只要有遭受任何一種家庭暴力類型（如：忽視、責罵或毆打），則視為是曾經遭受家庭暴力，反之則視為是沒有遭受家庭暴力。從表7.5 資料顯示，無論是性別或已婚與否，在家庭暴力之盛行率方面均有顯著差異。女性智障者遭受家庭暴力的比例（17.7%）高於男性智障者遭受家庭暴力的比例（7.9%）（χ^2=6.09，p=0.014）；未婚智障者遭受家庭暴力的比例（32%）高於已婚智障者遭受家庭暴力的比例（10%）（χ^2=10.491，p=0.001）；遭受家庭暴力的智障者家中有其他身心障礙人口數的平均數高於沒有遭受家庭暴力的智障者（0.68：0.38）。無論是教育程度、同住人口數、年齡或障礙程度，在家庭暴力之盛行率都未達到顯著差異程度。有關智能障礙者遭受性侵害部分，無論是性別、障礙程度、教育程度、婚姻狀況、年齡、同住人口數或是否有其他身心障礙人口，都未達到顯著程度。

（二）社會資源使用現況

除上述個人基本特性之外，智能障礙者之家庭是否接受政府補助（亦即社會資源的使用狀況）也是本研究所關注的重點。然而，當研究者進一步檢視「是否接受政府任何補助」與智障者遭受家庭暴力的現況與盛行率時發現，看似接受政府補助者遭受家庭暴力的比例（13.8%）會高於沒有接受政

表 7.5　基本特性與家庭暴力交叉表

			家庭暴力狀況		總和	卡方檢定
			從未受暴	曾經受暴		
性別	男性	個數	151	13	164	χ² （df=1）=6.09 P-value=0.014 顯著差異
		橫列百分比	92.1%	7.9%	100.0%	
		直欄百分比	61.9%	39.4%	59.2%	
	女性	個數	93	20	113	
		橫列百分比	82.3%	17.7%	100.0%	
		直欄百分比	38.1%	60.6%	40.8%	
婚姻狀況	未婚	個數	17	8	25	χ² （df=1）=10.491 P-value=0.001 顯著差異
		橫列百分比	68.0%	32.0%	100.0%	
		直欄百分比	7.0%	24.2%	9.1%	
	已婚	個數	226	25	251	
		橫列百分比	90.0%	10.0%	100.0%	
		直欄百分比	93.0%	75.8%	90.9%	

府補助者（7%），實際上並未達到統計檢定的顯著差異。

（三）家庭背景與生活狀況

　　本研究針對智能障礙者的家庭背景及生活狀況，與家庭暴力進行雙變數分析。由於受訪樣本之父母並無任何外籍人士，意味著只要父母是外籍者，其智能障礙的子女就不可能受到任何一種家庭暴力。然而，這樣的解釋相當牽強，因為台灣跨國移民現象在最近十年才快速發展，而其子女人口群比例也不高，所以若要進一步確認兩者關係，未來必須擴大樣本數，減少抽樣誤差所產生的機會。

　　從表 7.6 資料顯示，智能障礙者的居住地點、工作狀況及家庭的總收入與家庭暴力的關係。智能障礙者的工作狀況與家庭總收入兩個變項，僅有家庭總收入對於智能障礙者是否遭受家庭暴力均達到顯著水準，智能障礙者居住地點與是否遭受家庭暴力，未達到顯著水準。除此之外，智能障礙者居住的區域與家庭暴力，也都未達到顯著水準，統計資料顯示遭受家庭暴力（22.2%）比例最高的都是分布在「宜花東」區域，而遭受家庭暴力比例最低的分布在「北縣、基隆」（4%）及「雲嘉南」（2.4%）兩區。

　　表 7.7 與表 7.8 資料顯示，雖然父親（χ^2=4.912，p=0.178）或母親（χ^2=3.286，p=0.350）的教育程度，都與其智能障礙者是否遭受家庭暴力無達到顯著差異，但如果單純從百分比來看，明顯的當父母親教育程度為「小學或不識字」時，智能障礙者遭受家庭暴力的比例最高。除此之外，從表 7.9 中也發現，智能障礙者的家庭類型與是否遭受家庭暴力無顯著關係，但若從百分比來看，當智能障礙者是生活在「小家庭」時，遭受家庭暴力的比例遠比折衷家庭與大家庭高。

伍、結論與建議

一、結論

　　本研究是國內第一個針對智能障礙者遭受家庭暴力概況的調查研究，由於目前國內並無任何相關研究，所以在研究過程只能以參考國外文獻為主；但是研究過程也發現，目前英語系國家對於智能障礙者受暴虐議題的討論，也大多集中在性侵害或機構內虐待現象或不當對待行為為議題，反而忽略了

表 7.6　家庭背景與家庭暴力交叉表

			家庭暴力狀況		總和	卡方檢定
			從未受暴	曾經受暴		
智能障礙者家庭收入	三萬元以下	個數	111	23	134	χ^2（df=2）=11.452
		橫列百分比	82.8%	17.2%	100.0%	P-value=0.003
		直欄百分比	52.4%	85.2%	56.1%	顯著差異
	三萬至五萬	個數	60	4	64	
		橫列百分比	93.8%	6.3%	100.0%	
		直欄百分比	19.3%	14.8%	26.8%	
	五萬以上	個數	41	0	41	
		橫列百分比	100.0%	.0%	100.0%	
		直欄百分比	19.3%	.0%	17.2%	
智能障礙者工作狀況	全職	個數	24	1	25	χ^2（df=5）=7.439
		橫列百分比	96.0%	4.0%	100.0%	P-value=0.19
		直欄百分比	12.3%	3.6%	11.2%	無顯著差異
	固定性兼職	個數	8	1	9	
		橫列百分比	88.9%	11.1%	100.0%	
		直欄百分比	4.1%	3.6%	4.0%	
	非固定性兼職	個數	13	3	16	
		橫列百分比	81.3%	18.8%	100.0%	
		直欄百分比	6.7%	10.7%	7.2%	
	家庭主婦（夫）	個數	2	2	4	
		橫列百分比	50.0%	50.0%	100.0%	
		直欄百分比	1.0%	7.1%	1.8%	
	賦閒在家	個數	101	15	116	
		橫列百分比	87.1%	12.9%	100.0%	
		直欄百分比	51.8%	53.6%	52.0%	
	其他	個數	47	6	53	
		橫列百分比	88.7%	11.3%	100.0%	
		直欄百分比	24.1%	21.4%	23.8%	

表 7.7 父親教育程度與家庭暴力交叉表

			家庭暴力		總和
			沒受暴	有受暴	
父親教育程度	小學或不識字	個數	109	17	126
		%	86.5%	13.5%	100.0%
	國高中	個數	94	10	104
		%	90.4%	9.6%	100.0%
	大學以上	個數	30	2	32
		%	93.8%	6.3%	100.0%
	其他	個數	11	4	15
		%	73.3%	26.7%	100.0%
總和		個數	244	33	277
		%	88.1%	11.9%	100.0%
檢定			χ^2（df=3）=4.912 P-value=0.178 無顯著差異		

附註：表中百分比為橫列百分比。

表 7.8 母親教育程度與家庭暴力交叉表

			家庭暴力		總和
			沒受暴	有受暴	
母親教育程度	小學或不識字	個數	137	21	158
		%	86.7%	13.3%	100.0%
	國高中	個數	82	10	92
		%	89.1%	10.9%	100.0%
	大學以上	個數	15	0	15
		%	100.0%	0%	100.0%
	其他	個數	7	2	9
		%	77.8%	22.2%	100.0%
總和		個數	241	33	274
		%	88.0%	12.0%	100.0%
檢定			χ^2（df=3）=3.286 P-value=0.350 無顯著差異		

附註：表中百分比為橫列百分比。

表 7.9　家庭類型與家庭暴力交叉表

			家庭暴力		總和
			沒受暴	有受暴	
家庭類型	大家庭（與長輩及旁系血親同住）	個數	38	4	42
		%	90.5%	9.5%	100.0%
	折衷家庭（三代同堂）	個數	48	2	50
		%	96.0%	4.0%	100.0%
	小家庭（夫妻及子女）	個數	121	19	140
		%	86.4%	13.6%	100.0%
	單親家庭（父或母及子女同住）	個數	21	2	23
		%	91.3%	8.7%	100.0%
	其他	個數	15	6	21
		%	71.4%	28.6%	100.0%
總和		個數	243	33	276
		%	88.0%	12.0%	100.0%
檢定			χ^2（df=4）=9.329 P-value=0.053 無顯著差異		

附註：表中百分比為橫列百分比。

家庭成員間的施暴虐行為。這些現象反應出，無論是歐美國家或我國，家庭暴力現象一直被視為是家務事而受忽略，導致研究者無論是探究家庭暴力概況或盛行率，都遭遇許多研究方法選擇與研究對象不可得的困境，所以目前無論國內外相關研究，除了婚姻暴力的概況與盛行率推估是以當事人為資料蒐集對象之外，兒童虐待、老人虐待或身心障礙的虐待（包括家庭暴力與性侵害）大都是以機構個案紀錄、通報資料或專業人員的調查研究為主。

　　這樣的困境同樣的也呈現在本研究中。許多研究都指出，智能障礙者無論是遭受家庭暴力，或居住在學校與機構中，遭受學員或第一線工作人員不當對待與施虐行為是相當普遍的現象。對於這些事實，部分研究者歸因於個人因素，認為是受到智障者認知能力與社會適應力影響，但是大多數研究者

都注意到，建構安全友善的生活空間與支持環境，是給予弱勢族群基本人權的尊重。雖然我國家庭暴力防治工作推動已有七年之久，可是對智障者家庭暴力現象的關注與討論卻相當少，導致無論是家庭暴力防治制度的設計或服務方案規劃，都未能有效針對智障者及其家屬的需求而提供適度的協助與支持，部分研究也顯示，第一線實務工作者因為欠缺足夠訓練，而影響服務過程的敏感度，進而影響受暴虐智能障礙者的社會權（劉文英，2006）。由於我國對智能障礙者家庭暴力議題的討論與瞭解相當少，藉由本研究探索過程，能對智障者家庭暴力之現況與盛行率有進一步的瞭解，提供未來學術研究與實務單位之參考。

（一）智能障礙者家庭暴力之盛行率

許多國外研究報告均指出，由於智障者本身的認知能力與適應力比一般人差，加上未能建構友善支持的社會環境，以及社會瀰漫的迷思與負面印象，導致智障者基本人身安全的權利受到剝奪，使得智障者無論是在家庭或在機構受暴虐的比例都很高。由於家庭暴力的推估在研究方法上有其限制，所以國外研究大多不是以家庭中主要照顧者為訪談對象，而是以機構專業工作人員為訪談對象或個案紀錄為資料分析來源，做為瞭解智障者家庭暴力或受暴虐概況與盛行率的推估。根據 Sobsey（1994）系統性彙整相關研究報告後，發現身心障礙兒童遭受家庭暴力或性侵害的比例約是一般人的 2 到 3 倍（Sobsey, 1994），由於智障兒童家庭暴力或性侵害的盛行率推估的困難度導致相關資料缺乏，所以我們只能以婚姻暴力的盛行率做為推估智障者家庭暴力的參考依據。舉例而言，王麗容、陳芬苓（2003）在前兩年進行的一項全國婚姻暴力調查研究結果，援引做為與本研究智障者家庭暴力盛行率相互比較；王麗容、陳芬苓主要是運用電話調查法針對全國二十三縣市，年齡介於 18 到 64 歲的人口為研究對象（採取兩階段分層抽樣方式，無效樣本為

30,499 位、拒訪為 380 位），研究有效樣本為 3,578 位，研究結果發現，遭受婚姻暴力的盛行率為 17.38%，但是因為這份研究結果顯示男性遭受婚姻暴力的盛行率略高於女性，因此有許多研究者質疑可能是導因於研究方法與設計不當而影響研究結果。

　　本研究主要是以全國智能障礙者為母群體，透過兩層次隨機抽樣方式，針對全國七大區域二十六個鄉鎮之 384 位智能障礙者進行訪談資料蒐集工作，總共蒐集了 343 份（回收率為 89.3%，有效樣本為 339 位），本研究資料分析剔除了主要照顧者是家人（299 位）以外的受訪對象為主，結果顯示我國智障者家庭暴力的盛行率約為 11.09%，若以本研究結果推估我國智能障礙人口（80,918 人）中有多少人有遭受家庭暴力的經驗，那麼預估約有 11,714 位智能障礙者曾經遭受家庭暴力。再者，根據 Sobsey（1994）的觀點，智障者遭受家庭暴力的比例應是一般人的 2 到 3 倍，所以我國智障者遭受家庭暴力的盛行率應介於 35%到 51%左右。事實上，從本研究結果顯示我國智能障礙者家庭暴力的盛行率，不僅比國內王麗容、陳芬苓（2003）對婚姻暴力調查研究之受暴率低，同時也比國外身心障礙或智能障礙受暴率低。

　　針對這個事實，我們無法樂觀的推論我國智能障礙者，遭受家庭暴力的盛行率比一般人低或不嚴重，因為當研究者將所有訪談對象（339 位）區分為「主要照顧者為家人」（299 位）與「其他」（40 位）訪談對象兩種類型，分析家庭暴力的盛行率時卻發現有顯著關聯（χ^2=11.148, p<.001），其中「主要照顧者為家人」的受暴率為 11.9%，而「其他」的受暴率為 34.5%。換句話說，訪談對象影響了智障者家庭暴力的盛行率。這種差異是否受到傳統面子文化影響，將家庭暴力視為是家務事，加上社會普遍譴責暴力的事實，加上受訪者本身是家庭成員，同時也可能是施暴者等，在這些主客觀因素交互影響下，導致受訪者在接受訪問過程可能傾向低度報導，而影

響整體盛行率的推估。這些疑惑有賴未來更多學者與研究者投入此一研究領域，以不同研究對象並運用不同資料蒐集方式，一一加以釐清。

（二）智能障礙者家庭暴力類型

本研究結果不僅發現，智能障礙者家庭暴力盛行率與國外研究結果不同，同時也發現我國智能障礙者遭受家庭暴力的暴力類型與國外研究結果不一致。在本研究結果，發現智能障礙者遭受家庭暴力的類型，主要是以「疏忽」（14 位）占最多數，其次為「情緒或心理虐待」（11 位）及「肢體或生理暴力」（9 位）。而 Marchetti 與 McCartney（1990）的研究卻發現，智能障礙者遭受第一線工作人員施暴虐的類型，以身體虐待為主，其次為情緒、性虐待與疏忽。這種差異到底是來自研究場域不同（一個為家庭、另一為機構），或是研究對象不同（一為家人、另一為機構），還是因為兩個研究對於暴力類型界定有異，其實是需要其他學者與研究者投入此一研究領域進一步釐清。合理推論，因為本研究的受訪對象是以主要照顧者中的家人為主，可能受到面子文化影響或受訪者自我防衛機制運用，使得受訪者不願意承認家中有人或自己對智障家庭成員施暴，而改以「疏忽」提供日常生活的照顧之理由，迴避家庭暴力行為本身的社會壓力。

除此之外，本研究亦發現，父母或兄弟姊妹是造成家庭暴力關係類型中（身體、心理與疏忽）的八成，配偶與其他親戚只占兩成。合理推論，目前我國家庭型態主要以核心家庭居多，在日常生活中智障者主要照顧者以父母居多，其次為手足；所以當智障家庭在普遍缺乏社會支持與資源的環境中提供智障者的生活照顧，加上社會普遍瀰漫著的負面刻板印象等外部支持系統壓力，以及許多家庭成員缺乏對智障者特性的認知的內部壓力等雙重壓力下，在日常生活的衝突過程比較容易對智障者施以暴力行為；換句話說，從日常生活互動的密度及缺乏足夠支持系統與資源之下，父母與手足很容易成

爲施暴者。在本研究中，智障者的家庭型態以大家庭與折衷家庭占 33%，
核心家庭與單親家庭占 67%，但家庭型態與家庭暴力事實並無顯著關係。
所以本研究結果只能顯示，在我國家庭價值意識及保守福利思維運作下，
「父母」仍舊是智能障礙者日常生活的照顧提供者。當面對我國身心障礙人
口從 1999 年的 2.94%提升到 2005 年的 4.12%，同時無論是全體或身心障礙
人口的平均餘命也不斷提升的發展趨勢，我們若不能改變建構在殘補式家庭
福利意識思維的福利制度，那麼未來智能障礙者將會成爲家庭負擔；從照顧
壓力的趨勢與模式來看，我們或可預測未來老年婦女照顧負擔的沉重壓力
（內政部統計通報，2006）。

（三）智能障礙者之社會背景

　　無論是國內外學者或研究均指出，「性別」是影響智障者家庭暴力受暴
率與暴力類型的關鍵。本研究結果亦印證了國內外學者的觀點，女性智障者
遭受家庭暴力的盛行率是 17.7%，而男性智障者遭受家庭暴力的盛行率是
7.9%。在 Sobsey 等人（1997）的研究中發現，智障者男童遭受肢體暴力、
性暴力與心理虐待的比例比非身心障礙兒童高，由於本研究中主要以智能障
礙者爲研究對象，同時研究對象的年齡分布也包括各種年齡層（非局限於兒
童），因此很難讓兩者相互比較。不過 Rusch 等人（1986）與 Zirpoli 等人
（1987）的研究都指出，智障者的障礙程度與受暴率及嚴重度成正比，但是
本研究結果卻無法確認這之間的關係。

　　大多數國外研究都未提及智障者婚姻狀態與受暴虐關係，但是本研究結
果卻發現智障者已婚與否與家庭暴力有顯著關連，未婚智障者遭受家庭暴力
的比例（32%）比已婚智障者遭受家庭暴力（10%）的比例高。這是否意味
婚姻對智障者家庭暴力受暴概況具有緩衝作用？我覺得這樣的假設必須更進
一步深入研究才能剖析，否則會有誤導現象。有可能已婚智障者的障礙程度

較多是屬於輕度障礙，日常生活中較能獨立生活，也有可能原生家庭父母仍舊是已婚智障者日常生活照顧的提供者，這些都有待未來研究者透過更精緻的研究設計進一步瞭解。除此之外，家庭收入與智障者家庭暴力盛行率也有關連，當家庭收入是低於三萬元以下時盛行率為 17.2%，當家庭收入提升到三萬元到五萬元之間時盛行率為 6.3%，當家庭收入高於五萬元以上時智障者的盛行率為 0。國外並沒有任何研究是探討家庭收入與智障者家庭暴力之互動關係，而本研究發現是否意味著當智障者的家庭收入愈多，家庭成員愈能透過購買式服務，降低日常生活中的照顧壓力，而降低家庭暴力發生的可能？這項假設並無法由本研究直接證實，也值得未來研究者投入研究過程進一步釐清兩者關係。

（四）智能障礙者之區域分布與福利資源使用

　　從結構觀點分析智障者家庭暴力議題時，我們假設社會福利資源多寡與支持配套措施的完整性將會影響家庭暴力的發生率；但是這項假設並未在本研究中獲得驗證，無論是智障家庭是否接受社會福利協助／津貼補助，或居住區域與智障者家庭暴力都未達統計顯著水準。雖然智能障礙者居住區域與家庭暴力未達到顯著水準，但是居住「宜花東」區域的受暴率為 22.2%，而居住在「北縣、基隆」與「雲嘉南」區域的受暴率分別為 4% 及 2.4%。若進一步對照表 7.3 中，樣本在各區域母群體的分布比例，「宜花東」所占比例最低，其次為「北縣、基隆」，但是在各區域的訪談樣本數卻是以這兩個區域的訪談數目最少。就統計方法而論，當訪談樣本數愈少，少數受暴者可能就會突顯家庭暴力受暴率，但是「宜花東」與「北縣、基隆」的抽樣分布是類似情形，但卻迥然不同結果，這種現象頗值得未來研究更深入釐清區域特性與資源分布對智障者家庭暴力盛行率之關係。

二、建議

（一）未來研究方向之建議

　　雖然本研究為一全國性隨機調查訪談研究，研究結果可以進一步推論到全國智能障礙者全體人口，但是因為研究議題的特殊性與敏感性，加上訪談對象是以主要照顧者的家人為主，受訪者可能受到家醜不可外揚的面子文化影響，也可能照顧者本身就是施暴者而產生低度報導的行為，導致本研究結果有關智障者家庭暴力盛行率明顯低於其他一般人口群及國外相關研究之推論。再者，因為本研究是採取實地訪談方式，考量受訪者使用的母語本身的特性，訪員應如何問問題才不會引起受訪者的敏感與拒絕訪問，所以在問題設計時盡量降低受訪者的敏感度及增加回答意願為目標；本研究問卷問題設計雖有資深實務工作者參與及相關領域學者專家的評量，但是問題及其內容設計的適當性也或有討論空間。

　　除此之外，因為本研究是採取實地訪談方式蒐集資料，訪員品質的控制、訪問經費與時間也會影響整個訪問結果的呈現與推論。雖然本研究訪員主要以第一線接觸智障者相關機構與各縣市家庭暴力防治中心之工作人員為主，且每位訪員負責的樣本數也控制在 10 到 12 名左右，但是實務工作者本身工作的負擔壓力，要在不到兩個月的時間內完成訪談工作，難免有些困難，加上訪員本身的素質及各區督導工作進行概況，也從問卷回收過程看到問卷品質不一的現象（這部分，研究助理雖一一打電話詢問，但是訪員大多憑記憶回答）。從本研究的發現與限制，提供建議未來研究對於訪談對象與來源，可以有不同的研究策略運用。舉例來說，由於研究者在選擇訪談對象時考量不同障礙程度的智能障礙者本身，接受訪談過程時對問題本身的認知與回答問題的正確性，所以以主要照顧者為主要訪談對象（唯有十八歲以下

獨居的輕度智障者才以本人爲訪談對象）。但是從研究結果看出，低盛行率及兩組受訪者明顯不同，因此建議未來研究或可以輕度智能障礙者爲訪談對象，同時也擴大樣本數，減少抽樣可能造成的誤差。國外考量議題及訪談對象的特殊性，所以大多以資料庫、個案紀錄或機構工作人員爲研究對象，未來研究者也可以朝向此一方向，如此方能多方檢視智能障礙者受暴虐現象與盛行率。

（二）實務工作模式與相關政策之建議

1.建構本土智能障礙者心理諮商與輔導工作模式

　　一般人對於智障者都有錯誤認知，認爲因爲當事人認知能力較差，所以在遭受家庭暴力時，比較不會出現創傷後症候群，然而本研究訪談調查資料卻顯示，智障者與一般人一樣，遭受家庭暴力後也會出現明顯的心理創傷症狀。智能障礙者遭受家庭暴力後，比較容易出現暴躁易怒、注意力無法集中、精神恍惚、缺乏安全感與感到孤單無助等情緒反應。很明顯的，當智障者遭受家庭暴力，往往也會出現行爲適應方面的創傷症狀，如：哭鬧、退縮或撒謊行爲。雖然，研究者進一步將智障者遭受家庭暴力「創傷症候群」與其他變項進行變異數分析，均未達到顯著水準；但是從描述性統計資料中，看出高達半數以上遭受家庭暴力的智能障礙者，都曾經出現生理、心理或行爲適應上的症狀。這些事實，頗值得家庭暴力防治網絡中所有工作人員的關注，思考未來家庭暴力防治工作的推動、預防教育宣導，以及個案服務模式的建構與發展。就目前家庭暴力與性侵害防治網絡中，無論是社會工作、諮商輔導或心理治療人員，對於智能障礙者之特性及遭受家暴後的創傷後反應的瞭解非常有限。大多數心理諮商與輔導專業人員，並沒有接受過與智能障礙者有關的訓練，導致目前對受暴後之智能障礙者提供諮商輔導或支持性會

談的服務相當少，建議未來應加強對心理諮商與輔導人員的培育工作，並做為建構遭受家庭暴力之智能障礙者諮商與輔導本土工作模式之參考依據。

2.召開學術研討會，並積極建構實務研習活動的議題、內涵與策略

本研究可以說是國內第一份有關智能障礙者遭受家庭暴力的實證研究，研究結果與發現有許多值得學術界探討及實務研習的議題。建議中央與地方主管單位應結合學者專家與實務機構，召開學術研討會，透過研討會的討論除了討論相關議題之外，更進一步聚焦建構未來實務研習活動的議題、內涵與策略。

3.建立符合智障者需要的緊急庇護中心

雖然本研究結果並未顯示，智障者家庭暴力盛行率高於一般人口婚姻暴力之盛行率，但研究設計本身有些瑕疵，有待未來相關研究進一步探討。雖然如此，但目前安置機構主要以婦女為主要安置對象，隨著全球化移民發展趨勢，而略有重視新移民受暴婦女不同需求之外，完全忽略智障者本身的特殊性之需求，到底智障者遭受亂倫事件或家庭暴力事件時，應將智障者安置於庇護中心或獨立安置呢？就目前強調回歸主流的發展趨勢，無論是在教育方面或在各項社會服務提供方面，都相當強調融合的概念；因此，未來應透過各項研習活動，增強與培育各縣市庇護中心的社會工作人員或個案管理員，對智能障礙者特性與行為模式有基本的瞭解，並提升其對多元人口族群的專業知識與服務技能。

4.強化家庭暴力防治網絡相關工作人員的知能

國外資料顯示出智能障礙者家庭暴力高盛行率的事實，而本研究資料顯示，智能障礙者遭受家庭暴力的盛行率比一般人低；然而家庭暴力與性侵害

防治網絡中相關工作人員對智能障礙者特性與需求的不瞭解，根本無法對智能障礙者及其家屬提供有效適當的協助與服務。因此，未來應透過個案研討或研習活動，不斷強化家庭暴力與性侵害防治網絡專業人員對智能障礙者之特性、行為模式與需求之訓練。

5.創造友善、安全的社會支持環境

本研究資料顯示，當智能障礙者有全職或固定兼職工作時，遭受家庭暴力的風險相對降低，但是當智能障礙者是沒有工作或是家庭主婦時，遭受家庭暴力的比例相對提高。因此，未來應積極連結中小企業、勞工局職訓中心或就業輔導站，針對智能障礙者特性與能力開發適合之職業訓練方案與就業媒合輔導，不僅可提升智能障礙者的自尊與自信，同時也有助於降低智能障礙者遭受家庭暴力的可能。不可否認，大多數能擁有穩定工作（全職或固定兼職）的智障者，大都是屬於輕度智障者；對於非輕度智障者而言，不僅無法擁有經濟獨立的機會，或甚日常生活中都需要依賴家人或其他人提供全部或部分的協助。因此，未來應加強改變社會大眾對智障者錯誤的認知與印象，並創造出支持性的社會生活環境。

〔註：本文乃是根據 94 年度內政部委託計劃案（094-000000AU691-001）結構式訪問調查的部份資料改寫而成。〕

第 八 章

家庭邊緣人：女同志、
外籍家庭幫傭與家庭暴力

壹、緒言

在過去十年來，國內學術界對於婚姻／家庭暴力（domestic violence or family violence）相關議題的論述相當多元豐富，部分學者從女性主義的觀點檢視立法過程的性別意識型態或政策實施成效（許雅惠，2001；黃怡瑾，2001；劉惠琴，1999；潘淑滿，2003）；有些學者則是著重於資源網絡的整合與建構多元工作模式的可能（呂寶靜，1992；彭淑華，1997）；大多數研究都是以婚姻暴力（domestic violence）為探討主題（周月清，1994；武自珍，1997；陳若璋，1992；黃怡瑾，2001；潘淑滿，2003）；少數則是著重關懷弱勢人口群的家庭暴力現象與需求差異（王增勇，2003；黃淑玲、林方晧、吳佩玲，2001；潘淑滿，2004a，2004b）。雖然家庭暴力的學術論述與實務討論是如此豐富，可是當參加學術與實務研討會時，經常會聽到與會者提及同志遭受親密暴力在求助過程經驗到的漠視與歧視，而外籍家庭幫傭／監護工遭受雇主虐待時，往往又被排除在家庭暴力的服務網絡之外的不合理；我不禁思索：為什麼同志親密暴力現象甚少在相關學術研究或實務研習場合被討論？自 1980 年代以來，女性遭受婚姻暴力現象一直是女性主義研究者關心的議題，可是為什麼女同志親密暴力現象卻如此被忽略？在全球化形成的跨國人口流動中，新移民女性家庭暴力現象開始吸引了學術圈與實務界的關心，為什麼外籍家庭幫傭／監護工遭受雇主家庭暴力的現象卻依舊被排除？當移民與移工社會變遷現象逐漸成為社會科學論述的主軸時，為什麼外籍家庭幫傭／監護工受暴議題卻仍舊是如此的乏善可陳？

婚姻／家庭暴力現象受到關注，源起於 1970 年代歐美國家婦女運動的倡導，婦女團體對於親密、婚姻或家庭暴力的解釋或服務模式的建構，大多

是依據女性主義對性別社會關係權力不平等的解釋觀點 （Shepard & Pence, 1999）。當女性主義者運用性別觀點，解釋女同志間的親密暴力與全球化跨國移工現象中外籍家庭幫傭／監護工遭受家庭暴力現象時，卻面臨難以解釋的困境。不可否認，全球化提供給第三世界國家的女性改變命運的機會，但是性別交織著種族與階級多重壓迫的事實，卻是突顯著外籍家庭幫傭與監護工遭受家庭暴力現象背後隱含著陰暗及人權諷刺的事實。對於資本工業國家中產階級家庭雇用跨國幫傭的普遍性，到底是女人雇用女人？還是女人和男人聯手雇用女人？事實上，由媒體披露外籍家庭幫傭／監護工遭受雇主家庭暴力事件中，女性雇主往往是直接或間接參與施暴行動，形成女性對女性的暴力行為。這些事實已然超越主流女性主義建構在性別權力控制論述基礎，那麼外籍家庭幫傭／監護工遭受家庭暴力現象背後，到底突顯著什麼樣的暴力本質，以及隱藏著什麼樣的權力機制？在這一章中，我延續自己過去對性別與婚姻／家庭暴力議題的關注，進一步將親密暴力關懷視野延伸到女同志與外籍家庭幫傭與監護工。在這一章中，我將強調對女同志親密暴力與外籍家庭幫傭／監護工遭受家庭暴力現象的理解，必須超越主流女性主義的權力控制觀點，注入更多社會結構性因素的考量，這些結構性因素包括：性別傾向、階級與種族。

　　目前無論是國內或國外，對於女同志或外籍家庭幫傭／監護工的研究，無論是議題設定或理論選擇，都像是兩條沒有交集的平行線。以女同志議題為研究主軸的學者，甚少將關懷焦點擺在外籍家庭幫傭／監護工，而以全球化現象為研究主軸的學者，也幾乎不碰觸女同志議題。乍看之下，女同志與外籍家庭幫傭／監護工的確是井水不犯河水的兩條平行線，但是如果從「婚姻／家庭暴力」議題切入，就不難發現女同志與外籍家庭幫傭／監護工具有「家庭邊緣人」的共同宿命。國內目前並沒有任何一項實證研究是以女同志親密或家庭暴力為研究主題，而國外對於女同志親密或家庭暴力的研究也是

在最近幾年才出現；可是回顧這些研究報告，無論是量或議題深度都略顯不足。女同志親密或家庭暴力現象不受主流學術研究的重視，不表示女同志親密或家庭暴力現象不普遍，卻是導因於同志的性別傾向不符合主流異性戀社會關係的價值規範，當同志遭受親密或家庭暴力時很容易被視而不見的歧視。有別於前面三章藉著實證研究論述親密暴力的現象與本質，在這一篇文章中，我主要是透過相關文獻與理論的彙整與討論，耙梳女同志親密暴力與外籍家庭幫傭／監護工遭受家庭暴力現象及其突顯的權力脈絡，做為對主流女性主義論述親密暴力或婚姻／家庭暴力議題時之反思。

貳、誰是家庭成員？

到底同志之間的親密暴力與外籍家庭幫傭遭受雇主虐待的行為，算不算是家庭暴力？主要與我國家庭暴力與《民法》相關法規對於家庭的界定有關。根據我國《家庭暴力防治法》第三條第二款規定：「現有或曾有事實上之夫妻關係、家長家屬或家屬間關係者……」，換句話說，只要是具有事實上的夫妻關係者就是家庭成員，那麼同志的同居關係當然是事實上的夫妻關係行為。我相信絕大多數在第一線提供家庭暴力被害人相關服務的工作人員，包括警察與社會工作人員，都很清楚未婚同居關係當然是「事實上的夫妻關係」，無庸置疑的同志同居也是「事實上的夫妻關係」，所以同居同志之間的暴力行為當然就是家庭暴力。可是為什麼在提供專業服務過程時，同志親密暴力會被排除在家庭暴力事件處理之外呢？明顯的主要是《民法》對「夫妻關係」的定義是建立在異性戀關係的基礎，將「家庭」定義為一男一女結合所組成的社會關係與親屬關係。丁乃非（2002）批判主流社會對

「家」的運作建立在異性戀體制的基礎，容易對跨性別或具有跨性別傾向者形成的多重壓迫事實，根據她的觀察，同志因不符合家庭「性別階序」的標準，往往被家人視為是負擔、羞恥，所以當同志間親密暴力或家庭暴力事件發生時，家人大都採取隱瞞態度。在主流異性戀意識型態的運作下，同志關係經常被標籤化或污名化為偏差行為，在家庭暴力防治網絡中提供被害人服務的第一線工作人員，如：社會工作人員、警察人員與心理治療師等，往往受到主流性別價值意識影響衍生對同志負面的印象，進而影響個案服務過程的態度與社會福利資源分配的公正性。

就《家庭暴力防治法》第三條對家庭成員的界定，很明顯的外籍家庭幫傭／監護工既不是四等親內的家屬關係，也不是事實上之夫妻關係，所以外籍家庭幫傭／監護工遭受雇主家庭成員的施暴事件一直被排除在家庭暴力的論述範圍。值得關心的是，全球化發展脈絡下，家庭的形式截然不同於以往，少子化與多元家庭型態挑戰著當前福利國家對家庭政策的界定，而跨國人口流動現象（移民與移工）更引發資本福利國家資源分配的辯論。就《民法》對「家」的定義，外籍家庭幫傭／監護工當然不符合《民法》的規定；但是就實質內涵而言，外籍家庭幫傭／監護工與雇主家庭成員同住一個屋簷下，不僅提供社會功能不良的家庭成員 24 小時密切的照護，同時也為所有家庭成員準備日常生活所需的各項家事服務，這種密切程度幾乎非外人能為之。

如果我們就外籍家庭幫傭／監護工遭受雇主家庭成員施虐的本質而言，暴力發生的場所是雇主家中，而暴力發生的時間點幾乎是隨時，而暴力形式包括：對身體踢、捏、打、鞭、禁止自由出入，或限制飲食等現象，符合《家庭暴力防治法》第二條對「家庭暴力」的界定包括：身體虐待與言語辱罵、威脅或恐嚇等精神虐待行為事實，或甚至男雇主或家庭中男性成員的性騷擾或性侵害，很清楚的這些暴力展現的方式大都不會發生在公共空間或工

作場域，顯而易見應是屬於私領域的家庭暴力範疇。那又爲什麼外籍家庭幫傭／監護工遭受雇主家庭暴力事件往往不受到重視，或甚至被排除在家庭暴力事件處理之外呢？丁乃非（2002）在同志新聞通訊社「週末評論」的〈也是「家」暴：外籍幫傭的危險處境〉一文中，將外籍家庭幫傭／監護工遭受家庭暴力被忽視的現象歸因於家庭的「內／外」與「上／下」的運作階序價值意識作祟，從這種內／外與上／下的運作階序來看，外籍家庭幫傭既不是親屬又不同國籍（加上不是來自強權國家），所以被視爲是「外人」，而外籍家庭幫傭／監護工是雇主雇用到提供家事勞動者，而這些工作往往被視爲下人的工作，所以在這種「外人」兼「下人」的邏輯運作下，外籍家庭幫傭／監護工經常被視爲是「非人」的「家人」。

　　無論就法律規定或事實關係，女同志與外籍家庭幫傭／監護工都是家庭成員的一份子，可是受到異性戀霸權文化及全球化形成的新的階級關係影響，使得兩者成爲家庭邊緣人。Mooney（2000）在 *Gender, Violence and the Social Order* 一書中對「家庭暴力」（domestic violence）一詞有較爲清楚的闡釋，Mooney 認爲「家庭暴力」是一種相對於「陌生人暴力」（stranger violence）的概念；換句話說，只要是家庭成員之間的暴力行爲都可以被稱爲家庭暴力。Mooney 更強調，時代變遷導致家庭型態有了重大變革，且當家庭暴力發生時，往往也因爲家庭暴力的對象不同，導致對於福利服務的需求也有很大差異，所以在討論家庭暴力的防治工作與福利服務需求時，必須進一步剖析，到底是屬於哪一種家庭暴力類型及對象爲何，如此才能讓家庭暴力防治工作的建構眞正符合受暴人口群的需求，同時也讓有限的社會福利資源獲得較適當的配置。

參、性別權力控制的局限：女同志親密暴力

過去十多年來，國內婦女團體對於女性遭受親密、婚姻或家庭暴力的解釋，大多是建立在女性主義挑戰異性戀權力控制的觀點，使得家庭暴力防治工作的個案服務或治療模式，都是以增權或培力導向（empowerment-oriented）為主；然而，這種建構在挑戰異性戀社會關係的解釋模式或個案服務策略，運用在女同志親密暴力現象時，卻經常面對許多無法解釋的現象與問題。研究者對相關文獻進行回顧過程中發現，國內並沒有任何一份研究報告是以「女同志親密暴力」為研究主題，少數討論都是出現在非學術的論壇或媒體報導中；而國外研究報告也約略是在 1996 年以後才陸續出現，且相關研究報告不僅篇幅不多，議題也十分局限。若進一步將國外女同志親密暴力相關研究進一步分析，發現大多數研究是著重於女同志親密暴力發生率（prevalence）的推估，少數研究則是以女同志日常生活經驗中互動關係的品質與親密暴力的關係為研究主題。

國外對於女同志親密暴力發生率的推估，大都是運用量化研究的問卷調查方式（Bernhard, 2000; Fortunata & Kohn, 2003; Owen & Burke, 2004）或電話訪談方式（Tjaden, Thoennes, & Allison, 1999）進行資料蒐集；相較之下，有關女同志生活經驗壓力、關係品質與親密暴力的互動關係，則大多是運用質性研究的深度訪談（in-depth interviewing），或結合深度訪談與焦點團體訪談的多元測定方式（triangulation），深入瞭解女同志親密暴力的歷程與權力關係（Balsam & Szymanski, 2005; Ristock, 2003）。在一項全國性的電話調查訪問中，Tjaden、Thoennes 與 Allison（1999）在 1995 年 11 月到 1996 年 5 月訪問了 8,000 位女性及 8,000 位男性，研究結果發現：目前與同性伴

侶同居者遭受親密暴力的比例遠高於與異性伴侶同居者，而男性同居伴侶間親密暴力的發生率是 4.1%～10%，女性同居伴侶間親密暴力的發生率則是2.6%～4.1%。在異性戀體制下同志關係不僅不被社會接受，更甚至被污名化與歧視，所以我們很難正確瞭解具有跨性別傾向的人口群有多少，若我們無法瞭解母群體人口數，當然更無法推論同志或女同志遭受親密暴力的盛行率及其人口數。

目前大多數研究大都是建立在立意抽樣或方便抽樣 （purposive sampling）的原則，例如：Fortunata 與 Kohn（2003）是針對 161 位女同志或雙性戀傾向者進行郵寄問卷調查（共回收 100 份，回收率為 62%），結果發現在 100 位受訪者中，有 33 位曾經對親密伴侶施暴，所以女同志親密暴力行為約為 33%；Owen 與 Burke（2004）則是在 Virginia 州以郵寄問卷方式針對 1,000 位（500 位男性、500 位女性）受訪者進行同性間暴力行為發生率的調查，在 66 位回收者中（回收率只有 6.6%）有 34 位（高達半數以上）有家庭暴力的經驗，很明顯的男同志受暴率遠高於異性戀的受暴率；Bernhard（2000）則是針對 215 位方便樣本進行問卷調查，發現女同志遭受生理虐待的暴力類型遠高於異性戀女性（51%：33%），但是在性侵害或性虐待的發生率並沒有明顯差異；Peterman 與 Dixon（2003）則是援引 *The National Coalition against Domestic Violence* 的資料，推估出同志親密暴力發生率約為25%～33%；而 Ristock（2003）彙整相關研究報告資料發現，女同志親密暴力行為約在 17%～52% 之間。

為什麼女同志遭受親密暴力的發生率會高於異性戀女性？根據趙彥寧的觀察，由於同志關係是不被主流異性戀社會認可，許多同志終其一生都必須面對主流社會的歧視與抵制，在這種關係中也容易形成情緒的不穩定與強烈的憎恨表達方式（中國時報，2003）。Bernhard（2000）的研究也發現，女同志遭受生理虐待的普遍性與嚴重性遠超過異性戀女性，相較於異性戀女性

親密暴力是不規則性的，女同志親密暴力現象則是傾向於規則性且有重複受暴的現象；同時 Bernhard 也發現當女同志遭受親密暴力時，與異性戀女性一樣比較會向非正式支持系統求助，如：向友人訴苦，但是女同志卻更傾向於不做任何回應或採取任何行動。Burke、Jordan 與 Owen（2002）則是透過跨國比較研究（USA 與 Venezuela 的比較）瞭解不同國家的女同志遭受親密暴力的概況，研究結果也發現兩個國家女同志親密暴力的普遍性與嚴重性，不過大多數受暴女同志都未採取任何行動或從相關單位獲得任何協助（尤其是 Venezuela）。這些現象與事實說明女同志遭受親密暴力的普遍性，以及在主流異性戀文化霸權下，跨性別取向者在遭受親密暴力後大都採取隱忍、不作為的行為反應，以避免自己在求助過程中可能遭受二度傷害的風險。

除了發生率之外，少數研究著重於探討女同志親密暴力的權力關係與互動經驗，或進一步檢視當前建立在女性主義理論觀點的個案服務與治療模式的適當性。J. L. Ristock（2003）在"Exploring Dynamics of Abusive Lesbian Relationships: Preliminary Analysis of a Multisite, Qualitative Study"一文中結合質性研究的深度訪談法與焦點團體訪談法，瞭解女同志遭受親密暴力的受暴史、受暴類型、互動模式、社區支持系統與壓力關係，同時深入瞭解女性主義實務工作者，對於同志親密暴力的定位，以及對服務提供的看法，Ristock 主張唯有揚棄以異性戀關係為主軸權力控制的傳統觀點與服務模式，重新深入探索女同志關係中的權力運作，才能建構出較為適切的個案服務方案與治療模式。

「同志諮詢專線」文宣部主任巫緒樑在接受平面媒體訪問時，論及同志遭受親密或家庭暴力的普遍性與嚴重性：「同志伴侶間的暴力狀況絕對不比一般人少，但卻無法獲得庇護或緊急安置，通常去警察局要聲請保護令，因同志未被納入《家暴法》保護，警察通常不予受理，會要求雙方自行處理或以傷害罪移送對方，加害者沒被強制治療，而被害者也沒有獲得庇護……」

（中國時報，2004）。「性別人權協會」秘書長王蘋在接受媒體訪問時也提及同志遭受親密暴力後的處境：「……一旦遭受伴侶暴力，只能自力救濟，逃到朋友家，或是沉默的回到父母家，絕口不提自己的遭遇，很少奢望公權力出面保護被害者……」（聯合報，2003）。趙彥寧在一項訪問中也說明為什麼女同志親密暴力現象會如此普遍：「在女同志的感情世界中，扮演T和婆的一方之所以成為施暴者，主要是因為同志情感反體制，T婆必須比男人更男人，又要強調自己的性魅力，而一生經常處於被歧視與抵抗，本身情緒就不是很穩定，很容易從弱勢女友身上宣洩……在主流異性戀社會中，同志關係往往被視為是一種黑暗關係，所以許多具有跨性別傾向者的感情發展，打從一開始到結束都是相當孤立，當一方不願意分手時就很容易出現暴力行為」（中國時報，2003）。

Balsam 與 Szymanski（2005）在 "Relationship Quality and Domestic Violence in Women's Same-Sex Relationships: The Role of Minority Stress" 一文中，深入探討女同志在日常生活經驗中遭受的內外在壓力與親密暴力的關係，發現女同志經常經驗的邊緣壓力包括：內化、恐同（homophobia）、歧視，與親密暴力有高相關。在另外一篇台灣同志研究文獻回顧的論文中，趙彥寧（2000）援引鄭美里（1997）的觀點說明在異性戀霸權運作的思維下，親屬體系與親屬意識型態如何成為規範性別角色的機制，進而合法化對具有跨性別傾向的家庭成員身體暴力行為。無論是趙彥寧的觀察或 Balsam 的研究，都說明同志關係在主流異性戀社會遭受雙重壓迫的事實，在異性戀社會中同志是社會邊緣人，而同志關係中的性別分工往往也成為同志關係權力不平衡的基礎，而親密暴力就成為同志之間在面對多重壓力下的宣洩。

女同志的親密或家庭暴力現象的嚴重性如何呢？誠如趙彥寧（2003）所言，在主流異性戀體制下，同志關係幾乎是不被家屬與社會認可，或甚至經常被污名化為偏差行為，許多同志關係的發展從開始到結束都是不敢讓親朋

好友知道的不公開處境，導致很難正確推估同志或女同志的親密或家庭暴力的發生率（或盛行率）。根據國外幾項研究（Bernhard, 2000; Fortunate & Kohn, 2003; Owen & Burke, 2004; Ristock, 2003）資料顯示，女同志遭受親密暴力的發生率約在 17%～52%之間，明顯高出異性戀親密暴力的發生率（11%～25%）（Balsam & Szymanski, 2005）。然而，當我們在推論同志或女同志親密暴力的發生率時，必須意識到由於同志關係不被主流社會認可，所以不僅無法正確推估出同志或女同志的母群體人數，同時在研究過程中有跨性別傾向者也會因為性別政治正確性的壓力而隱匿自己的性取向，這些都是研究者在探究同志或女同志親密暴力現象經常遭遇的困難。除此之外，部分女性主義研究者（Peterman & Dixon, 2003; Tigert, 2001）也觀察到目前主流社會對於（女）同志的親密與家庭暴力的論述及實務工作模式，幾乎都是建立在異性戀社會關係的意識型態，（女）同志親密暴力經常被有意無意的忽略，無論是公部門或非營利組織（non-profit organization, NPO），甚少將社會福利資源投入相關議題的討論及服務模式的建構，導致無法針對家庭成員的差異需求建構多元家庭暴力防治的服務模式。部分女性主義者也發現目前許多實務工作模式或治療方案，都是建立在異性戀文化霸權的權力控制觀點，這些觀點在詮釋女同志親密暴力現象時，不僅經驗到無法解釋的困境，同時也經驗到問題解決的有效性（Mooney, 2000）。

肆、多重身分：外籍家庭幫傭／監護工家庭暴力

與女同志一樣同是家庭邊緣人，外籍家庭幫傭／監護工家庭暴力是另一項值得關注的現象。近年來，隨著台灣人口與家庭結構的變遷趨勢，加上社

會福利體制不完整，爲了解決家庭中老人、病患與小孩的照顧問題，政府在 1992 年正式開放外籍家庭幫傭名額。到 2005 年 8 月爲止，在台的外籍勞工人數約有 31 萬人左右，但是從事「外籍家庭幫傭與監護工」的名額僅次於「營造業」項目，約占外籍勞工四成左右（請參考表 8.1）。與外籍勞工不同，外籍家庭幫傭日常生活的工作場域是在雇主家中，完全是屬於私領域的工作契約形式，不僅無法與雇主簽訂「勞動契約協定」，甚至被排除在《勞動基準法》勞工權益最低保障範疇之外。由於外籍家庭幫傭勞動人權未受到相關單位的重視與獲得最基本保障，導致外籍家庭幫傭人權遭受侵害的事件不斷被披露，諸如：劉俠死亡與印尼監護工薇娜心神喪失、越南監護工小蘭遭受雇主淩虐及性侵害、印尼監護工露露長期遭受空少雇主夫婦淩虐，以及菲籍監護工 Rose 遭受雇主性侵害等事件。

　　根據家庭暴力的相關研究顯示，在家庭暴力現象（包括：婚姻暴力、親密暴力、兒童虐待、老人虐待及其他類型的家庭暴力）中，約有四分之三的施暴者是男性，而女性施暴者僅占少數，所以大多數學者對於家庭暴力都是

表 8.1　2004 至 2005 年在台外籍勞工類型分布

行業別	2004 年 8 月底	2005 年 8 月底
總計	308,253	310,008
農業（船員）	3,276	2,888
製造業	168,698	160,971
營造業	10,669	13,109
社會服務及個人服務業	125,610	133,040

資料來源：行政院勞工委員會職業訓練局（2006）。

由異性戀文化霸權觀點詮釋，而實務工作者也以權力控制觀點建構家庭暴力的個案服務與治療模式。然而，當這些主流的詮釋觀點與服務模式在面對外籍家庭幫傭家庭暴力現象時，卻也一如女同志親密暴力現象一樣，無法提供適當的解釋觀點與有效的問題解決策略；這主要源自女性家庭成員也是直接對外籍家庭幫傭施暴或是間接參與施暴的共犯者。雖然目前我國並沒有任何外籍家庭幫傭遭受家庭暴力的統計數字，可是由家庭暴力發生率的普遍性與嚴重性，以及外籍家庭幫傭工作場域屬於私人場域與階級意識作祟，這些被披露的個案只是少數，可以預估外籍家庭幫傭遭受雇主家庭暴力的事實必然相當普遍而嚴重。

由於外籍家庭幫傭／監護工工作的特殊性，使得外籍家庭幫傭／監護工淪為社會弱勢中的弱勢。民生報（2004）根據「台灣國際醫療行動協會」（IACT）移民健康與人權部門指出：「外籍家庭幫傭被雇主扣護照、超工時、不准打電話的不平等待遇，而因為家務繁重導致身體或精神傷害求醫無門，且『菲律賓馬尼拉駐台辦事處』接到每十通求救電話中就有三通是遭受雇主性騷擾或性侵害」。台灣第一件外籍家庭幫傭聲請保護令是發生在 2001 年，根據聯合報報導（2001），菲律賓女傭柯瑞莎在中壢市幫傭時雇主經常虐待，嚴格限制她假日外出、買菜不准超過半小時、禁止打電話，稍有做錯事就罰站三十分鐘或餓一餐，甚至將她與狗關在一起，若假日外出回來後經常被痛毆一頓。法學界對於外籍家庭幫傭／監護工遭受雇主家庭成員的暴力是否可以聲請保護令則是持兩極看法，而這樣的爭議也同樣出現在相關法規制訂的討論過程及實務工作者提供個案服務的過程。整體而言，雖有部分學者與實務工作者呼籲政府應重視外籍家庭幫傭／監護工遭受雇主家庭暴力的普遍性與嚴重性，但是相關單位對於這個議題的關注卻是不怎麼積極熱絡。

根據「國際勞工組織」（International Labor Organization, ILO）的統

計，在 1996 年亞洲地區就有 150 萬女性遠離故鄉，前往其他國家從事合法及非法工作，在所有移工中，女性從事家庭幫傭的工作約占六成，例如：Sri Lanka 的移工 84%是女性，其中有 94%女性移工是到其他國家從事家庭幫傭性質的工作。根據 *Report of the Special Rapporteur on Violence* 的觀察，第三世界國家女性到其他經濟較發達國家從事家務勞動服務的數字相當高，但是當這些女性進入移居國之後，經常是安置在孤立且生活條件惡劣的場域中工作，經常需要面對生理與心理不當對待的風險，如：被扣護照、強迫變更契約內容、扣留薪資、食物及營養剝奪、沒有醫療照顧、被關在雇主家中不准寫信或與外界聯絡，甚至遭受性侵害與身體虐待等。英國學者也觀察到全球化形成的跨國移工在英國的生活處境而稱之為「家庭奴隸」（domestic slavery），這種家庭奴隸制度明顯有別於十八、九世紀黑人在白人家庭中幫傭的形式，因而提出「反奴工」（anti-slavery）的社會運動訴求。

為什麼女性移工在移居國會遭受這麼不堪對待，卻又不選擇離開或向外尋求協助呢？根據國際性非政府組織（non-governmental organizations, NGO）的長期觀察，阻礙女性移工離開雇主工作場域或向外尋求協助的主因，包括：沒有其他工作機會、對移居國文字語言不熟悉、家庭經濟因素考量、擔心被驅逐出境或被逮捕、受限於法律對移工自由遷徙與更改身分規定的限制、對法律與政府文件不熟悉，以及雇主暴力威脅與恐嚇等，都是影響女性移工選擇離開或向外求助的原因。B. Anderson（1993, 2000, 2001）是歐美少數以外籍家庭幫傭日常生活處境做為研究主軸的學者，根據她的觀察，在歐盟中，家事服務原本被視為是專業性工作，但是隨著女性參與勞動率提升及少子化的家庭結構變遷，使得家庭對於兒童照顧與老人照顧等需求不斷增加，於是第三世界國家的女性勞動人力資源就彌補了社會照顧人力資源不足的缺口，因而家務勞動工作也開始由專業轉為非專業性工作。除此之外，許多便利性因素，如：避免被扣稅、不需提供保險給付，或外籍家庭幫傭可

以住在家中提供 24 小時家事服務，也造成歐盟國家的家庭成員喜歡雇用外籍家庭幫傭的理由。全球化形成女性跨國移工現象，的確彌補了資本經濟較為發達國家勞動市場人力不足的缺口，同時也提供給這些經濟較為低度發展國家，可以藉著勞動力輸出而改善「家」、「國」經濟劣勢情境。然而，許多學者（Anderson, 2001）也提醒我們不要忘記外籍家庭幫傭／監護工在移居國負面的生活情境；舉例來說，Kalayaan（在 London 提供外籍家庭幫傭支持性服務的非營利團體）每年都會藉由訪談深入瞭解外籍家庭幫傭在雇主家庭的生活處境，在 1996～1997 年間，共有 195 位登記的外籍家庭幫傭，其中有 84%曾遭受雇主情緒虐待，34%遭受身體虐待，10%遭受性虐待，有 54%曾經被限制自由出入，有 55%沒有屬於自己的床鋪，而有 38%一日未必進食三餐。

　　為什麼外籍家庭幫傭／監護工遭受雇主家庭暴力現象，並未受到婦女團體廣泛的關注或女性主義者強烈的批判呢？原因非常多又複雜。除了一如上述有關女同志親密暴力的論述中，導因於對家庭及家庭成員的定義之外，女性主義者對於是否要積極開放外籍家庭幫傭的引進，卻呈現出不同的立場與態度。林津如（2000）在〈「外傭政策」與女人之戰：女性主義策略再思考〉一文中，對於台灣內部女性主義者在國家介入外籍家庭幫傭開放政策的爭論有許多討論：一方面中高階婦女迫不及待的雇用便宜的外籍家庭幫傭減輕家務勞動負擔，不再要求國家負擔個別家庭的再生產成本（reproductive work）；另一方面部分女性主義者挑戰家務勞動無酬且私有化的性別不平等現象，並提出階級不正義的觀點堅決反對外傭制度的存在（頁 140）；林津如認為唯有同時挑戰性別、族群與階級的不平等，才能跨越女性團體內部的殊異觀點，也唯有如此才能創造族群與階級差異弱勢女性的福祉（頁 143）。

　　除此之外，由媒體披露的外籍家庭幫傭遭受雇主家庭暴力的案例中，看

到「男性」並不是唯一的施暴者，女性也成為外籍家庭幫傭家庭暴力現象中的共犯。那麼女性主義建構在性別基礎的家庭暴力解釋模式，是否能有效的解釋外籍家庭幫傭遭受家庭暴力的現象呢？或是女性主義建立在性別權力控制的觀點，是否可以有效的解決外籍家庭幫傭家庭暴力的問題？事實上，外籍家庭幫傭遭受雇主家庭暴力現象中，性別不再只是家庭暴力形成的主因，反而是種族與階級因素交織著家庭暴力現象背後的圖像與本質。換句話說，當前建立在女性主義異性戀霸權文化與權力控制觀點的個案服務與治療工作模式，無論是在解釋女同志親密暴力或外籍家庭幫傭家庭暴力現象時，都會面臨許多無法解釋的現象。

　　在過去幾年，國內對於外籍勞工權益相關議題大多是依循由下往上的路徑發展，在國內幾個主要勞工人權團體及非政府組織的努力下，政府才開始正視外籍勞工受暴的事實，勞委會開始資助成立庇護中心，安置遭受雇主虐待、傷害或勞資爭議的移工，而地方政府也開始成立外勞諮詢中心；然而，在所有外籍移工中，「外傭」因為工作場所及性質的特殊性，導致遭受不當對待等權益剝削情況更為嚴重。林佳和（2003）將外籍家庭幫傭的工作場域的私有化、特殊性與孤立性稱之為「法外空間」，這裡的「法」所指的就是勞工權益基本依據的《勞動基準法》，而外籍家庭幫傭因工作場域私有化的特色，導致成為《勞動基準法》無法提供保障的灰色地帶，加上家庭暴力發生都是在私領域家庭空間內（非外人所能介入），使得當外籍家庭幫傭遭受雇主家庭成員施暴時，除非是有極為明顯的外顯傷痕或經由民意代表舉發及媒體披露，才可能獲得有關單位及社會大眾的關注，否則大多只能躲在暗夜裡哭泣。

　　目前國內性別研究學者對於移民或移工現象的研究議題，在「移民議題」部分主要著重於婚姻移民女性在移居國的婚姻關係、生活調適或公民身分與福利權的關係（李瑞金、張美智，2004；夏曉鵑，2000；莫藜藜、賴珮玲，

2004；許雅惠，2004；趙彥寧，2004，2005；潘淑滿，2004a，2004b）；而在「移工議題」的探討則是著重於資本國際化與跨國移工的互動關係或移工在移居國的生活經驗 （王宏仁，2001，2003；林津如，2000；曾嬿芬，2004；藍佩嘉，2002，2004；Lan, 2003a, 2003b），卻沒有任何研究是以外籍家庭幫傭遭受雇主家庭暴力的議題爲主軸；雖然國外對於移民與移工議題的研究資料頗爲豐富，相較下對外籍家庭幫傭的研究卻仍顯薄弱。在彙整國外資料過程中也發現，外籍家庭幫傭相關之論文，來自東南亞國家社會科學領域學者的論文頗爲豐富，來自歐洲或美國相關論文卻不那麼豐富。有些學者是運用女性主義觀點論述外籍家庭幫傭現象的性別社會關係（Anderson, 2000, 2001; Lan, 2003b; Moors, 2003; Wrigley, 1991; Yeoh, Huang, & Gonzalez, 1999），少數學者則是探討女性外籍家庭幫傭在移居國的生活情境（Pisani & Yoskowitz, 2002; Yeoh, et al., 1999），或論述國家、外傭政策與外籍家庭幫傭三者的互動關係（Cheng, 2003）。

　　Wrigley（1991）在"Feminist and Domestic Worker"一文中，主要是分析家庭幫傭現象在美國的歷史發展意義，根據她的觀察，「幫傭」在美國歷史存在已久，在過去許多白人中產階級都會雇用黑人提供家務勞動，有時候這些黑人女性也會介紹其他家族成員到白人家庭幫傭，這種現象形成雇主與幫傭者緊密的連結與互動關係，甚至「幫傭工作」也會出現代代相傳的現象，而過去這種家庭幫傭形式與當前全球化下的跨國家庭幫傭的形式與關係截然不同。Moors（2003）認爲，我們在分析外籍家庭幫傭在全球各地快速成長的趨勢時，不應只是關心「誰負擔家務勞動」而已，而應進一步將再生產活動擺在社會歷史脈絡中檢視「誰取代了誰？」由於外籍幫傭是被安置在雇主家中，與雇主所有家庭成員產生親密互動關係，所以 Moors 將家務勞動界定爲一種「文化再生產」（cultural reproduction）工作。不過，Wrigley（1991）也指出，外籍家庭幫傭在「法外空間」工作可能面對的風險，她認

為移工中的外勞比較可以透過團體結盟方式爭取自己的權利，可是外籍家庭幫傭因為被孤立在雇主家中與主流社會隔絕，導致缺乏創造集體文化的工具，所以面對了雙重邊緣化的威脅。

社會科學界對於全球化跨國移工現象的論述，有些學者是運用傳統政治經濟學的「推—拉理論」觀點，但也有部分學者認為這種運用薪資水平差異解釋勞動力的流動，忽略了社會文化因素，女性主義學者更批判傳統政治經濟學「推—拉理論」觀點，過度化約移民者的能動力，且忽略了社會文化可能的影響因素。Pisani 與 Yoskowitz（2002）就是運用政治經濟學的「推—拉理論」觀點，在美國南德州邊界的社區進行問卷調查（共蒐集了 389 位受訪者，195 位女傭，194 位雇主），以便瞭解家務勞動非正式市場的概況，結果發現：若是白天幫傭而晚上回到自己家中，工作情境比較像朝九晚五上班族的生涯，且每小時工資也較多；若是寄宿在雇主家中者，不僅工作時間長，同時每小時工資也較低。藍佩嘉（2004）根據長期對菲律賓外籍家庭幫傭的田野觀察經驗指出，外籍家庭幫傭（家務移工）經常被視為是女雇主的代理人，被要求協助女雇主完成母親、媳婦或太太的家庭責任，但是這些都不會改變外籍家庭幫傭在家庭結構上的階級差異；她同時也指出，外籍家庭幫傭家庭暴力現象中突顯的不只是「性別」議題，同時也呈現出「階級」與「種族」交織的多重壓迫事實。同時，藍佩嘉（2004）在〈女人何苦為難女人？雇用家務移工的三角關係〉一文中也進一步主張，家務勞動的雇用關係不只是一種經濟性的勞務重分配而已，更涉及家務勞動與女人之為女人（womanhood）社會意涵的再建構（頁 47），她從菲律賓外傭的田野觀察中發現，性別不平等並未因為階級不平等的取代而消失，女性雇主仍然面臨好太太、好媽媽與好媳婦的性別規範與社會壓力（頁 90）。

Yeoh 等人（1999）則是運用女性主義觀點檢視新加坡外籍家庭幫傭現

象所突顯的性別意涵，進而說明外籍家庭幫傭在新加坡社會中，因爲性別、種族與階級等多重弱勢條件下所交織出的被壓迫生活經驗。Yeoh 等人指出，新加坡政府爲了因應快速成長的外籍家庭幫傭發展趨勢，而採取嚴格的管理政策，雖然外籍幫傭的契約是兩年，且可展延到八年，但嚴厲規定不可與新加坡人結婚，每六個月必須接受有無懷孕或性病檢驗；與台灣一樣，新加坡的外籍家庭幫傭並未納入《勞基法》規定範疇。同樣是運用女性主義的觀點理解台灣外籍家庭幫傭之現象，但是 Cheng（2003）與林津如（2000）對解決外傭政策突顯的性別矛盾卻有不同立場。Cheng 在"Rethinking the Globalization of Domestic Service: Foreign Domestics, State Control, and the Politics of Identity in Taiwan"一文中，運用人類學民族誌觀察法進行實地觀察，並結合訪談法訪談了菲律賓家庭幫傭、雇主、仲介與政府官員等相關人員，Cheng 最後爲自己的研究進行總結，她認爲再生產勞動工作由中產階級婦女轉移到外籍家庭幫傭的事實，只不過更進一步強化了性別間的不平等，無法解決當前規範女性家務勞動的角色及將照顧工作去價值化的現象，這些發展趨勢終究無法幫助女性解決家務勞動的性別不平等事實。林津如在檢視台灣外籍幫傭政策的發展過程，也一如 Cheng 的觀點，認爲政府對於外傭政策的宣示立場，其實是建立在「家庭幫傭是爲了雙薪家庭照顧老人及小孩的政策」的觀點，明顯透露著施恩式的保守性別意識型態，她建議唯有同時挑戰性別、族群與階級的不正義，才能眞正達到家務照護工作社會化的目標。

伍、結論：尋找多重詮釋的可能

　　婚姻暴力現象受到關注源起於 1970 年代歐美國家婦女運動的倡導，婦女團體對於親密、婚姻或家庭暴力的解釋或服務模式的建構，大都是依據主流女性主義對性別社會關係權力不平等的解釋觀點（Shepard & Pence, 1999）；然而，這種建立在挑戰異性戀霸權文化的觀點，運用於解釋同性之間的親密暴力行為時，卻面臨許多無法解釋的現象與問題。在主流女性主義理論的眾多流派中，唯有基進女性主義（radical feminism）比較偏重於女同志議題的關注；其中「基進女同志」（radicalesbians）更批判二十世紀中期興起的新女性運動，雖然提供重新審視性別社會關係二元論述的機會，並質疑強迫式的異性戀機制，但是並沒有對性暴力現象提供新的論述觀點（劉燕芬譯，2001）。A. Schwarzer 在 *Der Grosse Unterschied* 中就指出在異性戀社會關係的體制，女同志違反異性戀社會界定的性別角色，明顯顯現出女人集體入侵男人世界的嘗試，這樣行為往往被視為是異端而受到社會嚴厲批判（劉燕芬譯，2001：64）；Schwarzer 更指出在基進女性主義者的眼中，在異性戀體制社會下違反性別角色與性偏好者經常是被連結一起，在強調男尊女卑、男主女客的社會中，獨立自主女人經常被譏為「不是女人、一定是女同志」（劉燕芬譯，2001：66）。不可否認，在異性戀社會關係中，女同志因為拒絕遵守異性戀社會的遊戲規範，只能被迫退居社會陰暗角落成為社會邊緣人。

　　當主流女性主義者對於婚姻／家庭暴力現象的解釋，是建構在挑戰異性戀霸權文化的性別權力控制觀點時，在解釋女同志親密暴力現象時就顯得左支右絀；同樣的，當女性主義者運用性別觀點，解釋全球化跨國移工現象中

外籍家庭幫傭遭受家庭暴力現象時，也面臨同樣的窘境與問題。不可否認，全球化提供給第三世界國家的女性改變命運的機會，但是性別交織著種族與階級多重壓迫的事實，卻是突顯著外籍家庭幫傭家庭暴力背後的陰暗面與人權的諷刺。對於資本工業國家中產階級家庭雇用跨國幫傭的普遍性，到底是女人雇用女人？還是女人和男人聯手雇用女人？事實上，由媒體披露外籍家庭幫傭遭受雇主家庭暴力現象中，許多時候女性雇主也是直接或間接參與施暴行動，形成女性對女性的暴力行為，這些現象已然超越當前女性主義建構在性別權力控制的詮釋觀與問題解決模式，那麼在女同志親密暴力與外籍家庭幫傭家庭暴力現象背後，突顯著什麼樣的暴力本質？這些暴力行動隱藏著什麼樣的權力機制？

當面對全球化多元差異的時代，無論是理論、政策或實務面，都應積極思考當前我國家庭暴力防治制度與實務工作模式的適切性。當家庭型態不再是傳統家庭形式時，當多元文化成為社會關係的主軸時，我們更應該深切反省《家庭暴力防治法》的規定是否符合時代潮流的精神與需要，同時思考當前建立在性別權力觀點的社會工作實務模式，是否能符合家庭弱勢成員或家庭邊緣人的需求。回顧過去國內有關親密／婚姻／家庭暴力相關的研究，主要都是建立對家庭中的弱勢成員，如：年齡弱勢的老人與兒童虐待、性別弱勢的婚姻暴力或族群弱勢的原住民婦女，與新移民女性婚姻暴力等議題的關注，反而忽略在全球化社會中家庭邊緣人遭受親密或家庭暴力的現象。從相關機構與媒體的披露，我們可以看到女同志親密暴力與外籍家庭幫傭遭受雇主家庭暴力的普遍性與嚴重性，而國內卻沒有任何學者是針對這兩種家庭邊緣人的家庭暴力現象進行相關研究與論述。本文做為引子，希望藉此喚起更多人對家庭邊緣人遭受暴力議題現象的關注，如此方能有助於對女同志親密暴力與外籍家庭幫傭家庭暴力現象的本質與圖像有全面性的瞭解。

我國對於家庭暴力防治制度的建構與服務模式的內涵，大多是建立在女

性主義性別權力控制的觀點；然而，女性主義挑戰異性戀霸權文化的觀點，無論是運用於女同志親密暴力或外籍家庭幫傭現象的理解或個案服務的提供時，都面臨許多的局限與困境。因此，藉著本文回顧式整理受虐女同志與外籍家庭幫傭相關文獻，並進一步檢視女性主義理論挑戰異性戀霸權文化的單一詮釋觀點，用於解釋女同志與外籍家庭幫傭遭受親密與家庭暴力現象的適當性，同時也重新思考未來女性主義的理論觀點與走向，如何因應全球化多元社會的到來，而建構出符合家庭邊緣人遭受親密與家庭暴力的解釋觀點。

參考文獻

中文部分

丁乃非（2002）。〈也是「家」暴：外籍幫傭的危險處境──無人聞問的家
　　庭暴力 part 2〉。《同志新聞通訊社──週末評論》。

刁筱華（譯）（1996）。《女性主義思潮》。台北市：時報。

中國時報（2003，6 月 25 日）。〈家暴日趨多元，防暴仍須努力〉。取自
　　http://www.cec.ncnu.edu.tw/myclass/twsp/familyviolience.htm

中國時報（2004，12 月 7 日）。

內政部統計通報（2006，第七週）。取自 http://sowf.moi.gov.tw/stat/
　　week9507.doc

尤美女（1998）。〈智障婦女受暴案件之法律保障〉。《全國律師》，第 2
　　卷第 7 期，頁 4-8。

王宏仁（2001）。〈社會階層化下的婚姻移民與國際勞動市場──以越南新
　　娘為例〉。《台灣社會研究》，第 41 期，頁 99-127。

王宏仁（2003）。〈商品化的台灣跨國婚姻市場〉。《台灣社會學》，第 6
　　期，頁 177-221。

王志弘（譯）（2004）。《東方主義》。台北縣：立緒。

王雅各（1999）。《台灣婦女解放運動史》。台北市：巨流。

王瑞香（2000）。〈基進女性主義〉。顧燕翎主編（2000），《女性主義理
　　論與流派》，第四章，頁 121-159。台北市：女書。

王增勇（2001）。〈建構以部落為主體的原住民家庭防制體系──加拿大經
　　驗〉。《社會工作學刊》，第八期，頁 49-72。

王增勇（2003）。《台北市原住民家庭暴力現況與影響因素之探討》。台北市政府原住民事務委員會委託研究報告。

王增勇（2005）。《原漢通婚家庭暴力婦女的復元經驗》。行政院國家科學委員會專題研究成果報告。

王增勇、范燕燕、官晨怡、廖瑞華、簡憶鈴（譯）（2005）。《傅柯與社會工作》。台北市：心理。

王燦槐（2000）。〈性侵害受害者的心理歷程〉。《厚生》，第 9 期，頁9-10。

王燦槐（2001）。〈台灣性侵害受害者服務政策之困境分析——談官方性侵害防治中心的服務困境〉。《中大社會文化學報》，第 12 期，頁115-131。

王麗容（1995）。《婦女與社會政策》。台北市：巨流。

王麗容、陳芬苓（2003）。《台灣地區婚姻暴力問題之調查研究》。內政部委託研究報告。

台北市女性權益促進會（2002）。《2002 年台北市女性權益促進會家庭暴力報告》。台北市：作者。

台灣防暴聯盟（2006，6 月 12 日）。〈台灣防暴聯盟促法庭「家庭暴力事件服務處正名」記者會新聞稿〉。取自 http://www.goh.org.tw/chinese/news/main.asp#news

民生報（2004，1 月 3 日）。

行政院勞工委員會職業訓練局（2006）。〈外籍勞工在華人數〉。取自 http://www.evta.gov.tw/stat/9409/analyze-3.doc

呂寶靜（1992）。〈如何結合社會資源，加強婦女保護工作〉。《社會福利》，第 103 期，頁 33-37。

宋麗玉、施教裕、張錦麗（2005）。《94 年「推動受暴婦女優點個案管理

模式」方案之期末報告》。內政部委託方案報告。

李佳燕（1998）。〈家庭暴力服務網絡中醫療體系的困窘〉。《醫望》，第25期，頁30-32。

李瑞金、張美智（2004）。〈從文化觀點探討東南亞外籍配偶在台灣之生活適應〉。《社區發展季刊》，第105期，頁101-108。

杜瑛秋（2003）。《婚暴社工員陪同出庭過程的專業角色與功能之探討》。私立輔仁大學社會工作研究所碩士論文。

沈慶鴻（2001）。〈由代間傳遞的觀點探索婚姻暴力對目睹兒童的影響〉。《中華心理衛生學刊》，第14卷第2期，頁65-86。

阮祺文（2001）。〈疑似家庭暴力案例之處置：法入家門—暴力遠離〉。《台灣醫界》，第44卷第3期，頁49-50。

周月清（1994）。〈台灣受虐婦女社會支持探討之研究〉。《婦女與兩性學刊》，第5期，頁69-108。

林佳和（2003）。《外勞人權與行政管制——建立外勞保護體系之初步研究報告》。行政院勞工委員會委託研究報告。

林佩瑾（1995）。《台灣反婚姻暴力行動的研究——女性主義社會工作觀點的分析》。國立台灣大學社會學研究所碩士論文。

林佩瑾（1998）。〈女性主義社會工作的實施與婚姻暴力防治〉。《社區發展季刊》，第84期，頁86-94。

林明傑（2000）。〈美加婚姻暴力犯之治療方案與技術暨其危險評估之探討〉。《社區發展季刊》，第90期，頁197-215。

林明傑（2001）。〈家庭暴力加害人處遇計畫——美國與我國之現況探討〉。《律師雜誌》，第267期，頁63-76。

林昀嫻（2005）。〈醫護人員面對家庭暴力案件之強制通報責任〉。《清華科技法律與政策論叢》，第2卷第3期，頁195-220。

林芳玫（2000）。自由主義女性主義。顧燕翎主編（2000），《女性主義理論與流派》，第一章，頁 1-34。台北市：女書。

林津如（2000）。〈「外傭政策」與女人之戰：女性主義策略再思考〉。《台灣社會研究季刊》，第 39 期，頁 93-151。

林淑娥（2000）。《誰的最佳利益——母親或兒童？初探台北市婚姻暴力合併兒少虐待家庭的社工處遇》。國立台灣大學社會學研究所碩士論文。

武自珍（1997）。〈針對婚姻暴力受虐者之認知取性社會工作方法〉。《當代社會工作學刊》，第 3 期，頁 49-61。

邱方晞（2003）。〈東南亞外籍新娘家庭問題與協助需求之探討〉。《社區發展季刊》，第 101 期，頁 176-181。

柯麗評、王珮玲、張錦麗（2005）。《家庭暴力——理論政策與實務》。台北市：巨流。

洪文惠（1998）。〈警察人員與兒童保護〉。《警光》，第 501 期，頁 51-54。

洪素珍（2003）。《家庭暴力目睹兒童處遇模式之探討研究——以兒童需求為導向》。內政部委託研究報告。

胡雅各（2003）。〈啟智教養機構女性院生性教育教學成效之研究〉。《特殊教育學報》，第 18 期，頁 153-179。

范　情（2000）。〈當代社會主義女性主義〉。顧燕翎主編（2000），《女性主義理論與流派》，第六章，頁 201-242。台北市：女書。

唐小兵（譯）（2004）。F. Jameson 著，《後現代主義與文化理論》。台北市：合志文化。

唐文慧（1999）。〈國家、婦女運動與婦女福利——一九四九年後的台灣經驗〉。《社會政策與社會工作學刊》，第 3 卷第 2 期，頁 143-177。

夏曉鵑（2000）。〈資本國際化下的國際婚姻——以台灣的外籍新娘現象為

例〉。《台灣社會研究季刊》，第 39 期，頁 45-92。

夏曉鵑（2003）。〈實踐式研究的在地實踐——以「外籍新娘識字班」為
　　例〉。《台灣社會研究季刊》，第 49 期，頁 1-47。

家庭暴力加害人處遇計畫研習會（2002）。〈談台灣家暴加害人處遇計劃之
　　建構〉。取自 http://www.wanfang.gov.tw/ebm/medicine/Social%20Ser-
　　vice/01_files/3826-3825.htm

徐維吟（2005）。《「徘徊在傳統父權與女性主義之間」——婦女保護社工
　　員價值實踐之衝突探討》。私立東吳大學社會工作研究所碩士論文。

財團法人天主教善牧社會福利基金會（2001）。《婦女庇護家園經營與輔導
　　手冊》。台北市：作者。

高鳳仙（1995）。〈美國家庭暴力法概觀〉。《東吳法律學報》，第 8 卷第
　　2 期，頁 189-232。

張文英（2002）。〈淺談智障者的性騷擾問題〉。《特教園丁》，第 18 卷
　　第 1 期，頁 57-61。

張盈堃（1998）。〈從女性主義立場論觀點談家庭暴力的輔導〉。《諮商與
　　輔導》，第 151 期，頁 13-18。

張錦麗、顏玉如（2003）。〈臺灣地區家庭暴力與性侵害基礎型防治模式—
　　—個案管理的工作策略〉。《社區發展季刊》，第 102 期，頁 242-261。

張靜倫（2000）。〈台灣婦運議題與國家的性別政策——訴求與回應〉。蕭
　　新煌、林國明主編，《台灣社會福利運動》。台北市：巨流。

莫藜藜、賴珮玲（2004）。〈台灣社會「少子化」與外籍配偶子女的問題初
　　探〉。《社區發展季刊》，第 105 期，頁 55-65。

莊子秀（2000）。〈後現代女性主義〉。顧燕翎主編（2000），《女性主義
　　理論與流派》，第九章，頁 297-339。台北市：女書。

許雅惠（2001）。〈家庭暴力防治——性別化的政策分析〉。《社區發展季

刊》，第 94 期，頁 277-288。

許雅惠（2004）。〈台灣媳婦越南情——一個質性角度的觀察〉。《社區發展季刊》，第 105 期，頁 176-196。

陳玉芬（2005）。《「普世的價值、在地的智慧」——社工人員回應婚姻暴力傳統文化議題之研究》。國立暨南國際大學社會政策與社會工作研究所碩士論文。

陳怡如（2001）。〈婚姻暴力目睹兒童處遇現況之探討〉。《社區發展季刊》，第 94 期，頁 252-267。

陳芬苓（2001）。〈私領域公問題——性侵害與家庭暴力的結構因素探討〉。《台大社會工作學刊》，第 4 期，頁 243-280。

陳若璋（1992）。〈台灣婚姻暴力之本質、歷程與影響〉。《婦女與兩性期刊》，第 3 期，頁 117-147。

陳淑芬（2003）。〈「大陸新娘」的擇偶、受虐與求助歷程——兼論服務提供者對「大陸新娘」的假設及其對服務提供的影響〉。《社區發展季刊》，第 101 期，頁 182-199。

陳婷蕙（1997）。《婚姻暴力中受虐婦女對脫離受虐關係的因應行為之研究》。私立東海大學社會工作研究所碩士論文。

彭淑華（1997）。〈台灣地區受虐婦女專業整合服務現況之探討——社會福利機構工作人員的觀點〉。《社區發展季刊》，第 79 期，頁 26-57。

彭淑華（1999）。〈台灣婚姻暴力防治工作的發展與省思〉。《福利社會》，第 73 期，頁 1-9。

曾嬿芬（2004）。〈引進外籍勞工的國族政治〉。《台灣社會學刊》，第 32 期，頁 1-58。

湯琇雅（1993）。《婚姻暴力中婦女受虐狀況與其因應過程之初探》。私立東吳大學社會工作研究所碩士論文。

黃志中（2000）。〈家庭暴力防治法之醫療服務經驗回顧與前瞻——以婚姻暴力防治為關注重點的討論〉。《全國律師》，第 4 卷第 11 期，頁 22-28。

黃志中（2001）。〈精神虐待之醫療介入處置〉。《律師雜誌》，第 267 期，頁 21-29。

黃怡瑾（2001）。〈婚暴中的權力控制——個人自覺與社會結構的互動歷程〉。《婦女與兩性學刊》，第 12 期，頁 95-137。

黃淑玲（2000）。〈變調的"Ngasal"——婚姻、家庭、性行業與四個泰雅聚落婦女 1960-1998〉。《臺灣社會學研究》，第 4 期，頁 97-144。

黃淑玲、林方晧、吳佩玲（2001）。〈都市原住民婚姻狀況及社工處遇初探——以台北市某社區為例〉。《本土心理學研究》，第 15 期，頁 113-159。

黃道琳（譯）（1998）。《李維史陀——結構主義之父》。台北市：桂冠。

黃翠紋（1999）。〈家庭暴力研究趨勢及其方法論上的一些議題〉。《中央警察大學學報》，第 34 期，頁 263-286。

葛書倫（2003a）。《婚姻暴力被害人庇護安置之研究》。內政部委託研究報告。

葛書倫（2003b）。〈庇護所在婚暴受虐婦女復原過程中的角色功能——台灣經驗之省思〉。《社區發展季刊》，第 101 期，頁 310-319。

趙文宗（2003）。〈本土性別政治的重建——香港處理虐妻法律的後殖民論述〉。《當代》，第 191 期，頁 108-129。

趙彥寧（2000）。〈台灣同志研究的回顧與展望——一個關於文化生產的分析台灣〉。《社會研究季刊》，第 38 期，頁 207-244。

趙彥寧（2003）。〈現代性想像、跨國遷移、國境管理——以中國婚姻移民女性為研究案例〉。台灣女性學學會、清華大學性別與社會研究室與清

華大學通事教育中心共同主辦，「意識、認同、實踐——2003 年女性主義學術」研討會發表論文，B3（外籍新娘），頁 2-30。

趙彥寧（2004）。〈公民身分、現代國家與親密生活——以老單身榮民與「大陸新娘」的婚姻為研究案例〉。《台灣社會學》，第 8 期，頁 1-41。

趙彥寧（2005）。〈老 T 搬家——全球化狀態下的酷兒文化公民身分初探〉。《台灣社會研究季刊》，第 57 期，頁 41-85。

劉文英（2006）。〈智能障礙者性侵害防治研究〉。內政部、台灣大學社會工作學系主辦，「內政部 94 年度家庭暴力及性侵害防治委員會委託研究發表會」發表論文，頁 120-155。

劉可屏（1997）。〈虐妻問題〉。《輔仁學誌》，第 19 期，頁 375-92。

劉玉鈴（2002）。《女性社工員性別意識對專業關係的影響——以婚姻暴力防治社工員為例》。私立東海大學社會工作研究所碩士論文。

劉惠琴（1999）。〈婚姻關係中的衝突——女性主義觀點看夫妻衝突與影響歷程〉。取自 http://www.lifeline.org.tw/Result/Kament/newpage258.htm

劉燕芬（譯）（2001）。A. Schwarzer 著，《大性別——人只有一種性別》。台北市：台灣商務。

歐崇敬（1998）。《從結構主義到解構主義》。台北市：揚智。

潘淑滿（2001）。〈婚姻暴力現象與制度反思〉。《社區發展季刊》，第 94 期，頁 134-146。

潘淑滿（2003）。〈婚姻暴力發展路徑與模式——台灣與美國的比較〉。《社區發展季刊》，第 101 期，頁 276-292。

潘淑滿（2004a）。〈婚姻移民婦女、公民權與婚姻暴力〉。《社會政策與社會工作學刊》，第 8 卷第 1 期，頁 85-131。

潘淑滿（2004b）。〈失去界限的年代——婚姻移民的抗拒與接納〉。台灣

社會工作人員專業協會主辦，「第二屆民間社會福利研討會——台灣的社會福利發展：全球化 vs.在地化」學術與實務研討會發表論文。

鄭玉蓮（2004）。《受虐婦女脫離婚姻暴力歷程之研究》。國立高雄師範大學成人教育研究所碩士論文。

鄭美里（1997）。《女兒圈——台灣女同志的性別、家庭與圈內生活》。台北市：女書。

聯合報（2001，3月30日）。

聯合報（2003，6月23日）。

謝懷嫻（2006）。〈影響婚姻暴力婦女使用法院家庭暴力事件服務處之相關因素探討——以高高屏地區為例〉。財團法人勵馨基金會主辦，「婦女與家庭暴力實務」研討會發表論文。

藍佩嘉（2002）。〈穿越國界的生命地圖——菲籍家務移工的流動與認同〉。《台灣社會研究季刊》，第48期，頁11-59。

藍佩嘉（2004）。〈女人何苦為難女人？雇用家務移工的三角關係〉。《台灣社會學》，第8期，頁43-97。

魏英珠（1995）。《受虐婦女介入方案發展暨評估研究——以台北市政府社會局北區婦女福利服務中心之受虐婦女團體方案為例》。私立東吳大學社會工作研究所碩士論文。

英文部分

Anderson, B. (1993). *Britain's secret slaves: An investigation into the plight of overseas domestic workers*. London: Anti-Slavery International and Kalayaan.

Anderson, B. (2000). *Doing the dirty work? The global politics of domestic labour*. London: Zed Books.

Anderson, B. (2001). Why madamhas so many bathrobes: Demand for migrant domestic workers in the EU. *The Royal Dutch Geographical Society, KNAG, 92* (1), 18-26.

Anderson, H., Burney, J. P., & Levin, S. B. (1999). A postmodern collaborative approach to therapy. In D. Lawson & F. Prevatt (Eds.) (1999), *Casebook in family therapy* (Chpt.#11, pp. 259-309). London: Brooks/Cole.

Anthias, F. (2002). Beyond feminism and multiculturalism: Locating difference and the politics of location. *Women's Studies International Forum, 25*(3), 275-286.

Bacchi, C. (1999). *Women, policy and politics: The construction of policy problems*. London: Sage.

Balogh, R., Bretherton, K., Whibley, S., Berney, T., Graham, S., Richold, P., Worsley, C., & Firth, H. (2001). Sexual abuse in children and adolescents with intellectual disability. *Journal of Intellectual Disability Research, 45*(3), 194-201.

Balsam, K. F., & Szymanski, D. M. (2005). Relationship quality and domestic violence in women's same-sex relationships: The role of minority stress. *Psychology of Women Quarterly, 29*, 258-268.

Beckett, C., & Macey, M. (2001). Race, gender and sexuality: The oppression of multiculturalism. *Women's Studies International Forum, 24*(3/4), 309-319.

Bernhard, L. A. (2000). Physical and sexual violence experienced by lesbian and heterosexual women. *Violence Against Women, 6*(1), 68-79.

Blever, J., Gardner, G., & Bobele, M. (1999). Social construction and narrative family practice. In C. Franklin & C. Jordan (Eds.) (1999), *Family practice: Brief systems methods for social work* (Chpt.#6, pp. 143-174). Canada: Brooks/Cole.

Bograd, M. (1988). Feminist perspectives on wife abuse: An introduction. In K. Yllö & M. Bograd (Eds.), *Feminist perspectives on wife abuse* (pp. 11-25). London: Sage.

Bohmer, C., Brandt, J., Bronson, D. B., & Hartnett, H. (2002). Domestic violence law reforms: Reactions from the trenches. *Journal of Sociology and Social Welfare, XXIX*(3), 71-87.

Briggs, F. (1995). *Developing personal safety skills: In children with disabilities* (pp. 17-28). London: Jessica Kingsley.

Brown, H., & Turk, V. (1994). Sexual abuse in adulthood: Ongoing risks for people with learning disabilities. *Child Abuse Review, 3*, 26-35

Burke, T. W., Jordan, M. L., & Owen, S. S. (2002). A cross-national comparison of gay and lesbian domestic violence. *Journal of Contemporary Criminal Justice, 18*(3), 231-257.

Bush, D. M. (1992). Women's movements and state policy reform aimed at domestic violence against women: A comparison of the consequences of movement mobilization in the U.S. and India. *Gender & Society, 6*(4), 587-608.

Bussemaker, J. (1999). Introduction: The challenge of citizenship in late twentieth-century societies. In J. Bussemaker (Ed.), *Citizenship and welfare state reform in Europe* (pp. 1-11). London: Routledge.

Butler, J. (1989). Foucault and the paradox of bodily inscriptions. *Journal of Philosophy, 86*(11), 601-607.

Cambridge, P. (1999). The first hit: A case study of the physical abuse of people with learning disabilities and challenging behaviours in a residential service. *Disability & Society, 14*(3), 285-308.

Carlson, B. E. (1997). Mental retardation and domestic violence: An ecological approach to intervention. *Social Work, 42*(1), 79-89.

Carlson, B. E., & Choi, D. (2001). Intimate partner abuse. In A. Gitterman (Ed.), *Handbook of social work practice with vulnerable and resilient populations* (Chpt.#24). New York: Columbia University Press.

Castles, S., & Davidson, A. (2000). *Citizenship and migration: Globalization and the politics of belonging*. London: MacMillan.

Chang, J. C., et al. (2003). Helping women with disabilities and domestic violence: Strategies, limitations, and challenges of domestic violence programs and services. *Journal of Women's Health, 12*(7), 699-708.

Cheng, S. A. (2003). Rethinking the globalization of domestic service: Foreign domestics, state control, and the politics of identity in Taiwan. *Gender & Society, 17*(2), 166-186.

Deacon, B., Hulse, M., & Stubbs, P. (1997). *Global social policy: International organizations and the future of welfare*. London: Sage.

Dean, H. (2000). Introduction: Towards and embodied account of welfare. In K. Ellis & H. Dean (Eds.), *Social policy and the body: Transitions in corporeal discourse*. London: MacMillan.

Denzin, N. K. (1984). Toward a phenomenology of domestic, family violence. *American Journal of Sociology (AJS), 90*(3), 483-513.

Dobash, R. E., & Dobash, R. P. (Eds.) (1998). *Rethinking violence against women* (Chpt.#1 & 4). London: Sage.

Dobash, R. P., Dobash, R. E., Wilson, M., & Daly, M. (1992). The myth of sexual symmetry in marital violence. *Social Problems, 39*, 71-91.

Dolgoff, R., Feldstein, D., & Skolnik, L. (1997). *Understanding social welfare*

(4th ed.). New York: Longman.

Dominelli, L. (2002). *Feminist social work: Theory and practice*. New York: Palgrave.

Drachman, D., & Ryan, A. S. (2001). Immigrants and refugees. In A. Gitterman (Ed.), *Handbook of social work practice with vulnerable and resilient populations* (pp. 651-686). New York: Columbia University Press.

Elworthy, S. (1996). *Power and sex*. Dorset: Element Books.

Faver, C. A., & Strand, E. B. (2003). To leave or to stay? Battered women's concern for vulnerable pets. *Journal of Interpersonal Violence, 18*(12), 1367-1377.

Flax, J. (1992). Beyond equality: Gender, justice, and difference. In J. Flax (Ed.), *Beyond equality and difference: Citizenship, feminist politics, and female subjectivity* (pp. 192-210). London: Routledge.

Fortunata, B., & Kohn, C. S. (2003). Demographic, psychosocial, and personality characteristics of lesbian batterers. *Violence and Victims, 18*(5), 557-568.

Foucault, M. (1977). *Discipline and punish: The birth of the prison* (A. M. Sheridan-Smith, Trans.). Harmondsworth: Penguin.

Foucault, M. (1982). The subject and power. In H. L. Dreyfus & P. Rabinow (Eds.), *Michael Foucault: Power, truth, strategy* (pp. 29-48). Chicago: University of Chicago Press.

Friedan, B. (1963). *The feminine mystique*. New York: Dell.

Furey, E. M. (1994). Sexual abuse of adults with mental retardation: Who and where. *Mental Retardation, 32*(3), 173-180.

Gelles, R. J. (1976). Abused wives: Why do they stay. *Journal of Marriage and the Family, 38*(4), 659-668.

Gelles, R. J. (1993). Through a sociological lens: Social structure and family viol-

ence. In R. J. Gelles & D. R. Loseke (Eds.), *Current controversies on family violence* (pp. 31-46). Newbury Park, CA: Sage.

Giles-Sims, J. (1983). *Wife battering: A systems theory approach.* NY: The Guilford Press.

Goodyear-Smith, F. A., & Laidlaw, T. M. (1999). Aggressive acts and assaults in intimate relationships: Towards and understanding of the literature. *Behavioral Sciences and the Law, 17*, 285-304.

Gordon, J. S. (1996). Community services for abused women: A review of perceived usefulness and efficacy. *Journal of Family Violence, 11*(4), 315-329.

Hague, G., & Wilson, C. (2000). The silenced pain: Domestic violence 1945-1970. *Journal of Gender Studies, 9*(2), 157-169.

Herbert, E., & McCannell, K. (1997). Talking back: Six first nations women's stories of recovery from childhood sexual abuse and addictions. *Canadian Journal of Community Mental Health, 16*(2), 51-68.

Herbert, T., Bennett, S., Roxane C., & Ellard, J. H. (1991). Coping with an abusive relationship: How and why do women stay? *Journal of Marriage and the Family, 53*, 311-325.

Hindess, B. (1996). *Discourses of power, from Hobbes to Foucault.* Oxford: Blackwell

Holland, S. (2004). *Child and family: Assessment in social work practice.* London: Sage.

Ishii, Y. (1996). Forward to a better life: The situation of Asian women married to Japanese men in Japan in the 1990s. In G. Battistella & A. Paganoni (Eds.), *Asian women in migration* (pp. 147-164). Quezon City: Scalabrini Migration Center.

Johnson, M., & Ferraro, K. (2000). Research on domestic violence in the 1990s: Making distinctions. *Journal of Marriage and the Family, 62*(4), 948-963.

Kincheloe, J., & Steinberg, S. R. (1997). *Changing multiculturalism.* Buckingham, Philadelphia: Open University Press.

Kojima, Y. (2001). In the business of cultural reproduction: Theoretical implications of the mail-order bride phenomenon. *Women's Studies International Forum, 24*(2), 199-210.

Kurz, D. (1993). Social science perspectives on wife abuse: Current debates and future directions. In P. B. Bart & E. G. Moran (Eds.), *Violence against women: The bloody footprints* (pp. 252-269). London: Sage.

Kurz, D., & Stark, E. (1988). Not-so-benign neglect: The medical response to battering . In K. Yllö & M. Bograd (Eds.), *Feminist perspectives on wife Abuse* (pp. 249-266). Newbury Park, CA: Sage.

Lan, P. C. (2003a). Negotiating social boundaries and private zones: The micropolitics of employing migrant domestic workers. *Social Problems, 50*(4), 525-549.

Lan, P. C. (2003b). Maid or madam? Filipina migrant workers and the continuity of domestic labor. *Gender & Society, 17*(2), 187-208.

Lavalett, M., & Pratt, A. (1997). Introduction. In M. Lavalett & A. Pratt (Eds.), *Social policy: A conceptual and theoretical introduction* (pp. 1-8). London: Sage.

Lewis, E., Gutierrez, L., & Sakamoto, I. (2001). Women of color. In A. Gitterman (Ed.), *Handbook of social work practice with vulnerable and resilient populations* (pp. 820-840). New York: Columbia University Press.

Lister, R. (2002). Sexual citizenship. In E. F. Iisin & B. S. Turner (Eds.), *Handbook*

of citizenship studies (pp. 69-86, 191-207). London: Sage.

Lutze, F. E., & Symons, M. L. (2003). The evolution of domestic violence policy through masculine institutions: From discipline to protection to collaborative empowerment. *Criminology & Public Policy, 2*(2), 319-328.

Lyotard, J. F. (1984). *The postmodern condition*. Manchester: Manchester University Press.

Marchetti, A. G., & McCartney, J. R. (1990). Abuse of persons with mental retardation: Characteristics of the abused, the abusers, and the informers. *Mental Retardation, 28*(6), 367-371.

Marshall, T. H. (1964). *Class, citizenship and social development*. New York: Doubleday.

Marshall, T. H. (1977). *Class, citizenship and social development*. Chicago: University of Chicago Press.

Mary, D. (1979). *Gyn/ecology: The metaethics of radical feminism*. Boston: Beacon Press.

May, S. (1999). Critical multiculturalism and cultural difference: Avoiding essentialism. In S. May (Ed.), *Critical multiculturalism: Rethinking multicultural and antiracist education* (Chpt.#1). Philadelphia, PA: Falmer Press.

McConkey, R., & Ryan, D. (2001). Experiences of staff in dealing with client sexuality in services for teenagers and adults with intellectual disability. *Journal of Intellectual Disability Research, 45*(1), 83-87.

McLaren, P., & Torres, R. (1999). Racism and multicultural education: Rethinking 'Race' and 'Whiteness' in late Capitalism. In S. May (Ed.), *Critical multiculturalism: Rethinking multicultural and antiracist education* (Chpt.#2). Philadelphia, PA: Falmer Press.

McLeer, S., Anwar, R., Herman, S., & Maquiling, K. (1989). Education is not enough: A system failure in protecting battered women. *Annual of Emergency Medicine, 18,* 651-653.

Menjivar, C., & Salcido, O. (2002). Immigrant women and domestic violence: Common experiences in different countries. *Gender & Society, 16*(6), 898-920.

Mills, L. G. (1996). Empowering battered women transnationally: The case for postmodern interventions. *Social Work, 41*(3), 261-268.

Mills, L. G. (2003). *Insult to injury: Rethinking our responses to intimate abuse.* Princeton, NJ: Princeton University Press.

Mooney, J. (2000). *Gender, violence and the social order* (chpt.#5, pp. 141-153). New York: MacMillan.

Moors, A. (2003). Migrant domestic workers: Debating transnationalism, identity politics, and family relations: A review essay. *Comparative Studies in Society and History, 45,* 386-394

Muccigrosso, L. (1991). Sexual abuse prevention strategies and programs for persons with developmental disabilities. *Sexuality and Disability, 9,* 261-271.

Mullard, M. (1999). Discourses on citizenship: The challenge to contemporary citizenship. In J. Bussemaker (Ed.), *Citizenship and welfare state reform in Europe* (pp. 12-25). London: Routledge.

Narayan, U. (1995). "Male-order" brides: Immigrant women, domestic violence and immigration law. *Hypatia, 10*(1), 104-119.

Nosek, M. A., Howland, C. A., Rintala, D. H., Young, M. E., & Chanpong, G. F. (1997). *National study of women with physical disabilities: Special summary.* Center for research on women with disabilities, Baylor College of Medicine,

Houston, TX.

Okin, S. M. (1989). *Justice, gender and the family*. New York: Basic Books.

Okin, S. M. (1999). *Is multiculturalism bad for women?* Retrieved from http://www.bostonreview.net/BR22.5/okin.html

Oleary, K. D. (1993). Through a psychological lens: Personality traits, personality disorders, and levels of violence. In R. J. Gelles & D. R. Loseke (Eds.), *Current controversies on family violence* (pp. 7-30). Newbury Park, CA: Sage.

Owen, S. S., & Burke, T. W. (2004). An exploration of prevalence of domestic violence in same sex relationships. *Psychological Reports, 95*, 133-153.

Padilla, Y. (1997). Immigrant policy: Issues for social work practice. *Social Work, 42*, 595-606.

Pagelow, M. D. (1987). *Application of research to policy in partner abuse*. Paper presented at The family violence research violence for practitioners and policymakers, University of New Hampshire, Durham, NH.

Parton, N., & O'Byrne, P. (2000). *Constructive social work: Towards a new practice*. London: Macmillan and New York: St. Martin's Press.

Pascall, G. (1997). *Social policy: A new feminist analysis*. London: Routledge.

Pateman, C. (1994). *The sexual contract*. Cambridge: Polity Press.

Peterman, L. M., & Dixon, C. G. (2003). Domestic violence between same-sex partners: Implications for counseling. *Journal of Counseling and Development, 81*(1), 40-47.

Phoca, S., & Wright, R. (1999). *Introducing postfeminism*. UK: Icon Books.

Pilcher, J., & Whelehan, I. (2004). *50 key concepts in gender studies*. London: Sage.

Pisani, M. J., & Yoskowitz, D. W. (2002). The maid trade: Cross-border work in south Texas. *Social Science Quarterly, 83*(2), 568-579.

Quinn, P. (1996). Identifying gendered outcomes of gender-neutral policies. *Affilia, 11*(2), 195-206.

Ristock, J. L. (2003). Exploring dynamics of abusive lesbian relationships: Preliminary analysis of a multisite, qualitative study. *American Journal of Community Psychology, 31*(3/4), 329-347.

Roche, M. (2002). Social citizenship: Grounds of social change. In E. F. Iisin & B. S. Turner (Eds.), *Handbook of citizenship studies* (pp. 69-86). London: Sage.

Rusch, R. G., Hall, J. C., & Griffin, H. C. (1986). Abuse-provoking characteristics of institutionalized mentally retarded individuals. *American Journal of Mental Deficiency, 90*, 618-624.

Sainsbury, D. (1994). *Gendering welfare states* (pp. 33-46). London, Thousand Oaks: Sage.

Sancar-Fluckiger, A. (1996). Integration of migrants: An extraordinary undertaking? Analysis of Swiss policy and handling of resident in migrants; a municipal example: Bern. *The European Journal of Social Science, 9*(1), 97-103.

Sassen, S. (1990). The mobility of labor and capital: A study in international investment and labor flow. Cambridge: Cambriage University Press.

Sassen, S. (2001). *The global city: New York, London, Tokyo*. New Jersey: Princeton University Press.

Shepard, M. F., & Pence, E. L. (1999). *Coordinating community response to domestic violence: Lessons from Duluth and beyond*. Thousand Oaks, CA.: Sage.

Siim, B. (1999). Towards a gender-sensitive framework for citizenship: Comparing Denmark, Britain and France. In J. Bussemaker (Ed.), *Citizenship and*

transition of European welfave states (pp. 85-100). London: Routledge.

Snyder, D. K., & Scheer, N. S. (1981). Predicting disposition following brief residence at a shelter for battered women. *American Journal of Community Psychology, 9*, 559-566.

Sobsey, D. (1994). *Violence and abuse in the lives of people with disabilities: The end of silent acceptance?* (pp. 13-50, 111-144). Baltimore: Paul H. Brookes.

Sobsey, D., & Doe, T. (1991). Patterns of sexual abuse and assault. *Journal of Sexuality and Disability, 9*(3), 243-259.

Sobsey, D., Randall, W., & Parrila, R. K. (1997). Gender differences in abused children with and without disabilities. *Child Abuse & Neglect, 21*, 701-720.

Solomon, P., Cavanaugh, M., & Gelles, R. (2005). Family violence among adults with severe mental illness: A neglected area of research. *Trauma, Violence, & Abuse, 6*, 40-54.

Stark, E., & Flitcraft, A. (1996). *Women at risk: Domestic violence and women's health*. London: Sage.

Straus, M. A., & Gelles, R. J. (1986). Societal change and change in family violence from 1975 to 1985 as revealed by two national surveys. *Journal of Marriage and the Family, 48*, 465-479.

Strickler, H. L. (2001). Interaction between family violence and mental retardation. *Mental retardation, 39*(6), 461-471.

Strong, M., & Freeman, A. C. (1997). *Caregiver abuse and domestic violence in the lives of women with disabilities*. Oakland, CA: Berkeley Planning Associates.

Strube, M. J. (1988). The decision to leave an abusive relationship: Empirical evidence and theoretical issue. *Psychological Bulletin, 104*(2), 236-250.

Tharinger, D., Horton, C. B., & Millea, S. (1990). Sexual abuse and exploitation of children and adults with mental retardation and other handicaps. *Child Abuse and Neglect: The International Journal, 14*(3), 301-312.

Tigert, L. M. (2001). The power of shame: Lesbian battering as a manifestation of homophobia. *Women & Therapy, 23*(3), 73-85.

Tjaden, P., Thoennes, N., & Allison, C. J. (1999). Comparing violence over the life span in samples of same-sex and opposite-sex cohabitants. *Violence and Victim, 14*(4), 413-425.

Tong, R. (1997). *Feminist approaches to bioethics: Theoretical reflections and practical applications.* Boulder, CO: Westview Press.

Turner, B. (1996). *The body and society explorations in social theory.* London: Sage.

Welner, S. (2000). *A provider's guide for the care of women with physical disabilities and chronic medical conditions.* NC: The North Carolina Office on Disability and Health.

Westlund, A. C. (1999). Pre-modern and modern power: Foucault and the case of domestic violence. *Signs: Journal of Women in Culture and Society, 24*(4), 1045-1066.

Wileman, R., & Wileman, B. (1995). Towards balancing power in domestic violence relationships. *Journal of Family Therapy, 16*(4), 165-76.

Wincup, E. (1998). Power, control and the gendered body. In J. Richardson & A. Shaw (Eds.), *The body in qualitative research.* Aldershot: Ashgate.

Woodward, K. (1997) .Feminist critiques of social policy. In M. Lavalett & A. Pratt (Eds.), *Social policy: A conceptual and theoretical introduction* (pp. 83-100). London: Sage.

Wrigley, J. (1991). Feminist and domestic worker. *Feminist Studies, 17*(2), 317-329.

Yeoh, B. S. A., Huang, S., & Gonzalez III, J. (1999). Migrant female domestic workers: Debating the economic, social and political impacts in Singapore. *The International Migration Review, 33*(1), 114-136.

Yick, A. G. (2001). Feminist theory and status inconsistency theory. *Violence Against Women, 7*(5), 545-562.

Yllö, K. (1999). Violence between intimate partners: Patterns, causes, and effects. *Journal of Interpersonal Violence, 14*(5), 562-565.

Zalewski, M. (2000). *Feminism after postmodernism: Theory through Practice.* London: Routledge.

Zirpoli, T. (1986). Child abuse and children with handicaps. *Remedial and Special Education, 1*, 39-48.

Zirpoli, T., Snell, M., & Loyd, B.(1987). Characteristics of persons with mental retardation who have been abused by caregivers. *The Journal of Special Education, 21*, 31-41.

國家圖書館出版品預行編目資料

親密暴力：多重身分與權力流動／潘淑滿著.
　-- 初版. -- 臺北市：心理, 2007（民 96）
　　面；公分. --　（社會工作；21）
　參考書目：面
　ISBN 978-986-191-003-1（平裝）

1. 家庭暴力　　　　　2. 婚姻暴力

544.18　　　　　　　　　　　　　　96002324

社會工作 21　　**親密暴力——多重身分與權力流動**

作　　　者：潘淑滿
責任編輯：郭佳玲
總　編　輯：林敬堯
發　行　人：洪有義
出　版　者：心理出版社股份有限公司
社　　　址：台北市和平東路一段 180 號 7 樓
總　　　機：(02) 23671490　　傳　　真：(02) 23671457
郵　　　撥：19293172　心理出版社股份有限公司
電子信箱：psychoco@ms15.hinet.net
網　　　址：www.psy.com.tw
駐美代表：Lisa Wu　　tel: 973 546-5845　　fax: 973 546-7651
登　記　證：局版北市業字第 1372 號
電腦排版：辰皓國際出版製作有限公司
印　刷　者：辰皓國際出版製作有限公司
初版一刷：2007 年 3 月

讀者意見回函卡

No. _____   填寫日期： 年 月 日

感謝您購買本公司出版品。為提升我們的服務品質，請惠填以下資料寄回本社【或傳真(02)2367-1457】提供我們出書、修訂及辦活動之參考。您將不定期收到本公司最新出版及活動訊息。謝謝您！

姓名：_____ 性別：1□男 2□女
職業：1□教師 2□學生 3□上班族 4□家庭主婦 5□自由業 6□其他____
學歷：1□博士 2□碩士 3□大學 4□專科 5□高中 6□國中 7□國中以下
服務單位：_____ 部門：_____ 職稱：_____
服務地址：_____ 電話：_____ 傳真：_____
住家地址：_____ 電話：_____ 傳真：_____
電子郵件地址：_____

書名：_____

一、您認為本書的優點：（可複選）
　　❶□內容 ❷□文筆 ❸□校對 ❹□編排 ❺□封面 ❻□其他____

二、您認為本書需再加強的地方：（可複選）
　　❶□內容 ❷□文筆 ❸□校對 ❹□編排 ❺□封面 ❻□其他____

三、您購買本書的消息來源：（請單選）
　　❶□本公司 ❷□逛書局⇒_____書局 ❸□老師或親友介紹
　　❹□書展⇒____書展 ❺□心理心雜誌 ❻□書評 ❼其他_____

四、您希望我們舉辦何種活動：（可複選）
　　❶□作者演講 ❷□研習會 ❸□研討會 ❹□書展 ❺□其他_____

五、您購買本書的原因：（可複選）
　　❶□對主題感興趣 ❷□上課教材⇒課程名稱_____
　　❸□舉辦活動 ❹□其他_____ （請翻頁繼續）

廣 告 回 信
台 北 郵 局 登 記 證
台 北 廣 字 第 940 號

（免貼郵票）

 心理出版社 股份有限公司

台北市 106 和平東路一段 180 號 7 樓

TEL: (02) 2367-1490
FAX: (02) 2367-1457
**EMAIL:*psychoco@ms15.hinet.net*

沿線對折訂好後寄回

六、您希望我們多出版何種類型的書籍

❶□心理 ❷□輔導 ❸□教育 ❹□社工 ❺□測驗 ❻□其他

七、如果您是老師，是否有撰寫教科書的計劃：□有□無

書名／課程：_____

八、您教授／修習的課程：

上學期：_____

下學期：_____

進修班：_____

暑　假：_____

寒　假：_____

學分班：_____

九、您的其他意見

_____

謝謝您的指教！　　　　　　　　　　　31021